船 舶 保 安

CHUANBO BAOAN

主 编 ◉ 贾在明　陈秋妹　李春生

主 审 ◉ 郭芝鸿　吴 杰

大连海事大学出版社

DALIAN MARITIME UNIVERSITY PRESS

© 贾在明，陈秋妹，李春生　2025

图书在版编目(CIP) 数据

船舶保安 / 贾在明，陈秋妹，李春生主编. — 大连 ：
大连海事大学出版社，2025. 6. — ISBN 978-7-5632
-4687-8

Ⅰ. U698

中国国家版本馆 CIP 数据核字第 2025TA0287 号

大连海事大学出版社出版

地址:大连市黄浦路523号　邮编:116026　电话:0411-84729665(营销部)　84729480(总编室)
http://press.dlmu.edu.cn　E-mail:dmupress@ dlmu.edu.cn

大连永盛印业有限公司印装	大连海事大学出版社发行
2025 年 6 月第 1 版	2025 年 6 月第 1 次印刷
幅面尺寸:184 mm×260 mm	印张:15.5
字数:358 千	印数:1～1000 册

出版人:余锡荣

责任编辑:刘若实	责任校对:陶月初
封面设计:解瑶瑶	版式设计:解瑶瑶

ISBN 978-7-5632-4687-8　　　定价:45.00 元

编者的话

《船舶保安》根据 SOLAS 公约、ISPS 规则、STCW 78/10 公约、《海船船员培训大纲（2021 版）》以及中华人民共和国海事局制定的《海船船员考试大纲（2022 版）》编写，内容完全覆盖"保安意识培训合格证""负有指定保安职责船员培训合格证"和"船舶保安员合格证"理论考试及实操评估的全部要求，适用于海船上所有船员、船上服务的负有指定保安职责的船员和船舶保安员的保安培训合格证考试。

教材在尽可能考虑船舶保安理论体系的系统性与完整性，在确保覆盖"保安意识培训合格证""负有指定保安职责船员培训合格证"和"船舶保安员培训合格证"必须掌握的知识之外，与中国远洋海运集团中远海运特种运输股份有限公司充分合作，适当扩展了船上实操技能知识，以求在帮助学员顺利通过培训、考试的同时，提升将来船舶保安的履职能力。本教材既可以作为船舶保安相关合格证的培训教材，也可以作为船上培训和加强船舶保安的工具书。

全书共分为 10 章，内容包括：概述，船舶保安体系，识别船舶保安风险与威胁，船舶保安评估，船舶保安计划，船舶保安措施的实施与维持，船舶防海盗及武装劫持，港口设施保安，船舶保安设备和系统的操作、测试和校准，船舶保安实训。

本教材由青岛远洋船员职业学院的贾在明、陈秋妹、李春生担任主编，由中远海运特种运输股份有限公司的郭芝鸿和吴杰担任主审。李春生编写第一章和第七章的第一节至第四节；陈秋妹编写第二章和第三章；贾在明编写第四章、第五章、第六章、第八章、第九章和第十章的科目一至科目三；庄平华编写第七章第五节；叶农萍编写第十章科目四。中远海运特种运输股份有限公司的戴康顺、蔡万群、黄福平、潘照强、叶行专、李秉忠、林志明和王可恒参加了部分内容的编写。全书由青岛远洋船员职业学院的贾在明统稿。

本教材在编写的过程中，得到了各航海院校和航运企业专家的大力支持与帮助，尤其是中远海运特种运输股份有限公司的各位专家提供了大量的船上资料和图片，在此表示衷心感谢！由于编者水平有限，时间仓促，书中存在不足之处和差错在所难免，竭诚希望各位读者批评指正。

编　者
2024 年 12 月

目　录

第一章
概　述

第一节

船舶保安出台背景

一、美国"9·11"事件

2001 年 9 月 11 日上午,两架被恐怖分子劫持的民航客机分别撞向美国纽约世界贸易中心一号楼和世界贸易中心二号楼(见图 1-1),致使两座建筑相继倒塌(见图 1-2),世界贸易中心其余 5 座建筑物也因受震而坍塌损毁;另一架被劫持的客机撞向位于美国华盛顿的美国国防部五角大楼,造成五角大楼局部结构损坏并坍塌。

"9·11"事件是发生在美国本土的最为严重的恐怖袭击事件,遇难者总数高达 2 996 人。造成美国经济损失 2 000 多亿美元。

图 1-1　碰撞世贸大厦

图 1-2　世贸大厦倒塌

"9·11"事件后,国际反恐行动的方式发生了很大的变化,国际恐怖分子不仅可能采用准军事手段对军事目标进行袭击,还可能利用民用交通工具对民用设施和平民进行袭击。国际航运由于航行区域广、涉及港口作业、货物装卸和交付等诸多因素,因此,如何有效地反恐、防恐就成为航运界共同关心的问题。

二、美国采取的措施

为应对针对港口、商船和货物不断增加的恐怖威胁,确保海运安全,美国积极推动和倡导航运界采取一系列措施,先后通过了《2001 年港口和海事安全法案》《2002 年海上运输反恐法案》,推出了《海关及贸易伙伴反恐计划》(C-TPAT)、《集装箱安全倡议》(CSI)、《提前24 小时舱单申报规则》。

1.海关及贸易伙伴反恐计划

(1)C-TPAT 是指海关和从事物流活动的各方合作,采取安全措施,确保供应链各个环节的安全可靠,以保证美国边境的安全和商业活动的顺畅,其宗旨在于要求每一个贸易伙伴保证其采取安全保障措施,并向其业务伙伴提出采取安全措施的要求。

(2)C-TPAT 是自愿参加的协议,规定参加者有以下两大义务:

①普遍义务包括船舶安全措施,即船舶不得承载非法的人员和物质;船外人员登船控制措施,严禁非法人员登船,实行真实身份证件审验制;人员安全制度;教育培训制度等。

②特别规定包括在每一营运港口指派一名联络代表;在每艘船上指派一名联络代表;为每艘船制定和建立一套安全保障体系;确保船舶所有证件、单证等资料的完整;定期对安全措施进行检查等。

(3)获得 C-TPAT 认证的公司必须有一个文件程序来确定和减轻整个国际供应链的风险。这使得公司被认为风险较低,从而加快了货物的处理速度,包括更少的海关检查。

2.集装箱安全倡议

(1)CSI 是美国政府于 2002 年 1 月提出的一项旨在加强美国及全球海上运输安全的检查措施,也被称为“集装箱安全计划”。该倡议的核心在于通过美国海关总署检查人员与海港当地海关人员的合作,对运往美国的货运集装箱进行起运前检查,防止恐怖分子利用海运集装箱作为袭击工具或藏匿武器、毒品等违禁品。

(2)CSI 的实施对加强全球海上运输安全、打击恐怖主义活动具有重要意义。通过提前识别和检查高风险集装箱,美国海关有效地降低了恐怖分子利用海运渠道进行袭击的可能性。该倡议促进了国际间的合作与交流,为建立更加安全、高效的国际贸易供应链奠定了基础。

(3)CSI 预先筛选的集装箱进入美国的港口,除非有更多的信息,否则将不会有更多的延误。

(4)CSI 主要内容

① 建立识别高风险集装箱的安全标准;

② 对已经识别为高风险的集装箱在到达美国港口之前进行预检;

③ 开发和使用智能化安全集装箱;

④ 快速通关,减少突发事件的风险。

3.提前24 h 舱单申报规则

(1)规则要求运往美国的海运货物应于国外装运24 h 前向其申报载货舱单资料。

(2)若船舶没有及时提供或提供信息不正确,海港将发出"不可装船指示"给相关方,海关将拒绝卸货。

(3)海关建议海运业者使用电子申报舱单资料系统与其海关连线,若申报不实将处以5 000美元罚款。

(4)所有运往美国的集装箱上必须加挂具有侦测破坏且附加必要的装载咨询的电子封条。

三、国际海事组织采取的措施

在美国出台一系列海上反恐新规的促进下,国际海事组织(IMO)迅速做出反应,在2001 年11 月召开的第22 届大会上通过了 A.924(22)决议——"审议防止威胁乘客、船员和船舶安全的恐怖行为的措施和程序",呼吁制定必要的措施以满足海上反恐的需要。与IMO 大会同期召开的海上安全委员会(MSC)成立了海上保安会间工作组,专门负责起草有关海上保安的 SOLAS 公约修正案和 ISPS 规则。2002 年12 月9—13 日在伦敦召开了 IMO海上保安外交大会,通过了关于船舶和港口设施保安的《国际海上人命安全公约》(SOLAS公约)修正案和《国际船舶和港口设施保安规则》(ISPS 规则)。

1.SOLAS 公约修正案

(1)将附则第 V 章"航行安全"中关于某些船舶强制配备船舶自动识别系统(Automatic Identification System,AIS)的时间提前了。

(2)将附则原第 XI 章"加强海上安全的特别措施"重新编排为 XI-1 章,增加了国际海事组织关于"船舶识别号"(IMO Ship Identification Number)和"连续概要记录"(Continuous Synopsis Record,CSR)的要求。

① 对原有的第 3 条"船舶识别号"修改

将永久性船舶识别号符合公约要求的检验日期提前,规定 2004 年7 月1 日以前建造的公约适用船舶,应在不迟于 2004 年7 月1 日以后的第一次坞检之日符合公约的要求。删除原第 4 款并插入船舶识别号应永久性标记位置的内容,要求在船尾或船体中部左舷和右舷核定载重线以上,或上层建筑左舷或右舷,或上层建筑正面的可见位置永久性标记船舶识别号。

② 新增第 5 条"连续概要记录"主要内容

对第 XI-1 章所适用的所有船舶均应颁发连续概要记录,其目的是就其中所记录的信息在船上提供一份船舶历史记录。连续概要记录应使用 IMO 制定的格式,由主管机关签发给悬挂其国旗的每艘船舶。对连续概要记录的任何已有记载不得修改、删除或以任何方式擦除、涂改。连续概要记录应保存在船上,并应随时可供检查。

(3)新增第 XI-2 章"加强海上保安的特别措施",并将 ISPS 规则纳入该章,使其成为附属于该章的强制性单项规则。

这些修正及新要求已通过默认接受程序自 2004 年 7 月 1 日起生效,成为各缔约国必须履行的职责。

 **2.STCW 公约修正案**

在加强海上保安的大背景下,IMO 对海员应具备的海上保安知识、能力提出了新的要求,并于 2006 年、2010 年分别对《1978 年海员培训、发证和值班标准国际公约》(*International Convention on Standards of Training,Certification and Watchkeeping for Seafarers,1978*,以下简称 STCW 公约)做了修正,新增了对所有海员与保安有关的培训和训练的强制性最低要求,以及确保海员得到处置海盗事件的适当培训。

第二节

SOLAS 公约第 XI-2 章

SOLAS 公约第 XI-2 章"加强海上保安的特别措施"是海上保安法律体系的核心部分,其规定了缔约国政府、公司、船舶、港口设施等各方在保安方面的责任和义务,以及监督和履行、等效措施等内容。

SOLAS 公约第 XI-2 章共由 13 条组成,包括以下条款:定义、适用范围、缔约国政府的保安义务、对公司和船舶的要求、公司的具体责任、船舶保安警报系统、对船舶的威胁、船长对船舶安全和保安的决定权、控制和符合措施、对港口设施的要求、替代保安协议、等效保安安排和信息交流。

一、定义

1.船/港界面活动

船/港界面活动(Ship/Port Interface),是指当船舶受到往来于船舶的人员、货物移动或港口服务提供的直接和密切影响时发生的交互活动。

2.港口设施

港口设施(Port Facility),是指由缔约国政府或由指定当局确定的发生船/港界面活动的场所,其中包括锚地、候泊区和进港航道等区域。

3.船到船活动

船到船活动(Ship to Ship Activity),是指涉及物品或人员从一船向另一船转移的任何与港口设施不相关的行为。

4.指定当局

指定当局(Designated Authority),是指在缔约国政府内所确定的负责从港口设施的角度确保实施本章涉及港口设施保安和船/港界面活动规定的机构或行政机关。

5.保安事件

保安事件(Security Incident),是指威胁船舶(包括移动式海上钻井装置和高速船)、港口设施或任何船/港界面活动或任何船到船活动保安的任何可疑行为或情况。

6.保安等级

保安等级(Security Level),是指企图造成保安事件或发生保安事件的风险级别(见图1-3)。

图 1-3　保安等级

7.保安声明

保安声明(Declaration of Security),是指船舶与其所从事活动的港口设施或其他船舶之间达成谅解的书面协议,规定各自将采取的保安措施。

8.国际船舶和港口设施保安规则

ISPS 规则是指《1974 年国际海上人命安全公约》缔约国政府大会于 2002 年 12 月 12 日以决议 2 通过的《国际船舶和港口设施保安规则》。该规则由 A 部分(其规定应被视为具有强制性)和 B 部分(其规定应被视为具有建议性)组成。

9.经认可的保安组织

经认可的保安组织(Recognized Security Organization, RSO),是指经授权开展本章或 ISPS 规则 A 部分所要求的评估、核验、批准或发证活动的具备适当保安专长并具备适当船舶和港口操作方面知识的组织。

二、适用范围

■ 1.船舶

SOLAS 公约第 XI-2 章适用于从事国际航行的客船(包括高速客船)、总吨 500 及以上的货船(包括高速货船)和移动式海上钻井装置。

■ 2.港口设施

SOLAS 公约第 XI-2 章适用于为国际航行船舶服务的港口设施。对于境内其主要适用于非国际航行船舶,仅偶尔需要为抵港或离港的从事国际航行的船舶服务的港口设施,缔约国政府应在开展港口设施保安评估的基础上,决定这些港口设施在何种程度上适用第 XI-2 章和 ISPS 规则 A 部分的相关章节。

■ 3.除外

SOLAS 公约第 XI-2 章不适用于军舰、海军辅助船或由缔约国政府拥有或经营并仅用于政府非商业性服务的其他船舶。

三、缔约国政府关于保安的责任

(1)主管机关应为悬挂其船旗的船舶规定保安等级并保证向其提供保安等级方面的信息。如果保安等级发生变化,保安等级信息应视情境需要予以更新。

(2)缔约国政府应为其领土内的港口设施和进入其港口前的船舶或在其港口内的船舶规定保安等级并确保向它们提供保安等级方面的信息。当保安等级发生变化时,应视情境需要对保安等级信息予以更新。

四、对公司和船舶的要求

(1)公司与船舶均应符合本章和 ISPS 规则 A 部分的相关要求,并考虑 ISPS 规则 B 部分的导则。对船舶的符合情况,应按 ISPS 规则 A 部分的规定予以核验和发证。

(2)船舶应符合缔约国规定的保安等级要求,应对向更高保安等级的改变做出迅速反应。

(3)船舶在进入缔约国境内的港口之前,或在缔约国境内的港口期间,如果主管机关为其规定的保安等级低于缔约国规定的保安等级,船舶应符合缔约国规定的保安等级要求。

(4)如果船舶不符合本章和 ISPS 规则 A 部分的要求,或不符合主管机关或另一缔约国政府规定的适用该船舶的保安等级要求,则船舶应在进行任何船/港界面活动之前,或在进港之前(以先者为准)将此通知适当的主管当局。

五、公司的具体责任

公司应确保船长在船上始终有最新的信息可提供给缔约国政府正式授权的官员,以便其用以确定由谁负责指派船员或在船上受雇或工作的船员或其他人员、由谁负责决定船舶的使用以及谁是租船合同的各方。

六、船舶保安警报系统

SOLAS 公约第Ⅺ-2 章第 6 条要求船舶配备船舶保安警报系统。该系统启动后,应能向指定的主管当局(在此情况下可包括公司)传送保安警报,确定船舶身份、船位并指出该船的保安状况受到威胁或危害。该系统报警时,不在船上发出任何警报。

七、对船舶的威胁

SOLAS 公约第Ⅺ-2 章第 7 条要求缔约国政府应提供一个联络点,船舶可向其求助并报告所发现的保安问题。如果有关缔约国确定在其附近水域存在着对船舶的威胁,其应向船舶及其主管机关通报当前的保安等级、船舶应采取的防范措施和沿岸国决定采取的保安措施。

八、船长对船舶安全和保安的决定权

SOLAS 公约第Ⅺ-2 章第 8 条明确规定了船长在船舶安全和保安方面的权力。船长根据其职业判断而做出的为维护船舶安全或保安所必需的决定,应不受公司、承租人或任何其他人员的限制,包括拒绝人员(那些被确定为缔约国政府正式授权的人员除外)或其物品上船和拒绝装货,包括集装箱或其他封闭的货运单元。

如果依船长的职业判断,在船舶操作中出现适用该船的安全和保安要求发生冲突的情况,船长应满足为维护船舶安全所必须的要求,并采取临时性保安措施,同时要通知主管机关,并视情通知该船所在或准备进入港口的缔约国。本条中的任何此类临时保安措施应在最大程度上对应于当时的主导性保安等级。在发现此种情况后,主管机关应确保此类冲突得以解决,并最大限度地避免再次发生的可能性。

九、监督和符合措施

SOLAS 公约第Ⅺ-2 章第 9 条规定了对在港船舶的监督。对船舶的监督检查采用传统的港口国监督机制,授权的官员有权检查"国际船舶保安证书"是否符合规定。与传统的港口国监督机制不同的是,本条增加了把船舶驱逐出港的措施。检查官要求船舶提供的信息包括:船舶保安证书和签发机关、船舶的保安等级、以前挂靠港口的保安等级、以前挂靠港口时采取的特别的和附加的保安措施。

SOLAS 公约第Ⅺ-2 章第 10~13 条规定了对港口设施的要求、替代保安协议、等效保安安排和信息交流等。

第三节

ISPS 规则的主要内容

一、ISPS 规则的基本结构

ISPS 规则由序言、规则 A、规则 B 三部分组成。

ISPS 序言部分描述了 IMO 修改 SOLAS 公约附则及 ISPS 规则的出台历程,明确了 SOLAS 公约第XI-2 章和本规则的规定适用于船舶和港口设施。强调了在实施 SOLAS 公约第XI-2 章和本规则 A 部分的海上保安规定时,应考虑本规则 B 部分所提供的指导。

ISPS 规则 A 部分是强制性的要求,包括总则、定义、适用范围、缔约国政府的责任、保安声明、公司的责任、船舶保安、船舶保安评估、船舶保安计划、记录、公司保安员、船舶保安员、船舶保安培训演练和演习、港口设施保安、港口设施保安评估、港口设施保安计划、港口设施保安员、港口设施保安培训演练和演习、船舶的核验和发证等 19 条。

ISPS 规则 B 部分是建议性的,为 SOLAS 公约修正案和 ISPS 规则 A 部分的实施做指导,其内容在编排格式上与 A 部分相互对应。

二、实施 ISPS 规则的目的

(1)建立一个缔约国政府、政府部门、地方行政机关和航运业以及港口业进行合作的国际框架,以探查保安威胁并针对影响到用于国际贸易的船舶或港口设施的保安事件采取防范措施。

(2)规定缔约国政府、政府部门、地方行政机关和航运业以及港口业各自在国内和国际层面上关于确保海上保安的作用和责任。

(3)确保及时和有效地收集和交流与保安有关的信息。

(4)提供一套用于保安评估的方法,以具备对保安等级的变化做出反应的计划和程序。

(5)确保对具备充分和恰当的海上保安措施抱有信心。

三、实施 ISPS 规则的基本要求

1.对缔约国政府的基本要求

SOLAS 公约缔约国政府的义务包括批准船舶保安计划及其后的修订;审核船舶是否符合 SOLAS 公约第XI-2 章和 ISPS 规则 A 部分的规定,并向船舶签发"国际船舶保安证书";为船舶规定保安等级并向船舶通报有关保安信息;规定船舶何时应要求签署保安声明;向国际海事组织通报公约和规则要求的保安信息。

2.对船公司和船舶的基本要求

船公司应为公司指定一名或数名公司保安员,并为每艘船舶指定一名船舶保安员。公司保安员的职责是确保船舶开展保安评估、制订船舶保安计划,船舶保安员主要负责船舶日常营运的保安工作。适用 ISPS 规则的所有船舶均需配备经主管机关或其认可机构批准的船舶保安计划,并根据该计划操作。ISPS 规则规定船舶须持有"国际船舶保安证书",还规定了公司保安员、船舶保安员以及其他负有保安职责的船上和岸上人员的知识培训、演练和演习的要求。

3.对港口设施的基本要求

缔约国政府应确保按照 ISPS 规则 A 部分的要求,开展港口设施保安评估,制订、评审、批准并实施港口设施保安计划。作为缔约国政府,其应指定并通报港口设施保安计划所应涉及的各保安等级的对应措施,包括在何时要求提交保安声明。

四、ISPS 规则的基本定义

1.船舶保安计划

船舶保安计划(Ship Security Plan,SSP),是指为确保在船上采取旨在保护船上人员、货物、货物运输单元、船舶物料以及船舶免受保安事件威胁的措施而制订的计划。

2.港口设施保安计划

港口设施保安计划(Port Facility Security Plan,PFSP),是指为确保采取旨在保护港口设施和港口设施内的船舶、人员、货物、货物运输单元和船上物料免受保安事件威胁的措施而制订的计划。

3.船舶保安员

船舶保安员(Ship Security Officer,SSO),是指由公司指定的在船上负责船舶保安并对船长负责的人,其责任包括实施和维护船舶保安计划以及与公司保安员和港口设施保安员进行联络。

4.公司保安员

公司保安员(Company Security Officer,CSO),是指由公司指定负责确保船舶保安评估得以开展,船舶保安计划得以制订、提交批准、而后得以实施和维持,并与港口设施保安员和船舶保安员进行联络的人。

5.港口设施保安员

港口设施保安员(Port Facility Security Officer,PFSO),是指被指定负责制订、实施、修订和维持港口设施保安计划以及与船舶保安员和公司保安员进行联络的人员。

五、ISPS 规则的适用范围

ISPS 规则的适用范围与 SOLAS 公约第Ⅺ-2 章的规定相同。同时指出：ISPS 规则 A 部分的第 5 至 13 节和第 19 节适用于第Ⅺ-2/4 条所规定的船舶和公司，第 5 节和第 14 至 18 节适用于第Ⅺ-2/10 条所规定的港口设施。

六、缔约国政府的责任

▣ 1.规定保安等级

缔约国政府应为悬挂其国旗的船舶、在其领域的港口设施及在其领海内营运或已向其通报进入其领海意图的船舶规定保安等级，并为防止发生保安事件提供指导。在规定适当的保安等级时应考虑的因素包括：威胁信息的可信程度、威胁信息得以佐证的程度、威胁信息的具体或紧迫程度、该保安事件的潜在后果。

▣ 2.确定指定当局

缔约国政府可在政府范围内确定一个指定当局，以履行 SOLAS 公约第Ⅺ-2 章和 ISPS 规则 A 部分规定的有关港口设施的保安职责。

▣ 3.指定经认可的保安组织

(1)缔约国政府可授权经认可的保安组织承担以下有关保安的活动

①代表主管机关批准船舶保安计划或其修订；

②代表主管机关对符合 SOLAS 公约第Ⅺ-2 章和 ISPS 规则 A 部分要求的船舶进行核验、发证；

③按缔约国政府要求进行港口设施保安评估。

经认可的保安组织可就保安事宜对与公司或港口设施有关的船舶保安评估、船舶保安计划、港口设施保安评估和港口设施保安计划提供建议或帮助，可包括制订船舶保安评估或计划，或港口设施保安评估或计划。

(2)缔约国政府不得授权给经认可的保安组织的职责和活动

①规定适用的保安等级；

②批准港口设施保安评估和已批准评估的后续修订内容；

③确定须指定港口设施保安员的港口设施；

④批准港口设施保安计划和已批准计划的后续修订内容；

⑤依照第Ⅺ-2/9 条采取控制和符合措施；

⑥规定关于保安声明的要求。

▣ 4.测试船舶保安计划

缔约国政府将对他们批准的或代表他们批准的"船舶保安计划"，或该计划修订的效果进行测试，直至他们认为适当为止。

5.建立联络点

缔约国政府应考虑设立中央或地区联络点,或采取其他方法提供有关已落实的港口设施保安计划最新的地点资料以及与港口设施保安员联络的细节。缔约国应公布这些联络点。

6.建立有效的身份证件核实程序

缔约国政府应向有权登船或进入港口设施履行其官方职责的政府官员签发相应的身份证件,并设立可能对这些证件的真实性进行核实的程序。

七、保安声明

根据 ISPS 规则 A 部分的规定,缔约国政府应通过评估船/港界面活动或船到船活动对人员、财产或环境造成的危险,确定何时要求提交保安声明。

1.船舶在下列情况下可要求签署保安声明

①该船运营所处的保安等级高于其拟进入或所在的港口或与之进行船到船活动的另一船舶的保安等级时;

②在缔约国政府之间有涉及某些国际航线或这些航线上的特定船舶的关于保安声明的协议时;

③曾经有过涉及该船或涉及该港口设施的保安威胁或保安事件时;

④该船位于一个不要求具有和实施经批准的港口设施保安计划的港口时;

⑤该船与另一艘不要求具有和实施经批准的船舶保安计划的船舶进行船到船活动。

如果收到填写"保安声明"的请求,有关港口设施或船舶应予以确认。船长或船舶保安员代表船舶签署保安声明;港口设施保安员或缔约国政府决定的负责岸上保安的机构代表港口设施签署保安声明。

2.保安声明的内容与保存

①保安声明样本(见表 1-1)应提出港口设施和船舶之间,或船舶与船舶之间可以共用的保安措施,并说明各自的责任;

②缔约国政府应确定其领土内港口设施保存保安声明的最低期限;主管机关应确定悬挂其国旗的船舶保存保安声明的最低期限。

ISPS 规则有关船舶保安等级及要求、船舶保安计划、船舶保安设备及船舶保安措施的内容详见本教材其他章节。

表 1-1　保安声明样本

这是本船与港口设施或另一船舶进行界面活动时,就 ISPS 规则涉及的保安要求达成的协议。

船名:	船籍港:
IMO 编号:	港口设施/船舶名称:

对下下列活动的本保安声明有效期从＿＿＿＿＿＿＿至＿＿＿＿＿＿,涉及的船-港/船-船界面活动为

＿＿＿＿＿＿＿＿＿＿＿＿＿＿＿＿＿＿＿＿＿＿＿＿＿＿＿＿＿＿＿＿＿＿＿＿＿。

船舶保安等级:	港口/船舶保安等级:	
	栏内所附的 SSO 或 PFSO 署名表明活动将根据有关批准的计划进行	
活动	船舶	港口设施
确保履行所有保安职责		
监控限制区域确保只有经批准的人员才能进行		
控制进入港口设施的通道		
控制进入船舶的通道		
对港口设施,包括系泊区域和船舶周围区域的监控		
对船舶,包括系泊区域和船舶周围区域的监控		
货物装卸		
船舶物料交付		
无人照管行李的处置		
控制登船人员及其随身物品		
确保船舶和港口设施之间的通信联系随时畅通		

本协议签署人兹证明,在规定的活动期间采取的港口设施和船舶保安措施和布置符合 SOLAS 第 XI-2 章和 ISPS 规则 A 部分的规定,并将按已批准的计划中的规定或按商定的载于附件中的具体安排执行.。

签署地点＿＿＿＿＿＿＿＿＿　日期＿＿＿＿＿＿＿＿＿

签署人	
代表船舶	代表港口/船舶
(船长或船舶保安员签字)	(港口设施/船舶保安员签字)

签署人员姓名和职务	
姓名:	姓名:
职务:	职务:

联系细节 (相应地填写) (写明电话号码或使用的无线电频道或频率)	
船舶	港口设施/船舶
船长:	港口设施/船舶
船舶保安员:	
公司:	港口设施/船舶保安员
公司保安员:	

 **第四节**

STCW 公约海上保安三项适任标准

一、STCW 公约 2006 年修正案对船舶保安员的强制性最低要求

2006 年 5 月 18 日，IMO 海上安全委员会（MSC）召开第 81 届会议，分别以 MSC.203（81）、MSC.209（81）号决议通过了 STCW 公约和规则 2006 年修正案。两项决议分别在 STCW 公约中增加了第Ⅵ/5 条"为船舶保安员签发专业证书的强制性最低要求"，在 STCW 规则中增加了 A-Ⅵ/5 节"签发船舶保安员专业证书的强制性最低要求"，并规定了签发船舶保安员专业证书的最低适任标准。上述修正案已于 2008 年 1 月 1 日生效。

船舶保安员的最低培训要求包括：

1.保持和监督船舶保安计划的实施

（1）关于国际海上保安政策和政府、公司及指定人员的责任的知识，包括那些与海盗及武装抢劫有关的内容；

（2）关于船舶保安计划、相关程序及保持记录的目的和内容要素的知识，包括那些与武装抢劫有关的内容；

（3）关于实施船舶保安计划和报告保安事故的程序的知识；

（4）关于海上保安等级和船上及港口设施环境中的相应保安措施和程序的知识；

（5）关于进行船舶保安计划规定的内部审核、现场检查、监督和监测保安活动的要求和程序的知识；

（6）关于向公司保安员报告内部审核、定期评审和保安检查期间发现的任何缺陷和不遵约情况的要求和程序的知识；

（7）关于修改船舶保安计划所用的方法和程序的知识；

（8）关于与保安有关的应急计划和应对保安威胁或保安违规（包括维持船/港界面关键性业务的规定）的反应程序的知识，包括那些与海盗及武装抢劫有关的内容；

（9）对海上保安术语的定义的实用知识，包括那些与海盗及武装抢劫有关的术语和定义。

2.评估保安风险、威胁和弱点

（1）关于风险评估和评估工具的知识；

（2）关于保安生命在内的保安评估文件的知识；

（3）关于可能对保安有潜在风险的人员用以规避保安措施的技术（伎俩）的知识，包括海盗及武装抢劫分子使用的技术；

（4）关于在非歧视的基础上识别可能对保安有潜在风险的人员的知识；

（5）关于识别武器、危险物质和装置及其能导致的损害的知识；

（6）关于了解对人群的管理和控制技术的知识（视情而定）；

（7）关于处理敏感的保安信息和保安通信的知识；

（8）关于贴身搜查和使用非冒犯式搜查方法的知识。

3.对船舶进行例行检查，以确保适当的保安措施得到实施和保持

（1）关于指定和监测限制区域的要求的知识；

（2）关于控制船舶和船上限制区域的进出通道的知识；

（3）关于对甲板区和船舶周围区域进行有效监控的方法的知识；

（4）关于与船上其他人员和港口设施保安员处理货物和船舶物料有关的保安方面的知识；

（5）关于人员及其物品上下船和在船上的进出口通道的控制方法的知识。

4.确保适当地操作、测试和校准保安设备和系统

（1）关于各种保安设备和系统及其局限性的知识，包括那些在发生海盗及武装抢劫事件时可以使用的设备和系统；

（2）关于使用船舶保安报警系统的程序、说明和指南的知识；

（3）关于测试校准和维护保安系统和设备的方法的知识，特别是在海上的情况下。

5.鼓励提高保安意识和警惕性

（1）关于相关公约、规则及 IMO 通函中有关防海盗及武装抢劫的培训、演习和演练要求的知识；

（2）关于加强船上保安意识和警惕性的方法的知识；

（3）关于评估训练和演习效果的方法的知识。

二、STCW 公约 2010 年修正案对有关海员保安适任标准的新规定

2010 年 6 月 21 日至 25 日，IMO 在马尼拉召开了《1978 年国际海员培训、发证和值班标准公约》缔约国外交大会，通过了 STCW 公约 2010 年修正案（被命名为"STCW 公约马尼拉修正案"，以下简称：马尼拉修正案）。该修正案已于 2012 年 1 月 1 日生效，过渡期为 5 年。马尼拉修正案有关海员保安适任标准的新规定包括以下两个方面：

1.确保船舶保安员得到处置海盗事件的适当培训的新规定

马尼拉修正案取消了 STCW 规则第 A-Ⅵ/5 节有关签发船舶保安员培训合格证书的过渡性规定，在第 A-Ⅵ/5 节船舶保安员最低适任标准中特别强调并增加了船舶保安员应熟练理解有关公约、规则及 IMO 通函中有关防海盗及武装劫持要求的培训、演习和演练的知识以及发生海盗及武装劫持事件时可以使用的设备和系统等。

2.新增海员保安培训的三项适任标准和两个新的持证要求

马尼拉修正案新增第Ⅵ/6条、第A-Ⅵ/6节,确定了"对所有海员与保安有关的培训和训练的强制性最低要求",并把除船舶保安员外的、受聘于船舶担任船上任何职务的海员分为承担指定保安职责的海员和无指定保安职责的海员两类。第A-Ⅵ/6节就海员保安培训规定了三项适任标准和两个新的持证要求。三项适任标准分别是针对"与保安有关的熟悉培训""保安意识培训"及"承担指定保安职责海员的培训"做出的。两个新的持证要求分别是:所有海员必须持有"保安意识培训合格证书";承担指定保安职责的海员应持有"负有指定保安职责海员培训合格证书"。

(1)与保安有关的熟悉培训的适任标准

在按要求应遵守ISPS规则的海船上,除旅客外,所有受雇或受聘人员,在被指派船上职责之前应接受认可的与保安有关的熟悉培训,并考虑STCW公约B部分给予的指导,以便能够:报告保安事件,包括海盗或武装抢劫的威胁或袭击;当确认存在保安威胁时,了解应遵循的程序;并参加与保安有关的应急和紧急程序。

受聘或受雇于海船上承担指定保安职责的海员,在被指派该职责之前,应接受与其职责和责任相关的保安熟悉培训,并考虑STCW公约B部分给予的指导。

与保安有关的熟悉培训应由船舶保安员或具有同等资格的人员实施。

(2)保安意识培训的适任标准

受雇或受聘于应遵守ISPS规则规定的船舶担任船上任何职务的海员,在船舶营运中作为无指定保安职责的在编人员,在其任职之前应:接受适当的认可的STCW公约第A-Ⅵ/6-1规定的保安意识培训或训练;提供已经达到按STCW公约表A-Ⅵ/6-1第1栏列出所承担的任务、职责和责任所要求的适任标准的证据。

STCW公约第B-Ⅵ/6节规定,海员和船上人员不是保安专家,STCW公约规定的目的不在于使其成为保安专家。海员和船上人员应接受足够的与保安相关的培训或训练和熟悉培训,以使其获得履行其指派职责和有助于共同增强海上保安所要求的知识和理解。没有指定保安职责的海员,在其职业生涯中应至少完成一次第A-Ⅵ/6节规定的保安意识培训或训练。如果有关的海员或船上人员满足了规则第Ⅵ/6条规定的与保安有关的熟悉要求,并参加了ISPS规则要求的演习和演练,则没有必要对这项培训进行更新或再有效。

(3)承担指定保安职责海员培训的适任标准

承担指定保安职责的海员,是指根据STCW公约第A-Ⅵ/6节中的"承担指定保安职责"的表述,在船舶保安计划中负有特定保安职责和责任的人员。

每个被指定履行包括防海盗和防武装抢劫相关活动的保安职责的海员应表明承担STCW公约表A-Ⅵ/6-2第1栏所列的任务、职责和责任的适任能力。表A-Ⅵ/6-2第2栏所列明的科目的知识水平应足以能够使每个证书申请人能够履行船上指定的保安职责,包括防海盗和防武装抢劫相关的活动。每个证书申请人应依据下列各项提供已经达到所要求的适任标准的证据:按表A-Ⅵ/6-2第3栏和第4栏所列明的表明适任的方法和评估适任的标准,表明具有执行该表第1栏所列出的任务、职责和责任的适任能力;并且考试或连续的评估,作为认可的培训项目的组成部分,以替代表A-Ⅵ/6-2第2栏要求规定的内容。

STCW 公约第 B-VI/6 节规定,负有指定保安职责的海员,在其职业生涯中,应至少完成一次第 A-VI/6 节中规定的培训。如果有关的海员或船上人员满足了规则第VI/6 条规定的与保安有关的熟悉要求,并参加了 ISPS 规则要求的演习和演练,则没有必要对这项培训进行更新或再有效。

综上所述,STCW 公约马尼拉修正案规定了与船舶保安有关的四种培训及三个持证要求。四种培训分别是:熟悉保安培训、保安意识培训、负有指定保安职责海员的培训及船舶保安员培训。三个持证要求是:所有船员必须持有"保安意识培训合格证书";承担指定保安职责的海员应持有"负有指定保安职责海员培训合格证书";被指定为船舶保安员的海员必须持有"船舶保安员培训合格证书"。对海员被指派船上职责之前应接受认可与保安有关的熟悉保安培训,不需要发证,但必须要有记录。

第二章
船舶保安体系

 第一节

船舶保安体系概述

为了避免或最大程度地减少保安事件造成的损失,船公司应建立并运行船舶保安体系。船舶保安体系是指船上实施的程序、文件和有关记录的体系,通过对其检查以验证船舶对 ISPS 规则的符合性。该体系的基本要素为目标、组织结构、措施、资源、活动、文件和审核等。

为了便于实施和保持船舶保安体系,可以考虑将其纳入船舶安全管理体系中,作为船舶安全管理体系的一个组成部分。

一、船舶保安体系的意义

建立船舶保安体系具有以下意义:
(1)确保船舶保安符合 SOLAS 公约和 ISPS 规则的要求;
(2)提高船舶保安管理水平;
(3)控制和减少船舶保安事件的发生;
(4)避免或最大程度地减少保安事件造成的损失。

二、船舶保安体系的结构

船舶保安体系应由以下部分组成:
(1)目标与方针;
(2)组织结构及相应职责;
(3)保安计划及其他程序文件;
(4)具体保安措施;
(5)人力资源与设备;
(6)船舶保安活动,包括保安评估、保安操作、应急操作、培训与演练等;

(7)审核、发证与监督等。

三、船舶保安体系的功能

一个完善而有效的船舶保安体系应具备以下功能：

(1)确保船舶保安符合 SOLAS 公约以及 ISPS 规则的要求；

(2)保证船舶保安目标和方针的实现；

(3)明确船舶保安组织结构及职责；

(4)搜集和评估保安威胁；

(5)制订并完善船舶保安计划及其他保安程序文件；

(6)通过培训、演习和演练，确保熟悉保安计划和程序；

(7)通过内部评审和管理性复查，使得体系自我完善。

第二节

船舶保安组织及职责

一、船舶保安组织

船舶保安组织是为履行保安体系、领导并组织实施保安计划的机构,广义的船舶保安组织包括公司保安组织。船舶保安组织应由以下部门和人员组成:负责船舶保安的公司职能部门、公司保安员（CSO）、船长（SSO）、船舶保安员、船员（包括负有指定保安职责海员与无指定保安职责海员）等。根据船舶的具体情况以及实际需要可以设立部门保安员和船舶应急反应小组。船舶保安组织基本构架如图 2-1 所示。

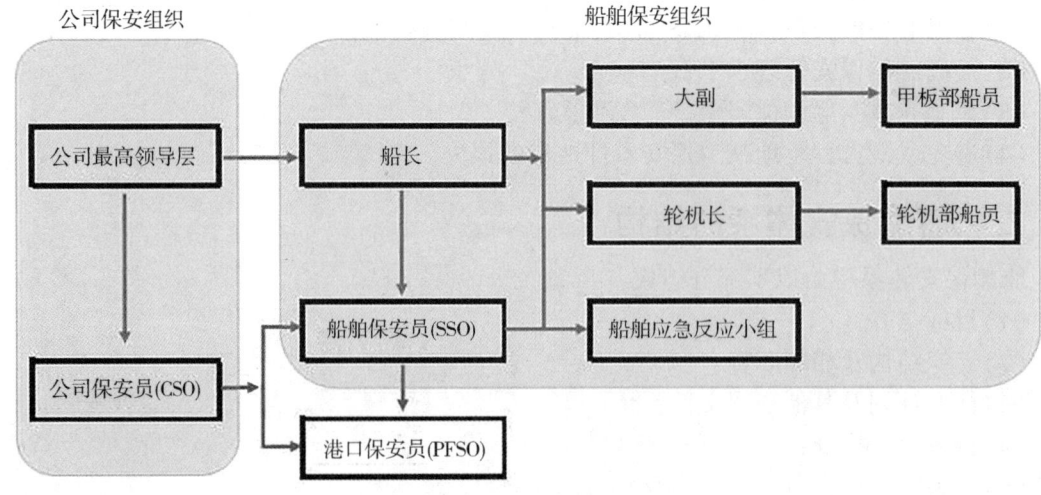

图 2-1　船舶保安组织基本构架

二、公司保安员的职责

公司应根据所经营管理的船舶数量和类型任命一名或数名公司保安员,并须明确每名公司保安员所负责的船舶。公司保安员应履行 ISPS 规则规定的职责和责任,包括但不限于以下内容:

(1)利用适当的保安评估和其他相关信息,对船舶可能遇到威胁的等级提出建议;

(2)确保船舶保安评估得以开展;

(3)确保按照 ISPS 规则的要求制订船舶保安计划,并将计划提交主管机关或其认可的保安组织批准,加以实施和保持;

(4)确保对船舶保安计划进行适当修改,以纠正缺陷并符合船舶的保安要求;

(5)安排保安活动的内部审核和评审;

(6)安排由主管机关或经认可的保安组织对船舶进行的初次审核,以及为保持 ISPS 规则符合性而进行的各类审核;

(7)确保迅速解决和处理在内部审核、定期评审、保安检查和符合性审核期间所确定的缺陷和不符合项;

(8)加强全体公司和船上人员的保安意识和警惕性;

(9)确保负责船舶保安的人员受到适当的培训;

(10)确保船舶保安员和有关港口设施保安员之间的有效沟通与合作;

(11)确保船舶保安要求和船舶安全要求的一致性;

(12)若采用了姊妹船或船队的保安计划,确保每条船的计划均能准确反映该船的具体信息;

(13)确保为某一特定船舶或某一组船舶批准的任何替代或等效安排得以实施和保持。

三、船长的保安职责

船长的保安职责包括但不限于:

(1)对船舶保安负有最终责任;

(2)熟悉并带领全体船员贯彻执行公司的保安方针;

(3)熟悉船舶保安计划中的主要规定;

(4)牢记并正确运用公司在船长权力声明中赋予的绝对权力;

(5)当保安风险增大时,果断采取更高等级的保安措施;

(6)拒绝对船舶保安构成威胁的人员、货物、物品等进入船舶;

(7)在船舶操作过程中出现适用该船的安全和保安要求之间发生冲突时,决定实施临时性保安措施,并通知主管机关;

(8)向公司保安员报告船舶保安的薄弱点以及船舶保安体系的缺陷和不足;

(9)需要时,签署并提交保安声明;

(10)负责保持船舶保安证书的有效性;

(11)负责保管船舶保安证书,并在被要求时出示给主管机关或主管机关认可的机构查验;

（12）熟悉港口国保安监督有关规定，指导船舶保安员处理与港口国保安监督有关的事宜。决定是否提供港口国保安监督要求提供的信息。

四、船舶保安员的职责

公司应在每艘船舶上任命一名船舶保安员，该船舶保安员可以是专职的，也可以是兼职的。船舶保安员必须具备涉及船舶保安方面的所有知识并接受相应的培训。船舶保安员应履行 ISPS 规则以及船舶保安计划规定的职责和责任，包括但不限于以下内容：

（1）熟悉并贯彻执行公司的保安方针；

（2）熟悉船舶保安计划中的主要规定，并保持和监督其实施；

（3）定期对船舶进行保安检查，确保适当的保安措施得以保持；

（4）保管船舶保安计划并在必要时提出修改建议；

（5）与船上其他人员、相关港口设施保安员协调货物和船舶备件装卸中的保安事项；

（6）向公司保安员报告在内部审核、定期评审、保安检查和符合性审核期间所确定的缺陷和不符合项，并实施相应的纠正行动；

（7）加强船上人员的保安意识和警惕性；

（8）确保为船上人员提供适当的保安培训；

（9）报告所有保安事件；

（10）与公司保安员和相关港口设施保安员协调实施船舶保安计划；

（11）确保正确操作、测试、校准和保养船舶保安设备（如有）；

（12）记录船舶保安计划涉及的保安活动并按主管机关规定的最低期限保存在船上；

（13）根据船长授权，代表船舶签署并提交保安声明。

五、负有指定保安职责海员的职责

负有指定保安职责的海员是指依据船舶保安计划，被指定负有明确的保安职责和责任的海员。根据 STCW 公约与规则以及其他相关公约的规定，负有指定保安职责的海员具有以下职责和责任：

（1）熟悉船舶在保安方面的规定和要求；

（2）熟悉本船保安应急计划，明确保安事件发生时的反应程序；

（3）熟悉本船保安应变部署，明确自己在不同保安应急时的职责；

（4）了解规避保安措施的技术；

（5）识别潜在保安风险和威胁；

（6）有效履行职责，协助保持 SSP 所设定的状态；

（7）定期对船舶进行保安检查；

（8）正确维护、测试、校准和操作保安设备与系统。

六、无指定保安职责海员的职责

无指定保安职责的海员是指除负有指定保安职责的海员外，所有受雇或从事按要求需遵守 ISPS 规则的海船上工作、担任任何职务的海员。在特别必要的情况下，主管机关可以允许无指定保安职责但了解船舶保安计划的海员,在抵达下一停靠港前或不超过 30 天(取较长者)的时间内,履行指定的保安职责。根据 STCW 公约与规则以及其他相关公约的规定,无指定保安职责的海员应具有以下职责和责任:

(1)了解船舶在保安方面的规定和要求;

(2)学习保安知识并接受培训,增强保安意识;

(3)保持足够的警惕性;

(4)协助实施船舶保安计划;

(5)在确认存在保安威胁或发生保安事件时,按规定报告并遵循规定的程序;

(6)经允许,承担指定的保安职责。

第三节

船舶保安体系审核

船舶保安审核是依据 SOLAS 公约第XI-2 章和 ISPS 规则,以及经主管机关批准的被审核船舶的保安计划进行的。

主管机关或其认可的保安组织(RSO)通过检查船上实施的保安程序、文件和有关记录来检验船舶保安体系是否符合 ISPS 规则,通过检验的船舶将被授予“国际船舶保安证书”。

一、船舶保安体系审核的种类

根据中国船级社《船舶保安体系认证规范》(2019 年),船舶保安体系审核的种类包括:初次审核、定期审核(中间审核/换证审核)、附加审核和临时审核。

1.初次审核

(1)一般规定

初次审核是首次按照批准的船舶保安计划对船舶保安体系审核时进行的。在初次审核时,首先进行文件核查,然后进行现场审核以确保船舶保安体系在船上有效实施(以下简称“船上审核”)。

(2)文件核查

①如果申请实施初次审核的船舶保安计划已批准,审核员根据具体情况,在船上审核时或之前对船舶保安计划(SSP)进行核查。

②如果申请实施签发 ISSC 的初次审核船舶的保安计划并非中国船级社批准,其可要求公司在审核实施前提交已批准的 SSP 副本和其相关的船舶保安评估资料。如果认为船舶保安计划不符合审核准则,中国船级社应书面通知公司和船旗国主管机关。

(3)船上审核

中国船级社应通过船上审核以评定船舶保安体系是否完全符合适用的审核准则要求,

处于满意状态并适合于船舶预期的营运服务。

船上审核应至少验证以下保安事项：

①船舶保安组织机构及保安职责的履行，包括公司保安员、船长、船舶保安员和所有船上具有保安职责的人员，以及公司提供的必要支持；

②进入船舶通道的控制方式和措施；

③登船人员及其物品包括行李和无人照管的行李上船的控制；

④限制区域的监视和监控，以确保只有经过授权的人员才能进入；

⑤甲板区域和船舶周围的监视；

⑥货物装卸和船舶物料交付的控制；

⑦船舶对保安等级改变的响应；

⑧保安声明处理，包括与 SOLAS XI-2 章和 ISPS 规则不适用的港口设施和/或船舶的界面活动；

⑨保安状况受到威胁或破坏的响应，包括人员撤离；

⑩保安事件的报告和处理；

⑪船舶保安通信设备或系统的操作和保安信息的控制；

⑫所有保安设备和/或系统状况、维护、试验、校准以及船上人员的使用；

⑬船上人员的培训、保安演练和演习；

⑭船舶保安活动内部审核和评审以及船舶保安计划评审及其修订；

⑮敏感性信息和资料的控制；

⑯船舶保安活动记录的控制；

⑰检查有关船舶保安警报系统(SSAS)、自动识别系统(AIS)法定检验记录和核查船舶识别号实地标记与文件所述的一致性，包括连续概要记录(CSR)。

2.定期审核

已经 ISPS 规则认证的船舶应按规定进行定期审核，以保持 ISSC 有效。定期审核包括中间审核和换证审核。

（1）中间审核

①在中间审核时，通过船上审核以评定船舶保安体系是否保持符合批准的船舶保安计划并持续适合于船舶预期的服务；

②中间审核应在 ISSC 证书的第 2 个和第 3 个周年日之间进行；

③中间审核的验证项目与初次审核的验证项目相同，并验证对前一次审核所发现的缺陷的纠正措施的有效性；

④审核过程中发现船舶保安体系存在的缺陷应予以处理。

（2）换证审核

①在换证审核时，通过船上审核评定船舶保安体系是否完全符合批准的船舶保安计划，处于满意状态并适合于船舶预期的服务。

②换证审核在不超过 5 年的时间间隔内并在现有证书到期日前 3 个月之内完成，除非发生以下情况：如证书到期时该船不在预定审核的港口，则公司可依据 ISPS 规则 A/19.3.5

向如船旗国主管机关申请展期 ISSC(临时 ISSC 不得展期)。船旗国主管机关批准展期的证明文件应在审核时提交审核员。

③换证审核的验证项目与初次审核的验证项目相同,并验证对前一次审核所发现缺陷的纠正措施的有效性。

3.附加审核

(1)船舶应在下列情况下申请附加审核

①船舶保安计划的实质性变更对船舶保安体系运行构成重大影响时;

②初次和换证审核存在严重缺陷时;

③中间审核存在严重缺陷时;

④船旗国主管机关要求时;

⑤船舶发生重大保安事件时;

⑥船舶发生因保安缺陷导致被滞留、驱逐出港、拒绝进港或其他限制操作且港口国有关当局要求时;

⑦更换船名、公司名和注册地址、船级变更等需要进行附加审核的其他情况。

(2)PSC 滞留后采取的行动

①如果船舶因为 ISPS 缺陷被滞留,公司应申请执行一次附加审核;

②所有缺陷必须按照相关要求处理;

③如果审核员不同意正式授权官员的结论,应在其审核报告中记录不同意的理由,并告知正式授权官员、公司和主管当局。

4.临时审核

下列需要获得临时船舶保安证书的船舶,可以申请临时审核:

①在交船时或在投入营运或重新投入营运之前,船舶没有 ISSC 证书;

②船舶更换船旗国,包括船舶的主管机关从非缔约国主管机关变更为缔约国主管机关;

③承担该船舶管理责任的公司发生了更换。

二、船舶保安体系审核的实施

1.申请

要求船舶保安初次审核验证和保持 ISSC 证书有效性审核的公司和(或)其所属船舶,应向主管机关或其认可的保安组织提出书面申请。公司应持有公司安全管理体系符合证明(DOC)和船舶安全管理证书。对船舶保安体系符合性的审核并不减除公司和所有船员遵守国家和国际法规或其工作或经营活动区域保安等级的义务。

2.审核准备和实施

(1)受审核船舶的公司按照认可的保安组织事先通知的审核计划和审核员的要求(如

有时），做好必要的准备工作。审核准备工作包括确保审核员在审核期间能获取与船舶保安体系有关的所有文件、记录等。

（2）只有在船舶处于正常营运状态并按"安全配员证书"配备了所有船员的情况下才能实施初次、定期和附加审核。

（3）签发或换发 ISSC 的审核由如下步骤组成：

①验证经批准的船舶保安计划（SSP）业已在船上配备；

②通过代表性样本验证船舶保安体系正有效实施；

③验证 SSP 所规定的船舶保安设备符合适用要求；

④验证 SSP 所规定的所有保安设备包括保安警报系统工作正常。

（4）审核员应在审核开始前与船长和（或）船舶高级管理人员召开首次会议，目的是：

①向船舶管理人员介绍审核员；

②解释审核范围和目的；

③简要说明审核的方法和程序；

④建立审核员和船舶管理层之间的正式联系渠道；

⑤确认必要的资源、文件资料和设施；

⑥确认末次会议和任何临时会议的日期和时间。

（5）审核结束后，应召开末次会议，向船长和（或）船舶高级管理人员介绍审核发现以及缺陷的处置要求，并由审核组长宣布审核结论。

（6）审核员应验证经批准的船舶保安计划的实施情况和证实文件化程序有效性的客观证据。验证可通过面谈、现场检查、文件核查以及记录检查等方式予以实现。

（7）审核员可从其他 RSO 或相关的船旗国主管机关方面获得所需的信息以核实公司所提交的信息真实性。

🧊 3.审核发现

（1）审核发现应清楚而简明地形成文件，并有客观证据支持。应按照审核准则评估审核的发现，以判断他们是属于严重缺陷、缺陷或者是观察项，并与公司的代表和（或）船舶高级管理人员沟通以得到认可并采取措施予以解决。

（2）缺陷的给出必须依据 ISPS 规则和 SSP 的有关章节或段落以及船旗国的具体要求。

（3）在所有发现的缺陷得到纠正并恢复符合性前，不能签发或者换新 ISSC 证书。另外，公司应制订一个防止缺陷复发的预防措施计划，并得到审核员认可。必要时可以进行附加审核。

（4）在中间审核、附加审核时发现缺陷，如已恢复符合性或公司已制订一个防止缺陷复发的预防措施计划，并得到审核员认可，则可以签署 ISSC 证书。必要时可以进行附加审核。

（5）因审核中发现的严重缺陷和需要跟踪验证的缺陷而实施的附加审核应在审核结束之日起 3 个月内完成。

🧊 4.审核报告

（1）在每次船舶审核后，必须签发一份审核报告，同时船上要保存一份审核报告的副本。

（2）审核报告由审核员基于所收集的审核发现和船舶保安体系与批准的船舶保安计划和 ISPS 规则的符合情况编制。

（3）审核报告应准确和完整，反映审核内容，包括以下项目：

①审核完成日期；

②船舶保安计划实施情况陈述；

③船上所有保安设备和系统的运作状况报告；

④审核中发现的任何缺陷和观察项的报告。

 **第四节**

船舶保安证书

一、证书的签发与签注

1.证书的签发

（1）在完成船舶保安初次或换证审核，认为船舶保安计划的实施和船舶保安设备完全满足 SOLAS 公约第 XI-2 章和 ISPS 规则 A 部分所有适用要求，应签发 ISSC 证书。该证书由主管机关或经其认可的保安组织代表主管机关签发。另一缔约国政府也可代为审核并签发，如此签发的证书应载明是应主管机关的请求而签发的，与主管机关签发的证书具有同等效力。

（2）主管机关或经其认可的保安组织也可根据有关规定，为船舶签发 ISSC 证书。

2.证书的签注

按要求完成规定的中间审核和任何附加审核，认为船舶保安计划的实施和船舶保安设备完全满足 SOLAS 公约第 XI-2 章和 ISPS 规则 A 部分所有适用要求，不存在任何不合格项，主管机关或经其认可的保安组织应在 ISSC 证书上予以签注。

二、证书格式

ISSC 证书以及 ISSC 证书所用格式应与 ISPS 规则附录中的范本相符。证书可以使用船旗国官方文字，但应有英文、法文或西班牙文三种文字中的一种译文。

ISSC 证书的格式见表 2-1。

表 2-1 ISSC 证书的格式

中国船级社
国际船舶保安证书

证书编号 NO._____

经(国名)政府授权,中国船级社根据经修正的 1974 年《国际海上人命安全公约》第XI-2 章规定签发。

船名:

船舶编号或呼号:

船籍港:

船型:

总吨位:

IMO 编号:

公司名称和地址:

兹证明:

1 业已按照《国际船舶保安和港口设施保安规则》(ISPS 规则)A 部分第 19.1 节对该船的保安体系和任何相关保安设备进行了审核;

2 审核表明该船的保安体系和任何相关保安设备在所有方面均令人满意,该船符合 SOLAS 公约第XI-2 章和 ISPS 规则 A 部分的适用要求;

3 该船配备一份经批准的船舶保安计划。

本证书所依据的初次/换证审核日期。

本证书有效期至_____,但须视 ISPS 规则 A 部分第 19.1.1 节规定的审核情况而定。

发证地点:_____

(中国船级社印章)

中国船级社

发证日期:_____

三、证书有效期

(1)ISSC 证书的有效期自初次审核完成日期起不超过 5 年,但此期间内必须接受中间审核。临时 ISSC 证书有效期自审核完成日期起不超过 6 个月。

(2)如换证审核在现有证书到期日之前 3 个月内完成,则新证书自换证审核完成之日起有效,有效期自现有证书到期日起不超过 5 年。

(3)如换证审核在现有证书到期日之后完成,则新证书自换证审核完成之日起有效,有效期自现有证书到期日起不超过 5 年。

(4)如换证审核在现有证书到期日之前的 3 个月前完成,则新证书自换证审核完成之日起有效,有效期自换证审核完成之日起不超过 5 年。

(5)如换证审核已完成,而新证书在现有证书到期日之前不能签发或不能发放到船上,可对现有证书签注展期,签注后的证书有效期自到期之日起不超过 5 个月。

(6)应公司申请,ISSC 证书有效期可以和 SMC 证书有效期协调,但是该证书的有效期不得超过 ISPS 规则 A/19.3 规定的 5 年期。

(7)如果中间审核在规定期限之前完成,则应通过签注对证书上的到期日予以修正,修正后的到期日自中间审核完成之日起不超过 3 年,除非安排一次或多次附加审核。

四、证书失效或注销、保存、重新签发

1.当发生以下任何一种适用情况时,ISSC 证书将失效或注销

(1)未在规定期间完成中间审核;
(2)未在规定的期限内完成主管机关要求的附加审核;
(3)审核中针对缺陷提出的纠正和预防性措施未能在规定的期限内完成;
(4)船舶审核发现的严重缺陷无法在开航前降级;
(5)船舶所属公司终止了对其的管理或船舶终止营运;
(6)船舶保安计划变更未经批准;
(7)船舶实际未实施保安体系超过 6 个月;
(8)当公司未支付审核费用,且在指出后未予以纠正。

2.证书保存

船舶保存证书的正本,公司保存证书的副本。

3.证书重新签发

(1)如证书遗失或损坏,公司应及时提出重新签发证书的申请。
(2)船舶的证书按上述四、1.(1)~(4)、(6)、(8)情况失效和注销后,只有满意地完成了与初次审核相同范围和程度的附加审核后,才能重新签发 ISSC 证书,新证书的有效期与失效或注销证书相同。

第三章
识别船舶保安风险与威胁

第一节
规避保安措施的技术

一、危险物品的传递交付

1.枪支的传递与携带

为避开检测,恐怖分子常将枪支武器拆解成零部件后分批携带、传递和交付(见图3-1)。这将大大增加监测的难度,常规的 X 射线检查有时也很难发现,尤其是部分微型枪支,如掌心雷手枪,有的手枪还可能被改装成手机或钢笔形状(见图3-2),既方便携带又难以被发现。在检查随身携带行李时需特别谨慎。

 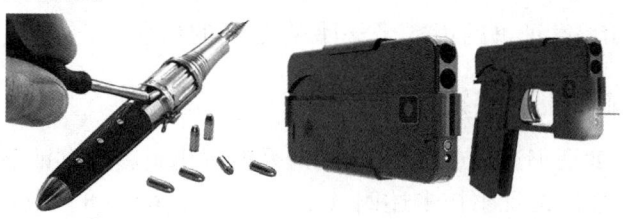

图 3-1　枪支拆解　　　　　　　　图 3-2　异形枪械

2.爆炸物

爆炸物可以是塑料炸弹或其他自制爆炸物(见图3-3)。爆炸物可能被隐藏在伪装袋、箱子底部或其他部位(见图3-4)以逃避检测。通常带有电脑分析功能的先进 X 光扫描仪能比较容易检测出此类隐藏爆炸物,但如使用老式 X 光扫描仪,将更多地依靠操作者的技能,操作者需经过专门培训并具有丰富的经验。

图 3-3 自制爆炸物 　　　　　　图 3-4 将爆炸物藏于裤裆

　　检查此类危险物时,首先要通过箱子的外观和重量差异进行初步判断,必要时要打开箱子仔细检查,并应注意箱子是否带有夹层。如果使用爆炸物探测仪进行探测将能达到更好的效果(见图 3-5)。

图 3-5 爆炸物探测仪

❒ 3.刀具

　　犯罪分子通常将刀具改装或隐藏携带,或藏于其他物体中。有案例表明,为了隐蔽,犯罪分子会将刀具拆开成刀片和刀柄分别携带。此时应使用 X 光扫描仪和金属探测器进行检测(见图 3-6~图 3-8)。

图 3-6 刀具 　　　　　　图 3-7 X 光扫描仪 　　　　　　图 3-8 金属探测器

二、未经授权登船

❒ 1.常用通道侵入

　　此类非法登船多发生在船舶在港靠泊或锚泊期间,并且以夜间最为常见。侵入者可能自缆绳、锚链等爬上船,还有可能在船尾处抛投带钩绳索,然后借助绳索爬上船。武装海盗可能在武器掩护下强行登船(见图 3-9)。

图 3-9　武装海盗强行登船

预防此类非法登船的有效措施:夜间保证充足的照明,并配以足够的值班人员,保持多人次、无规律巡逻。必要时可部署入侵检测系统或值班报警系统。对于武装海盗则需制订更加详细周全的防范预案。

2.伪造身份证明文件

侵入者可能伪造身份证明文件,假冒船员或旅客等登船从事非法活动。为防止伪造,这类证件有必要采用数据条形码或水印的形式,单纯地使用加塑料外套的方式预防是不够的。同时,在进行登船检查时,应仔细核对,查看各类证明文件,以便发现破绽。

3.冒充官员

在很多国家,军人或警察等官员制服很容易买到或制作。犯罪分子可能身穿制服冒充官员上船。因此,船方特别是舷梯口值班人员不能仅凭身穿制服就相信其为正式官员,还需要检查其身份证件,必要时需经船长或向代理询问了解确认。

三、自杀式袭击

自杀式袭击是一种将自杀扩大为伤害自己也伤害目标者的武力行为,是在武力不平衡的情况下,弱者对抗强者的不对称打击手段之一。当代自杀性恐怖袭击采取的是自我爆炸方式,即袭击者使用炸药、炸弹等爆炸物以及其他易爆物品与被袭击目标同归于尽,近些年,自我爆炸方式多次被恐怖分子作为进行恐怖活动的方式(见图3-10)。

图 3-10　自杀式袭击

自杀式袭击可分为秘密方式和公开方式两种。无论哪种方式,袭击者通常都有坚定的意志并不给自己留后路,因此很难防范。自杀式袭击的破坏力很大,据估计3 kg高性能炸药足以完全摧毁一辆汽车,假如在舷梯附近进行自杀式爆炸,将对周围人员和建筑物构成严重威胁。

四、水下攻击

水下攻击通常采用特定的军事设备进行,如利用微型潜艇发射导弹或直接撞击目标(见图3-11)。也可能由人员潜水在船底板上植入爆炸物,然后引爆。尽管水下攻击发生的概率很低,因为此类攻击需要经受专门培训并具备船舶构造和设备方面的知识,但为防范恐怖分子,依然不能过早地完全排除其发生的可能性。

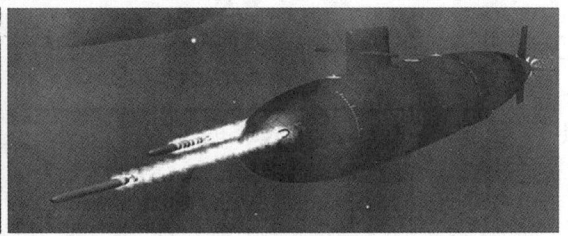

图3-11 水下攻击

 第二节

在非歧视的基础上识别对保安有潜在风险的人

一、规避保安措施的内部阴谋和方法

恐怖分子和犯罪组织擅长在海运相关公司实施内部阴谋,而且在规避安保政策、措施和程序方面使用了很多技术和策略。内部阴谋最初是为了盗窃货物,但随着毒品走私等高利润交易的出现,这种恐怖活动更加猖獗,并以供应链中的一些环节为目标。

供应链中任何公司的雇员或合作商都有可能参与内部阴谋。这包括来自工厂或生产车间、仓库或集装箱堆场、卡车或港口的人员,或者承运人、报关员、货运代理人和进口商。这些人员一般都会掌握货物的走向,了解相关单据和国际贸易情况以及保安构架中的缺陷,并熟知其工作环境和程序。

公司可以采取一些行动防止或发现内部阴谋:

(1)对过去的恐怖活动或不诚实行为采取有效的雇用前审查;

(2)对所有雇员进行包括"生活方式评估"在内的雇用前和定期背景调查;

(3)组建内部保安团队,用来联络执法部门,收集有关恐怖分子和其他对公司操作造成威胁的信息、监控雇员活动;

（4）配备保安人员和监督员对设施和装货区进行经常性检查，以发现可疑活动、非法入侵以及货物、集装箱或铅封遭破坏的迹象；

（5）根据实际需要，在条件允许的情况下进行轮岗；

（6）检查是否有以下情况存在：经改动的或伪造的单据、货物单据和计算机数据库的不正常变动、对通道控制和数据库密码程序的入侵，以及未经授权对航运文件进行篡改/更新；

（7）警惕虚假提单、理货记录、联运交接报告、出入登记本和放货单据等。

港口和船舶保安系统的主要目的之一是谢绝、阻止、发现和控制闯入者，以保护人员和财产安全。实践证明，没有完美的保安系统，没有保安措施或技术是万无一失的。多年来，犯罪分子/恐怖分子在规避保安政策、措施和程序方面有许多惯用的伎俩和策略。

二、规避保安措施的技术

1. 规避设施通道控制系统的技术

（1）设法进入签发通行证、身份证件的办公室，盗取物品；

（2）进入未锁的汽车，或使用通行证、身份证件闯入车内；

（3）将盗窃的车辆通行证放到其他车上。

2. 规避门禁和围墙的方法

（1）利用未加锁的机会，将其换成自己的锁，犯罪分子/恐怖分子可以在方便的时候进入；

（2）移除门基和五金配件；

（3）开车闯过围栏；

（4）爬过围墙；

（5）在栏杆缺失处通过围墙；

（6）复制门锁钥匙；

（7）用断线钳剪断门锁。

3. 规避门锁/钥匙控制系统的方法

（1）从雇员或钥匙存放处复制或偷窃钥匙；在钥匙控制记录差、存放安排不合理或钥匙未从已解雇雇员处收回的情况下，这种方法很容易实施；

（2）利用钥匙或锁轮换制度的缺失；

（3）为犯罪分子或恐怖分子提供额外的钥匙。例如，某受贿雇员可以报告钥匙丢失，如果钥匙控制系统混乱，那么在未调查清楚的情况下，可能就会给他配备新的钥匙；

（4）窃取密码；工作人员在开启密码锁的时候，没有用手或其他保护装置遮盖，致使站在他旁边的人看到密码。

4.规避闭路电视监控系统的方法

（1）切断供电系统；

（2）破坏摄像头；

（3）在夜间测试闭路电视监控系统的有效性；如果发现其对假装的犯罪活动没有反应，则认为摄像头可能对探测夜间活动的效果不明显；

（4）对一个闭路电视监控系统摄像头的覆盖范围进行评估，发现监控"死角"和尚不能覆盖的区域。

5.规避保安通信系统的方法

（1）使用监测仪监视港口保安活动和各项行动，除非通道被加密（不太可能）；

（2）从港口偷取无线电设备，在犯罪分子/恐怖分子作案期间，发布错误信息和命令，干扰和阻碍警察、保安和应急反应部门；

（3）为占用电话线路，分散警察和保安人员对真实的恐怖活动的注意力，报告大量的假爆炸、火灾和可疑人员信息。

6.规避港口设施门禁系统的方法

（1）通过大门时挥舞驾驶证，假装是经授权的人员进入港口；

（2）从经授权的人员处获取保安标牌、身份证件，进入港口；

（3）获取通行证和身份证件的复印件，在影印店对其进行彩色复印塑模，然后在通过大门时挥舞，入侵者还会从网上下载假的执法证件；

（4）骗取保安人员的信任，例如宣称是合同方，要接船或会见某雇员；

（5）劫持运送车辆，假扮司机进入港口；

（6）假扮慢跑，向保安人员边打招呼边进入港口；

（7）坐出租车，并告知司机去接船。由出租车司机告诉保安人员及其载客接船（船期可以在刊物或港口/班轮网页上查到）；

（8）驾驶偷窃来的政府/军队/合同方的车辆，无障碍地通过保安人员的检查；

（9）在夜间，开大灯快速驾驶车辆通过大门；

（10）向保安人员出示证件时，用太阳镜和棒球帽隐瞒身份；

（11）与经授权的人员乘车一同进入，规避盘问。

7.规避船舶通道控制程序的方法

（1）坚称犯罪分子/恐怖分子已经被挡在大门外，对船边或船上的保安人员/警察的再次盘问表示愤怒；

（2）与所有警察和保安人员增加来往，建立表面上的"面熟"关系。虽然这需要几周的时间，但也会增加无限制上船的机会；

（3）与船长建立亲密关系，他们可以为犯罪分子/恐怖分子向警察和保安人员提供"担保"；

（4）穿着西装、打着领带，假扮重要人物；行动谨慎警惕，假装防范以靠近船舶或在船上的犯罪分子/恐怖分子；

（5）戴着大檐帽、夹纸板、携带双路无线电设备，装作进行巡视的人员；

（6）穿着码头装卸工的制服、佩戴港口证章，在进入大门时，挥舞身份证件；

（7）假扮船用杂货商运送货物，在货物中夹带武器或禁运品。

三、在非歧视的基础上识别对保安有潜在风险的人

犯罪分子/恐怖分子在规避保安措施和程序时，常常会留下"脚印"或其他应该引起注意、表明有非正常（或非法）入侵活动的痕迹。在识别对保安有潜在风险的人时，应避免种族歧视。当有行为人出现以下可疑情况时，预示着他们可能是对保安有潜在风险的犯罪分子/恐怖分子。

（1）有陌生人接近雇员，打听设施的有关情况；

（2）有陌生人或可疑工作人员试图以维修、替换、服务或安装设备的名义进入设施；

（3）发现可疑的包裹，或发现有人试图丢下可疑的包裹；

（4）有陌生人拍照或试图进入设施；

（5）有盗窃"标准"操作程序文件、身份证件（ID）、车辆通行证、雇员制服或设施内车辆的活动；

（6）有可疑人员对保安措施或人员、进出点和通道控制处、周界围栏产生非正常或长时间的兴趣；

（7）有陌生人的异常行动，如快速扫视进出指定区域、停车场的人员或车辆；

（8）未经允许窥视保安应急练习或程序；

（9）警告可疑事件的匿名电话或电子邮件增加；

（10）有陌生人在周围步行踩点（通常两三个人一起）；

（11）有陌生人在周围使用交通工具踩点，如自行车、单脚滑行车、摩托车、汽车、卡车、运动型多用途车或船舶；

（12）在本区域内出现之前未出现过的小贩、清洁员等，对设施进行长时间的观察；

（13）有陌生人在非观光地使用照相机、摄像机进行可疑记录或进行笔记；

（14）有陌生人替换多套服装、身份证明。

 ## 第三节

识别潜在保安威胁

潜在保安威胁事件是有可能发生的、人为制造的，对港口设施、在港船舶、船港界面活动或船到船活动以及对周边环境或重要公共设施的安全构成威胁的事件。在识别潜在保安威胁时，应考虑船舶营运环境下的政治、经济因素以及当时社会恐慌等因素。

一、典型的船舶保安威胁

1.闯入船舶后

(1)对船上人员或船舶进行自杀性攻击;

(2)控制船舶并利用船舶攻击其他目标或重要设施;

(3)劫持船舶、人质,达到威胁、要挟目的;

(4)杀害船员、旅客,制造恐怖事件;

(5)污染饮水或食品,在船上释放毒害物质、污染物等;

(6)制造爆炸、纵火,破坏或摧毁船舶;

(7)通过蓄意操作、行动破坏或摧毁船只;

(8)破坏船舶主要功能(例如推进装置、操舵和动力);

(9)盗劫船舶设备、财产,包括伤害人员等。

2.从外部攻击船舶

(1)从水上、水下或码头接近船舶,安放爆炸物,以定时器或遥控器启动;

(2)利用外来船艇、鱼雷、水雷等爆裂船体或使用码头设备(如吊车或码头运载工具)撞击船舶;

(3)从远处向船舶发射或射击火炮、榴弹、导弹;

(4)利用潜水装置接近船舶,破坏船体、舵、螺旋桨等水下装置,使船沉没或不能移动等。

3.海盗行为

(1)劫持船舶、船员及货物;

(2)杀害船员、旅客等。

4.使用船舶非法运送物品和人员

(1)非法运送武器或设备,包括大规模杀伤性武器;

(2)运送毒品、毒资;

(3)运送恐怖分子或偷渡人员;

(4)非法运输制作武器或毒品的材料等。

二、各类保安威胁的特征

上述典型的船舶保安威胁可进一步归类为:海盗和武装劫持、违禁品走私、偷渡以及恐怖主义行为。防止海盗和武装劫持的内容见本教材第七章。

■ **1.违禁品走私**

（1）走私武器/弹药

走私武器/弹药是一种非常严重的犯罪行为。可能被走私的武器种类繁多,主要包括手榴弹、枪支及零部件、飞机、坦克和导弹,甚至包括无人机、核弹头等。走私武器/弹药常见的方式如下：

①以人道主义救援为名走私；

②以客货运输做掩护用船舶走私；

③利用集装箱走私；

④将武器拆解后打包邮寄零部件；

⑤原木挖洞,鱼腹窝藏；

⑥利用出口雕塑等巨大的石制品进行武器走私；

⑦利用改装或特制船舶走私。如双层底改装油船、舱中暗格货船,更先进的还有特制沉箱水下拖带以及橄榄船等。

（2）走私毒品

近些年以来,借助于港口和海运,毒贩们瞄准了船舶作为毒品运输的载体,甚至是在船员毫不知情的情况下,将毒品藏匿于船上。

毒贩们惯常的藏匿毒品的方式是藏在船舱内狭小的隐蔽空间、藏在集装箱内、夹杂在货物之中。船体外部的舵机、海底门等区域也是常见藏毒的地方,甚至还有直接将藏有毒品的铁皮箱子通过吸铁石吸在船体外板的情况。

一旦船舶被发现藏有毒品,无论船员是否知情,港口国当局都会立即启动调查程序,后续对船舶及船员的处罚将取决于各国的具体法律。但在通常情况下,船上被发现毒品往往会导致船期延误、罚款以及船员可能面临的刑事指控和拘捕,船东和船员往往成为无辜的受害者。

■ **2.偷渡**

（1）偷渡的主要原因

①部分发展中国家经济发展水平低、生活条件差、就业压力大等,致使某些人想偷渡到国外谋生；

②一些移民国家的移民政策存在漏洞,以接受"难民"的申请,容留偷渡人员或给予居留权,客观上等于鼓励偷渡活动；

③组织偷渡获利颇丰,案发量刑偏轻,风险较小,使偷渡集团甘冒风险。

（2）偷渡的主要特点

①偷渡人员具有明显的区域性；

②藏匿于集装箱内偷渡是惯用的方法；

③组织偷渡的集团一般在国内有组织者、运送者,国外有接应人员；

④通过制作假护照等证件,组织偷渡人员从口岸偷渡出境；

⑤偷渡人员多数来自经济落后的国家。

3.恐怖主义行为

恐怖主义行为是指通过暴力、破坏、恐吓等手段,制造社会恐慌、危害公共安全、侵犯人身财产,或者胁迫国家机关、国际组织,以实现其政治、意识形态等目的的主张和行为。

(1)恐怖主义行为的特点

①恐怖主义行为通常具有政治目的;

②袭击对象以无辜者为目标,以手无寸铁的平民百姓为屠杀的对象;

③恐怖主义多采用非正常的暴力手段,使用现代的高科技和毁灭性武器,造成尽可能大规模的杀伤,一次用几分钟就杀死数百数千人;

④范围广,强度大,对象多;

⑤新型恐怖主义行为具有国际性、灵活机动、手段先进、高智能化、隐蔽性强及背景复杂等特点,对国际政治经济影响深远。

(2)恐怖主义的分类

按恐怖主义行为的性质划分,主要包括政府行为的恐怖主义和非政府行为的恐怖主义。后者的表现形式更为复杂,其又包括以下几种:

①以民族、种族、宗教为背景的恐怖主义;

②黑社会、黑手党、国际贩毒集团搞的恐怖主义;

③邪教性质的恐怖主义。

(3)恐怖分子的识别

识别恐怖分子没有一个固定而明确的方法。恐怖分子通常都故意隐藏于普通人中,实施恐怖袭击的嫌疑人脸上不会贴有标记,但是会有一些不同寻常的举止行为。比如:

①神情恐慌、言行异常者;

②着装、携带物品与其身份明显不符,或与季节不协调者;

③频繁进出人员密集场所,反复在警戒区附近出现者;

④在检查过程中,催促检查或态度蛮横、不愿接受检查者。

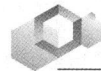

第四节

识别武器、危险物质和装置

一、武器、危险物质和装置的分类或构成

武器、危险物质和装置的种类繁多,这些物质或装置通常都能够引起重大人身伤亡或造成财产重大损失或毁灭,对船舶和人员安全构成严重威胁。可能被用于攻击船舶的武器、危险物质和装置包括以下类别:

■ 1.武器

按武器的用途可划分为轻武器、导弹、火炮、军用飞机、坦克、装甲车、舰船、警用武器、生化武器及核武器等。

■ 2.危险物质

危险物质主要是指具有爆炸性、燃烧性、腐蚀性、放射性、窒息性等性能的物质,此类物质通常具有作用快、威力大、破坏性强等特点。它们通常是人类社会生产、科学实验不可缺少的物质,但若被非法使用将造成难以估量的后果。

■ 3.爆炸装置

爆炸装置通常是指以爆炸为目的而临时制作或组成的具有一定结构的复合体,一般由包装物、炸药和起爆系统三部分组成。按用途可分为军用型和民用型两大类。

除上述类别外,恐怖分子在进行自杀式袭击时,飞机或船舶本身等也可能被用作实施攻击的武器。

二、危险物质或装置的识别

识别危险物质或装置的前提是及时发现可疑物品,工作中应经常进行巡查,通过核对相关单证等方式确定可疑物质,进而对可疑物品进行辨识确定是否属于危险物质或装置,特别是是否存有爆炸物或爆炸装置。

■ 1.一般原则

船上发现可疑物质或装置时,船舶应遵循以下原则:

(1)保持好现场,千万不要移动、触摸、摆弄或采用任何方法干扰可疑物标,立即报告船长或船舶保安员;

(2)不要向可疑物标泼水或抛投任何其他物质;

(3)使用垫子和/或沙袋在可疑物周围堆放,但不要遮盖可疑物标;

(4)不要在可疑物标附近使用无线电装置;

(5)避免在可疑物标附近发出声响或振动;

(6)考虑关闭经挑选的防火门以减少气流影响;

(7)如发现可疑物是爆炸物,则应想到在其附近可能有更多的爆炸物;

(8)拍照取证,记录并通知公司和有关当局;

(9)必要时执行旅客、船员紧急撤离程序;

(10)如确认船舶受到炸弹威胁,如有可能,应迅速驶向浅水区域;

(11)若在海上航行,应迅速驶向附近的港口。

■ 2.识别程序

在识别可疑物标时,应遵循以下程序:

（1）先观察,后询问,再动手;

（2）先使用探测仪,后利用人工方法;

（3）先外表检查,后内部探测;

（4）先远距离探测,后近距离辨认。

3.识别可疑物品常用方法

（1）现场观察法

通过视、听、嗅等方式对可疑物品或装置进行外观检查,该方法最简易,使用也最广泛。特别是当船舶航行在海上时,现场观察法是船舶识别危险物品和装置的主要方法(见图3-12)。

①视。通常由表及里、由近及远、由上到下进行无遗漏的外表观察,检查可疑物品或装置有无包装、标记。包装、标记是否正规、完整且清晰可见,识别、判断有无隐藏爆炸装置。

②听。在寂静的环境中仔细聆听有无异常声音。

③嗅。判断可疑物品或装置是否有异常气味。如黑火药通常含有硫磺,会释放臭鸡蛋(硫化氢)的味道;自制硝铵炸药的硝酸铵会分解出明显的氨水味等。

图 3-12　现场观察法

（2）仪器探测法

仪器探测法指利用专门的探测设备,在一定范围内或针对特定的目标,对可疑物品和装置或其内部结构实施检测辨识。常见的探测设备有蒸气捕获炸药探测器、中子炸药探测器、定时炸弹探测器等(见图3-13)。由于只有极少数船舶才配有此类专业探测器,因此由船舶自身实施此种方法检测可疑物品和装置有较大难度。当船舶在港停泊时则可及时求助于岸基专业机构。

图 3-13　爆炸物探测器

（3）生物探测法

生物探测法指利用经专业训练的警犬、鼠类等敏感的嗅觉发现隐藏的炸药,并结合专业知识对可疑物品或装置进行辨识的方法(见图3-14)。

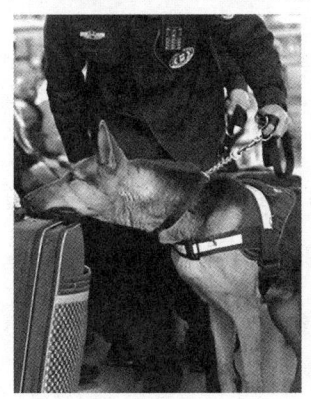  

图 3-14　生物探测法

第五节

非侵犯性检查和搜身

为切实保护公民权益,在尊重人格尊严的前提下,采取适当的方式和技术手段对相关人员进行安全检查,从而达到查清事实的目的,是被各国法律所承认的。

根据 ISPS 规则 B 部分的规定,所有试图登船的人员均可能受到搜查。船舶保安计划中应明确规定此种搜查(包括随机搜查)的频次,并应经主管机关专门批准。此种搜查最好由港口设施与船舶密切协作在船舶附近进行。除非有明确的保安理由,否则不应要求船舶人员搜查其同事或同事的个人物品。在进行任何此种搜查时,应充分考虑被搜查人的人权,并维持其基本尊严。如果船舶在航行中发现船上有进行违法、犯罪活动的可疑人员,根据各国海商法和国际惯例,船长有权对从事违法犯罪的人员采取禁闭或其他必要措施。

一、非侵犯性检查

非侵犯性检查是为了防范或制止危害船舶安全的行为,保障船员、旅客和财产安全而采取的一项预防措施。非侵犯性检查通常包括以下几种:

1.身份证件检查

合法有效的身份证件是证明登船人员身份的最直接的证据。船员,特别是负责在舷梯口值班的船员应对来船人员进行证件检查,必要时可以要求在船舶附近的可疑人员出示身份证件,目的是了解当事人的身份,并通过对身份证件真伪的判定,确定当事人的可疑程度以及可能对船舶带来的潜在威胁。

(1)身份证件的种类

①居民身份证;

②护照与签证;

③其他身份证件,包括海员证、军官证以及所属单位签署的工作证。

(2)证件检查的注意事项

①观察证件照片与本人的相符程度;

②注意证件内容是否简明而详尽,是否有防伪标识,做工精细与否,是否有复印迹象;

③边查边问,同时注意被查者的反应;

④保持适当安全距离,并做好安全防范;

⑤可通过其他已被确认身份的人员进一步验证被查者身份;

⑥需要时报请负责的高级船员或船长,必要时通过港方人员或代理确认。

2.磁性金属探测器近身检查

检查员手持一种金属探测器,贴近旅客身体搜索全身上下前后(见图3-23)。仪器遇到手表、衣袋内的钥匙、小刀、纪念章等金属物后,即会发出特殊声音,旅客则需要从衣袋内取出全部金属物再进行检查,直到检查员消除怀疑为止。

3.安检门检查

安检门是一种门式检查装置,所有拟进港登船人员需从门框内通过,如果身上携带金属物装置就会发出信号。随后,检查员会对有怀疑的人再做搜身检查。

4.物品检验

物品检验主要是对箱包等行李物品的检查,实践中通常的做法与所应坚持的原则包括以下几个方面:

(1)人、包分离原则。一般采取将全部手提物品放在输送带上,通过红外线透视仪器检查。检查员通过监视荧光屏观察物品,对可疑物品实行开箱检查。

(2)物品检验的步骤应遵循一看、二听、三闻、四摸、五拆包原则。

(3)对需要开箱检查的物品,应遵循轻开、慢拉、谨慎开启原则。

(4)坚持轻拿、轻放、顺序查验的文明礼貌检查原则。

图 3-23 磁性金属探测器及安检门检查

二、搜身

1.搜身的概念

搜身是指在制服和缉捕了犯罪分子或犯罪嫌疑人的前提下,对其人身进行的搜索和检查。搜身通常由享有执法权力的机关、部门行使,并必须符合法定的条件和程序。

各国法律均明确规定严禁非法搜身。其目的在于保护公民的合法权益和人格尊严,但并不排斥对事实的调查,关键在于搜身行为的合法性。例如,机场对乘客人身和行李的检查。

2.搜身的目的

(1)为了查明和清除可能隐藏在犯罪嫌疑人身上的各种凶器;

（2）为了查获犯罪嫌疑人携带的罪证；

（3）为了探明旅客是否携带枪支、弹药、凶器、易爆易燃物品、剧毒品，以及其他威胁飞机、船舶安全的危险物品。

3.搜身方式

对拟登船人员以及航行中已登船的可疑人进行搜身，必须坚持安全而有效的原则。搜身一般是按从头至脚的顺序进行，通过看、摸、捏、翻等发现可疑人员身上的凶器。依靠手掌触摸感觉来发现凶器是搜身的一种主要手法。常见的搜身方式有以下三种：

（1）展背靠墙搜身法

展背靠墙搜身法是利用墙壁或其他支撑物来完成的，让可疑人员靠在墙边，双腿尽可能叉开，低头朝下，两臂上举，用双手指尖触墙，搜查者从后面自上而下摸索其全身的方法（见图3-24）。

（2）下跪式搜身法

要求可疑人员跪在地上，手指交叉置于头后，搜查者擒住可疑人交叉双手的小指与头发，一只膝盖放在犯罪嫌疑人的背后，用另一只手进行搜身（见图3-25）。

（3）俯卧式搜身法

要求可疑人员面向下卧倒，双手交叉置于脑后，搜查者揪住可疑人的头发和交叉在头后的手指，用一只膝盖置于其髋部再进行搜身（见图3-26）。

4.搜身时应注意的问题

（1）搜身时必须保持高度的警惕。

（2）应采取正确的搜身方法。搜身时，不能让可疑人员原地站立，应命令其靠住物体。在没有倚靠物时，应采用下跪式搜身法。

（3）对可疑人员应进行全面搜身。一般按从上到下、从前至后的步骤进行，不能只搜上身，不搜下身。

（4）搜身一般要求用手挤压、触摸翻动。

（5）搜身必须认真、彻底、不留任何后遗症，不能搜出一件凶器就放弃进行全面搜身。

（6）搜身时要注意凶器隐藏部位。尤其应注意帽子、衣领、护腕、腋下、小腿内侧等可能隐藏凶器的部位。

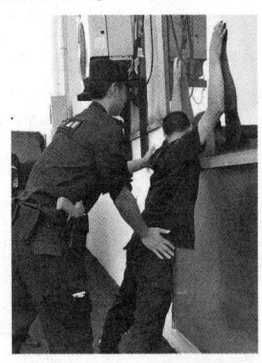  

图3-24　展背靠墙搜身法　　图3-25　下跪式搜身法　　图3-26　俯卧式搜身法

 第六节

密集人群管理和控制技术

一、能力要求

根据 STCW 公约,为确保紧急情况下能够掌控并有效疏散旅客,所有服务于滚装船或客船的船员及其他具有协助旅客职责的服务人员均应接受人群管理培训,并通过培训使具有相应职责的人员具备但不限于以下能力和职责:

(1)紧急情况提供相关信息;

(2)发布并确认清晰的指示或命令;

(3)能熟练说明船舶应变部署、警报以及各安全出口;

(4)根据旅客不同反应给予恰当回应;

(5)紧急情况下必须身处旅客面前,并能发挥主导作用;

(6)清楚紧急疏散程序,根据指示或独立决定在走廊、楼梯及其他通道控制旅客交通,掌握行动不便人员的撤离方法,并能搜寻已疏散的区域;

(7)具有较强的组织和沟通能力,能调动部分旅客提供协助;

(8)熟悉集合程序,并能保持集合点良好的秩序;

(9)在确信紧急情况消除后能说服乘客稳定情绪,并采取措施避免或减轻恐慌情绪。

二、人群拥挤事故原因分析

1.人的因素

(1)人群过度拥挤(人群密度过大)的主要表现

①场所内的总人数远远超过安全容量;

②由于某种原因,如文艺演出等活动,或存在狭窄出入口等瓶颈部位等原因而造成的局部拥堵。

(2)秩序混乱、自身不安全行为的主要表现

①由于长时间等候,或行走速度过慢等原因,使人群失去耐心,烦躁情绪使人群产生躁动,相互推挤;

②多人在拥挤人群中乱窜,或在楼梯等地面不平坦的地方快走或奔跑;

③两股相向运动的人流相遇、挤撞;

④有人在拥挤人群中做出扰乱人群秩序的行为;

⑤有人在拥挤人群中突然做出弯腰、蹲下等动作,或在拥挤人群中,有人不小心跌倒等。

2.环境因素

（1）自然因素

自然因素主要表现在：人群在躲避突如其来的暴雨、冰雹、飓风等可能引发踩踏事故等。

（2）突发事件造成的微观环境的变化

这些突发事件包括：突然停电、突发火灾、恐怖活动、谣言的传播、打架斗殴、偷盗等。

（3）场所的硬件设施因素造成的环境的突然变化

如人群自宽敞的空间进入较拥挤的出入口、狭窄的通道时，易造成的成拱现象；不同方向的人群在十字路口、交叉路口相互冲突、相互阻塞等。

3.管理因素

（1）现场管理人员在人群管控方面的知识和实战经验不足。

（2）疏散指示标识的缺失。

（3）应急准备不足，如没有根据场所的需要进行充足的应急准备，没有制订科学合理的应急预案等。

（4）信息管理需加强。错误信息是引发人群盲目流动、诱发混乱、促使谣言传播的重要原因之一。场所现场管理人员应该注意信息管理，注重管理人员与人群的信息管理和人群之间的信息沟通。

三、人群拥挤事故的心理分析及其制约因素

1.人群拥挤事故的类型

根据事发现场人群的心理状态和行为特征，可以将人群拥挤事故分为以下3类：

（1）逃避灾害型

在逃避灾害型的人群拥挤事故中，人群的拥挤是为了逃避突发的灾害事件。由于突发灾害的过程一般都极为短促，而且往往是在人们毫无思想与精神准备的情况下发生的。这就会使人由于过于惊恐而暂时丧失理智，激发起人逃避灾害的本能，从而使人的行为失去控制，而采取不恰当的逃避行为。而且由于人的行为易受周围人群的影响，在人群拥挤时就更为如此。一旦大多数人开始混乱、奔逃，拥挤的现象就更会加剧人本身的思维混乱状态，从而更降低了人的理智思考的能力，使灾害现场更为混乱而无法控制。

（2）争抢型

争抢型的人群拥挤是为了争抢某种物品，或者仅仅是想先离开拥挤的人群。

在这种人群拥挤的事故中，人们的思维状态与逃避风险的人们是完全不同的。在这种情况下，人们的思维是完全清醒的，人的行为完全有目的，但正因如此，人群才更加拥挤，而不是脱离现场，从而也就更容易发生危险。

许多人群拥挤事故都表明，在拥挤的人群中缺乏有效的信息传递。经常的现象是人群的前部已经被紧紧压在一起而无法移动，而人群的后部由于相对密度较小而错误地认为前

部也应该如此,所以用力地向前挤。

（3）结构破坏型

结构破坏型的人群拥挤事故中,主要是由于建筑物的破坏和不合理设计造成的。

 **2.对人群拥挤事故起着制约作用的因素**

（1）组织者对人群的管理水平和控制能力

在所有的事例中我们都可以看出,由于组织者对人群的失控,不能及时地进行疏导和分流,才造成人群的拥挤和混乱;又由于缺乏对事故的准备,使得在事故发生后不能及时地进行救援,这也加重了事故损失。这就要求组织者必须加强自己的管理水平,通过明确人群性质,做好紧急突发事故的准备,对现场的管理人员进行一定的培训,严格控制人群的密度和人流的流量,在发生大规模的人群拥挤时要尽快采取疏导和分流等一系列手段来避免事故的发生。

（2）人们的素质

人们的素质包括人们在危险状态下的自救意识、在拥挤情况下的纪律性、对管理人员的服从等。在事故发生时,如果人们思维混乱、行为失控、盲目行动,都将会极大地影响救援并加大伤亡;而如果人们能意识清醒,迅速判明处境,果断地采取自救或援救他人的行动,都会有利于降低人群的混乱程度,迅速地进行疏散,减轻伤亡。

（3）建筑物的设计

在上述的第三种类型(结构破坏型)的事故中,原本有秩序的人流中的一两个人的小事故由于建筑物的不合理设计而被放大了,或者由于在设计时没有考虑人群拥挤时的过载,以致严重的事故。

四、人群密集场所管控措施

 **1.管控措施**

（1）提高公众的安全意识和安全技能

可通过张贴海报、办宣传栏或散发小册子的方式对公众进行安全教育,教育内容可以是:人群密集场所中的不良行为(如冲撞、推挤、打架斗殴等)或不安全行为(如攀爬不牢固建筑等)可能造成的严重后果;遇到突发事件时的处理方法;已发生的拥挤踩踏事故案例等。

（2）建立科学的应急疏散预案,并进行演练

（3）组织训练能够在紧急情况下快速、科学反应的人员队伍

这个队伍所应具备的素质有:深刻理解拥挤踩踏事故发生的诱因,在人群中出现这种诱因时能及时加以控制;在紧急情况下,能够通过适度反应遏制拥挤踩踏事故,如用镇定的语言安抚人群的恐慌情绪、指挥疏散路线和方向等;在维持人群秩序时能慎重地采取有效的措施,不会因为自己的言行而使事故扩大等。

当人群密集场所发生较严重的紧急情况时,如恐怖活动、严重火灾等,需要在限定时间内将场所内的人群安全疏散出去。采取的措施应偏向于对人群进行安全、有序撤离。

■ 2.人流紧急疏散的前期准备

为了保证在突发事件发生时人员能紧急有效、安全、顺利疏散出去,需要做一些前期技术准备工作。规划合理的疏散路径,以便使参观者能够有序地疏散出来,在进行疏散路线的制定前,需要进行如下的工作:合理设置具有配套设施的紧急避难场和避风避雨场所;保证疏散通道的合理和顺畅;保证疏散出口顺畅等。

■ 3.紧急状态下的人流管控措施

（1）人群的恐慌情绪的管理

行为心理学的研究表明,面对恐慌产生的人的机能亢进反应,不能去平息而只能去疏导。如何缓解人群的恐慌情绪呢? 首先,信息的及时、准确、有效地传递是缓解人群恐慌情绪的重要措施。其主要表现在:当突发事件发生时,如果及时告知公众发生突发事件的原因和后果,并告知其应对方案,则能够缓解公众由于不明真相、胡乱猜疑而产生的恐慌情绪;应用各种方式告知公众各种拥挤和拥挤有关的安全知识和安全逃生技能。当公众具有这种应对突发事件的应变能力和措施时,自然心中有底,自然会降低恐慌情绪等。其次,疏散引导。疏散中的指挥者一定要镇定、自信,不断地用语言安抚、引导、鼓励疏散者,这样便能给予疏散者以安全感,降低惊慌、恐惧情绪,使疏散顺利进行,避免意外的发生。

（2）人群应急疏散过程应注意的问题

在人群紧急疏散过程中,一般需要注意以下几点:

①密集场所现场的安全管理人员是突发事件发生的"第一响应者",他们在紧急疏散过程中负有组织疏导人群安全疏散的责任,因此,每一个管理网格中的安全管理人员要尽到自己的职责,不要出现临时脱逃的现象;

②在整个疏散过程中,最有可能发生拥堵的部位就是疏散过程中的关键部位,如十字路口、出入口、狭窄的通道、台阶等,要增加安保人员的数量,以组织人群有序疏散;

③在紧急疏散过程中,有效的通信广播系统也是非常重要的,它能够缩短人员反应时间,并能把有用的信息及时地传递给人群,这些都对人群的紧急疏散产生积极的影响。

五、管理控制实务

实践中,客船上船员的数量要远比旅客少得多,各种潜在的混乱和意外也在考验他们的智慧,为处理紧急情况以及可能进行的疏散行动,要求船员具备丰富的知识、训练有素且行之有效的行为和技巧。

■ 1.压力下的心理反应

紧急情况将对人的心理造成不同程度的影响,甚至造成恐慌,进而会做出各种非理性行为。因此,在对旅客进行管理中,船员应注意从心理角度解读旅客在压力情况下可能做出的反应,了解应急措施的成效对旅客和船员自身情绪的影响以及由此可能导致的恐慌和冲动行为。

人们通常需要一段时间才能接受已发生紧急情况的事实,而在问题刚出现时,第一反应多是寻找自己的亲人、朋友或是个人物品。在紧急情况下,家庭分离将加剧人们负面的心理影响。船员应通过旅客现状判断其承受压力的程度,并采取适当对策,对失散孩子的父母、老年人、残障人以及语言沟通障碍者等应予以特别关注。船员需注意紧急情况下按照指示和程序行动是非常重要的。

2.责任感有助于提高人群管理效果

在紧急情况下,人们通常对身穿制服的指挥者有莫大的信心,并将产生正面的心理反应,此时,人们不仅会听从指挥还会自愿提供帮助。因此,在紧急情况下,船员的行为非常重要,而责任感是船员克服压力、控制情绪和进行理性行为的前提。

船员负责任的理性行为同时还能感染旅客,使他们为了自己的家庭、朋友或是他人而自愿提供协助,这样不仅有助于抵抗心理压力,而且对战胜危机也有很大帮助,产生较好的人群管理效果。因此,船员应经常训练,体验紧急情况下对人们的责任感,培养对旅客安全的高度责任感。

3.紧急情况与信息的通报

(1)警报的发出

实践中,通常采用发警报信号的方式通知全船发生紧急情况以及紧急情况的类型。需要注意的是,单纯发出警报信号是不够的,特别是对于载有大量旅客的船舶。

警报信号的发出通常比事故的发生要晚,单纯警报一般不能让旅客感觉到压力;并且,如果不能继续进行口头指导或说明,多数旅客不能马上理解警报信号的含义。听到警报后多数旅客的反应首先是,将正在进行的活动停顿一下,对警报器产生好奇,片刻后开始讨论信号并猜测可能的含义,最后形成一致意见。这种缓慢的反应模式以及经过猜测达成的可能是错误的共识,将给人的心理产生巨大的压力,甚至产生恐慌。

同时,单纯的警报信号并不能告诉旅客如何行动。实践证明,多数旅客对张贴的告示并不关心,更不会去记警报信号的含义和应急行动。仅凭猜测形成的个人判断可能使他们做出非理性行为,特别是在一个陌生的环境中,人们往往会根据自己承受的压力进行本能的反应,而经解释说明后,人的行为通常会趋于理性。

因此,发生紧急情况时,在发出警报信号的同时,还要立即以广播的形式进行指示和说明;并且在进行广播说明时应先进行指示,再进行解释说明,即先下达动作指令再给予理由说明。

(2)应急期间的信息通报

警报发出后,应急期间的信息通报对负责管理和控制旅客的船员来说至关重要,将直接影响旅客对船员的信任和船员的权威,进而影响管理控制成效。因此对于应急期间的信息通报船员应遵照以下要点指南。

①信息通报应清晰而简明,不要喋喋不休,并避免使用专业术语。

②使用一种或多种适合的语言。当口头沟通无法进行时,需要通过其他方式进行沟通,例如通过示范、手势或提醒旅客注意指示牌、集合点、救生设备、疏散通道的位置等。

③不准确、不完整的信息或错误的通知方式可能导致无法掌控的局面。

④给予旅客的通告应当优先处理。

⑤对于旅客和船员可能的反应做好准备。

⑥船员得到的信息应该较之旅客更充分、更完整。

⑦不要让旅客对你失去信任。向旅客介绍自己,包括职务和姓名,注意保持声音平稳。

⑧通报内容要和旅客经历、了解的相符,并能被旅客理解或想象。

⑨不要对真实危险轻描淡写(旅客会认为被隐瞒了真相)。告知旅客发生的事情,并给出你对事态的评估;告知已采取的措施并说明预期后果;是否已通报岸方;说明对于相应的职责船员已得到充分培训,旅客应遵照指示;说明下一次通报的时间。

⑩定期进行信息通报:激烈阶段每隔 10~15 min 通报一次;稳定阶段每半小时或每一小时通报一次。

4.权威是群体管理的重要保障

人们通常更信赖于权威高的指挥者或领导者。在紧急情况下,船员扮演着指挥、领导旅客的重要角色,对于一般的疏散或撤离,旅客也更愿意相信船员,但对于诸如说服旅客进入救生艇的情形,船员则需要更高的权威。为此,以下要点可提供帮助。

(1)身穿制服或其他标志;

(2)佩戴小型扩音器,有助于提高音量,吸引旅客的注意力;

(3)提升船员获得信息的优越感,使船员能及时、充分获得最新信息;

(4)配备手提无线电话,最好同时配有耳机,既便于信息交流又有利于提高船员信心,旅客也更加信任。

第七节

处理保安敏感信息和保安通信

一、船舶保安敏感信息

1.常见船舶保安敏感信息

船舶保安敏感信息是指有关船舶保安方面的重要信息,一旦泄露或丢失将对船舶构成重大保安威胁。实践中,不同船舶类型、不同航运环境下,船舶保安敏感信息不尽相同,但通常都包括以下内容:

(1)船舶保安计划;

(2)船舶限制区域;

(3)船舶保安设备,包括船舶保安警报系统、船舶自动识别系统等存在位置、操作方法;

(4)关键设备和关键操作;

（5）安全舱及重要安全通道；

（6）船舶保安薄弱点；

（7）特殊船舶物料、货物信息；

（8）船舶各类应急措施；

（9）可能影响船舶保安的任何其他机密信息。

2.处理船舶保安敏感信息的原则

在处理上述保安敏感信息时应遵循以下原则或注意事项：

（1）除船旗国相关检查官和经授权的保安组织检查官，船舶保安敏感信息通常不应向其他方披露；

（2）船舶、公司内部人员对保安敏感信息的了解程度通常由公司保安员、船舶保安员或船长来决定；

（3）船舶保安员为船舶保安直接负责人，相关保安信息通常应向船舶保安员报告并由其发布或处理；

（4）时刻保持基本的保安意识和警觉，并采取措施防止所了解的保安敏感信息泄露或丢失；

（5）确保履行自身保安职责，收集可能影响船舶保安的机密信息；

（6）发现任何可能的保安威胁或可能影响船舶保安的任何嫌疑，假定它是真实的并毫不迟疑的报告。

二、船舶保安通信

1.船舶保安内部通信

船舶保安内部通信指船舶保安信息、事件的内部交流、报告，以便沟通、传递保安信息，及时发现保安威胁，预防保安事件的发生。实践中，除部分保安信息或指令由船舶保安员向保安应急小组下达外，保安通信更多地体现在保安值班人员关于船舶保安信息的内部报告上。

船舶保安内部报告包括舷梯口值班报告、甲板巡逻报告、搜查报告和海面监视报告等。值班人员在值班期间发现任何可疑情况均应立即报告船舶保安员或船长，报告内容包括发现时间、地点、可疑事件类型等；报告的形式可以是口头的，也可以是通过手提对讲机、电话、广播等，并须按要求做好记录。

（1）舷梯口值班人员

在发现下列情况时应立即报告船舶保安员或船长：

①试图登船者本人与所持身份证件不符；

②试图登船者拒绝出示其身份证件；

③难以鉴别试图登船者的身份；

④有人试图携带违禁或可疑物品登船等。

（2）甲板巡逻人员

当发现有可疑人员或未经允许的人试图进入或已经进入限制区域的，应立即制止并报告船舶保安员或船长。

（3）搜查人员

当发现有可疑物品（武器、爆炸物、毒品等）或可疑人员（恐怖分子、偷渡者等）时，应立即报告船舶保安员或船长。

（4）发现者

船舶在海上航行或在港停泊期间，若发现有不明船只尾随、靠近、试图攻击或其他可疑情况时，发现者应立即报告船舶保安员或船长。

2.船舶保安外部通信

船舶保安外部通信主要指船舶与港口设施保安员、公司保安员以及保安联络点的通信和交流，包括正常保安信息交流和保安事件报告。实践中，通常由船舶保安员或船长对外进行通信和交流。

（1）船舶与港口设施保安员

①到港前，船舶应按要求向港口设施保安员通报本船所运营的保安等级及其他保安信息，特别是当船舶保安等级高于港口设施所处的保安等级时；

②当船舶遭遇了保安威胁或发生了保安事件，应将情况迅速报告港口设施保安员或保安主管当局；

③如果船舶被要求在港期间执行保安等级 2 或 3，船方应确认收到相应指令，并应同港口设施保安员一起确保船舶已采取了相应的保安措施和程序；

④当被要求执行保安等级 3 时，船舶应确保已按缔约国政府的要求采取了适合的保安措施和程序，并应将执行中遇到的困难报告港口设施保安员；

⑤需特别注意的是，在船舶安全和保安方面，船长始终拥有最终的决定权。因此，如果有理由确信执行某项指令将危及船舶保安，船长可以要求港口设施保安员对此项指令做进一步解释或修改。

（2）船舶与公司保安员

船舶应将下列情况或信息报告公司保安员：

①发现有不明身份者或不明意图者试图登船；

②发生保安事件；

③保安等级发生改变；

④需要执行相应保安措施和程序，并报告执行时遇到的困难；

⑤由于缺陷，船舶被港口检查、延迟、滞留、限制操作或者被驱逐；

⑥关于船舶保安计划的修改建议等。

（3）船舶与保安联络点

在发生以下情况时，船舶应迅速向最近沿岸国的保安联络点报告：

①发现可能影响区域或海上保安的信息；

②遭受保安威胁；

③发生保安事件。

3.船舶保安通信设备

船舶保安通信除以口头的形式完成外,大多借助于相应的保安通信设备。以下为常见船舶保安通信设备。

(1)手提对讲机

通常作为船舶内部通信设备,用于值班船员之间以及值班船员与船舶保安员、船长、驾驶台的通话(见图3-15)。该设备既可用作保安通信,也可用作通常业务通信。由于在同一频率上的人员均能收到信息,因此,在用作保安通信时应注意信息的保密,设置保密频道或改换其他通信方式。

图 3-15　手提对讲机

(2)船用内部电话

船用内部电话与通常固定电话外观没什么两样,所不同的是船用电话多采用快捷方式拨号,并具备全船广播的功能(见图3-16)。一般在每名船员的房间、驾驶台、机舱、值班室以及主要舱室均装有该电话。使用该电话通信的优点是只对船舶内部有效,保密性好;缺点是只能在固定地方使用,灵活性较差。

(3)船用公共广播系统

船用公共广播系统可用于一般信息的广播扩音,也可在紧急情况下发送报警信息;既可用于生活区、机舱内部广播,也可用于甲板区外部广播(见图3-17)。在紧急情况下,需要提醒全体船员注意或召集全体船员时,使用该系统特别有效。该设备通常装在驾驶台,只能在驾驶台使用该设备,但多数船舶通过船用内部电话也可以进行广播。

图 3-16　船用内部电话

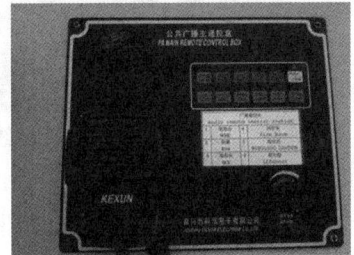

图 3-17　船用公共广播系统

(4)甚高频(VHF)

甚高频(VHF)设备既可进行常规业务通信,也可在遇险时发送报警信息(见图3-18)。实践中常用于船舶之间、船岸之间通话或遇险信息的发送,也可配合手提对讲机用于船舶内部通话。

(5)GMDSS 通信设备

GMDSS 通信设备用于船舶之间、船岸之间的遇险、安全和常规业务的外部通信(见图3-19)。当遭遇保安威胁时,如果没有指定的通信系统和使用频道,船舶通常使用 GMDSS 报告保安信息。

图 3-18 甚高频(VHF)通信设备

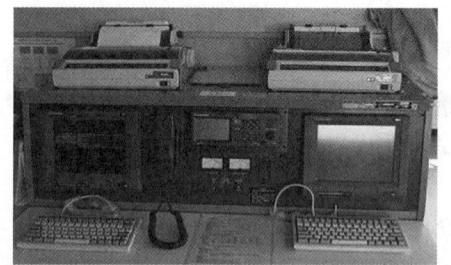

图 3-19 GMDSS 通信设备

(6)AIS

作为通信工具使用时,AIS 只支持信息发送(见图 3-20)。当遭遇保安威胁或发生保安事件时,船舶可以利用 AIS 向其他船舶或岸基发送保安信息或紧急报警信息。

(7)LRIT

船舶远程识别与跟踪系统(Long Range Identification and Tracking of Ships,LRIT)是通过从船载自动识别系统(AIS)提取船舶识别码、船位和时间等数据,并利用全球海上遇险和安全系统(GMDSS)的 Inmarsat-C/F 站或高频设备(HF)以固定的时间间隔发送 LRIT 数据,经计算机对数据处理,实现船舶的远程识别与跟踪的系统(见图 3-21)。通过 LRIT 信息的监控,各缔约国政府可以预防和减少船舶和港口遭受恐怖袭击,大大提高全球海上船舶保安能力。

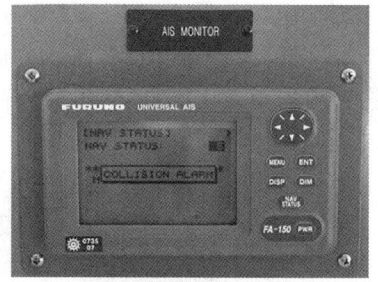

图 3-20 船舶 AIS 系统

图 3-21 船舶 LRIT 系统

(8)船舶保安警报系统

船舶保安警报系统(SSAS)是在船舶遭遇紧急保安事件时,用于向其他船舶或岸基发出保安报警信息的专用设备(见图 3-22)。由于该设备特殊的功能,在船上通常与其他保安信息一样具有保密性,特别是报警信息的设置和发送启动按钮,通常只有船舶保安员和船长知道。

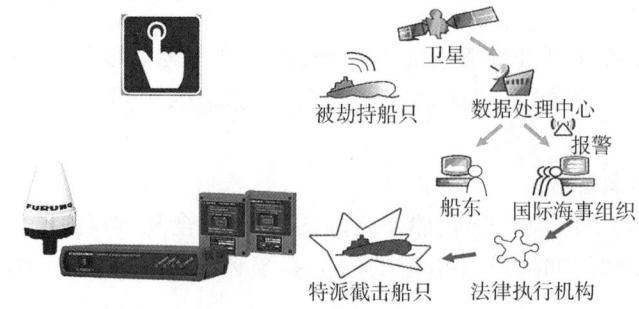

图 3-22 船舶保安警报系统

第四章
船舶保安评估

 第一节

船舶保安评估概述

船舶保安评估是船舶保安计划制订和更新过程的重要和必要组成部分。一份有效、可行的船舶保安计划必须基于对船舶保安风险及针对该风险制定的保安措施的正确评估,因此,在制订或修改船舶保安计划之前必须开展船舶保安评估。

在风险评估中,需要综合考虑人力防范、物力防范和技术防范等措施,在可接受的风险和费用基础上,建立起完整的安全防范体系。风险评估被认为是相当灵活的一种分析方法,具有一定的主观性。船舶保安防范措施的确定、保安防范能力的高低,都是以风险控制为基础的。因而,如何科学有效地、完善地应用评估技术,避免风险评估被错误地用来回避法规要求或敷衍了事,对保证船舶保安有着重大意义。

一、船舶保安评估的目的

保安评估是鉴别可导致保安破坏的有形结构、人员保护系统、程序或其他区域中存在薄弱点的方法。保安评估也可提供消除或减轻这些薄弱点的建议。进行船舶保安评估的目的是确定并分析给定船舶在航运区域内存在的保安风险。

通过船舶保安评估可确定影响船舶保安的各种因素,包括受保安威胁的可能性(即保安风险)、存在的薄弱环节以及现有保安措施的有效性等,从而为制订、实施、维护和修改船舶保安计划、制定保安措施提供支持。

船舶保安评估应至少能处理船上或船内的下列事宜:

(1)实地保安;

(2)结构完整性;

(3)人员保护系统;

(4)程序规定;

（5）无线电和无线通信系统，包括计算机系统和网络；

（6）其他由于受损或用于非法观察而可能对船舶或港口设施内的人员、财产或作业构成危险的区域。

二、船舶保安评估的基本要素

船舶保安评估应包括现场保安检验和至少以下要素：

（1）确定现有保安措施、程序和操作；

（2）确定并评价应予重点保护的船上关键操作；

（3）确定船上关键操作可能受到的威胁及其发生的可能性，以确定并按优先顺序制定保安措施；

（4）找出基础设施、方针和程序中的弱点，包括人为因素。

在船舶保安评估中，根据风险大小确定具体的保安措施是保安评估的核心，是风险评估和保安专业工作的结合点，其他工作为风险评估提供输入数据。

三、船舶保安评估对公司的要求

公司必须满足以下与保安评估相关的要求：

（1）公司必须明确进行船舶保安评估的方法；

（2）公司必须有效组织人防、物防、技防等安全防范技术，使保安风险降至合理水平；

（3）公司应该制定对所属船舶进行现场保安检查的程序；

（4）公司应该保存保安评估的文件和记录；

（5）当保安状态或保安系统发生改变时，公司必须建立重新评估的方法；

（6）在保安评估基础上，建立、执行和保持船舶保安计划。

四、船舶保安评估人员

船舶保安评估应由具备评价船舶保安的适当技能的人员来进行。公司保安员应负责确保其负责的船舶按公约和规则的要求开展保安评估，尽管他自己无须亲自执行船舶保安评估，但必须对评估所执行的正确性负最终责任。

经认可的保安组织可以为某一具体船舶开展船舶保安评估工作，但该保安组织不得再为同一船舶进行保安认证方面的工作。

参与船舶保安评估的人员应具备下列相关专业知识，必要时，能够取得专家在这些专业知识方面的帮助：

（1）有关当前保安风险及其特征的知识；

（2）辨认和探查武器、危险物质和装置的方法；

（3）在非歧视基础上辨认可能威胁保安者的特点和行为模式；

（4）用来逃避保安措施的技术；

（5）制造保安事件的方法；

（6）爆炸物对船舶结构和设备的影响；

（7）船舶保安技术；

(8)船舶/港口界面商务活动；

(9)应急计划、应急部署和反应；

(10)实地保安知识；

(11)无线电和无线通信系统,包括计算机系统和网络；

(12)海洋工程；

(13)船舶和港口操作等。

五、船舶保安评估过程中应考虑的因素

评估人员在船舶保安评估过程中应考虑以下因素：

1.在常规和紧急情况下,船上的现有保安措施、指南、程序和操作的有效性,其中包括：

(1)限制区域；

(2)火灾或其他紧急情况的应急程序；

(3)对船舶人员、乘客、来访者、商贩、机修工和码头工人等的监控等级；

(4)保安巡逻的频次和有效性；

(5)通道控制系统,包括身份查验系统；

(6)保安通信系统和程序；

(7)保安门、栅栏和照明；

(8)保安和监视设备与系统等。

2.需要重点保护的人员及关键操作,包括：

(1)船舶人员；

(2)乘客、来访者、商贩、机修工、港口设施人员等；

(3)保持安全航行和应急反应能力方面的操作；

(4)货物,特别是危险货物或有害物质的装卸与船上移动操作；

(5)船舶物料的收受与存放操作；

(6)船舶保安通信设备和系统的操作；

(7)船舶保安监控设备和系统的操作等。

3.船舶所有可能受到的潜在的保安威胁,包括：

(1)对船舶或港口设施的损坏或破坏；

(2)劫持或夺取船舶或船上人员；

(3)损坏货物、船舶关键设备或系统或船舶物料；

(4)未经允许进入或使用船舶；

(5)走私武器(包括大规模杀伤性武器)或设备；

(6)使用船舶运输企图制造保安事件的人和(或)设备；

(7)利用船舶本身作为制造损坏或破坏的武器或方式；

(8)从海上攻击停靠或锚泊的船舶；

(9)在海上攻击航行的船舶等。

4.船舶保安薄弱环节,包括：

(1)安全和保安措施之间的矛盾；

（2）船上职责和保安任务之间的矛盾；

（3）值班职责、船员数及其对船员疲劳、警觉性和工作的影响；

（4）任何已发现的保安培训不足；

（5）包括通信系统在内的保安设备和系统的有效性等。

第二节

船舶保安评估流程

一、船舶保安评估的基本过程

（1）对船舶的营运环境进行分析，包括收集航线、船员、船东、船舶管理人、贸易合作方及港口等方面的资料，分析潜在的船舶保安威胁诱发因素；

（2）根据船舶营运环境所存在的潜在的船舶保安威胁诱发因素，识别船舶潜在的保安威胁；

（3）调查船舶的保安能力，识别船舶保安薄弱环节；

（4）针对船舶潜在的保安威胁，考虑船舶保安薄弱点，确认可能的威胁场景；

（5）对威胁场景逐一进行船舶保安风险评估，确定船舶保安风险的等级；

（6）对不可接受的船舶保安风险，策划控制（减轻）措施，并据此制订船舶保安计划；

（7）进行现场保安检验，核实保安措施的有效性，发现存在的船舶保安缺陷以及薄弱点；

（8）针对现场保安检验中发现的船舶保安缺陷以及薄弱点，重新进行保安风险评估和制定控制风险的措施，完成对船舶保安计划的修订；

（9）当船舶营运环境发生了变化时，重新进行船舶保安评估，并根据船舶保安评估的结果对船舶保安计划进行必要的修订，从而使得船舶保安评估和船舶保安计划的修订工作始终处于动态和持续过程中，以适应船舶在不同的营运环境下可能面临的保安风险。

船舶保安评估流程图如图 4-1 所示：

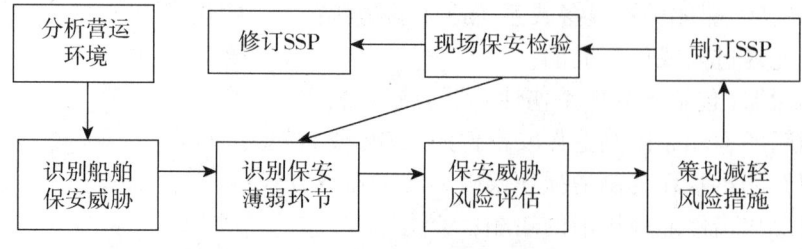

图 4-1　船舶保安评估流程图

二、船舶保安评估前的准备

在进行船舶保安评估之前,评估人员应收集有关信息,如有关船舶将要靠泊或上下乘客的港口的保安威胁评估和港口设施及其保护措施方面的信息等。

在进行船舶保安评估时,评估人员还应收集和记录船舶保安评估所需的相关信息,并对这些收集到的信息做必要的评估。这些信息包括:

(1)船舶总布置图;

(2)限制进入的区域,如驾驶台、A类机器处所和SOLAS公约II-2章规定的其他控制站等;

(3)每一个实际和潜在的可进入船舶的通道及其功能;

(4)可能会影响船舶安全和保安的潮汐变化;

(5)货舱和储藏室(间)的布置;

(6)船舶物料、备件和主要维修设备的存放地点;

(7)非随身携带行李的存放地点;

(8)维持关键服务的应急和备用设备;

(9)船员人数、船舶已有的保安职责和公司的培训要求;

(10)用于保护乘客和船上人员的现有保安和安全设备;

(11)确保船舶安全有序疏散的应急疏散路线和集合点;

(12)与私人保安公司签订的协议中规定的由其提供的保安服务;

(13)现行的保安措施和程序,包括检查、控制程序、身份查验系统、监控和监视设备、人员身份证件、保安通信、报警、照明、通道控制和其他有关系统等。

三、保安威胁识别和评价

在对船舶潜在的保安威胁进行识别时,应考虑在本船营运环境下的政治因素、经济因素以及当时的社会恐慌等可能造成的船舶潜在的保安威胁。

进行威胁识别的目标是对船舶运行带来潜在保安危险以及可能威胁的因素进行确认。我们可以使用表4-1"潜在威胁诱发因素检查表"进行检查,并使用表4-2"潜在威胁诱发因素及可能威胁识别表"记录分析检查结果。

表4-1　潜在威胁诱发因素检查表

操作保安危险性	可能情景举例	可能性			做进一步考虑的建议
		不可能	可能	很可能	
1.政治动机					
1.1 你的船舶是否在已知或可预测敏感地区航行	有重大活动港口等				
1.2 你的船舶(船主、船员)或贸易(货物、车辆、乘客)是否存在可预测政治因素(包括宗教、意识形态、民族、地区)	运输特种货物(如武器部件、爆炸物与核反应相关货物)				

操作保安危险性		可能情景举例	可能性			做进一步考虑的建议
			不可能	可能	很可能	
1.3	填入其他相关问题:					
2.象征性因素						
2.1	你的船是否被作为损坏国家或国际重要象征性目标的方法	著名建筑、大坝、雕像、桥梁等				
2.2	你的船是否停靠在要发生重大事件的港口	展览、运动、政治事件等(博览会、国家领导人视察等)				
2.3	你的船是否被用来作为损坏重要生态区域的方法	旅游区、商业性自然开发区				
2.4	你的船本身是否具有象征性价值	可能执行国家重要任务的船舶、涉外旅游船等其他特种船舶				
2.5	你的船、公司或商标的外观或整体是否会让人作为非法行为的因素考虑	因为你的政策(劳工、政治态度)以及你所涉及的行动(自然资源武器等)				
2.6	填入其他相关问题:					
3.经济破坏因素						
3.1	你的船是否装有特殊货物(经济价值、受限的使用性货物)	钚、制造大规模杀伤性武器的设备等				
3.2	船上是否有从所访问港口装入了与恐怖活动相关的走私物品	人员或货物(情报)的走私				
3.3	你的船员是否有可能参与或向与走私相关的恐怖活动提供支持的可能性	民族因素和一般原因				
3.4	你的船是否在海盗猖獗的地区航行	参看海盗报告				
3.5	你的船、货物/车辆或乘客是否存在被劫持的严重威胁	船舶的价值、货物/车辆或乘客可以当作威胁或讨价还价的筹码				
3.6	填入其他相关问题:					

表 4-2　潜在威胁诱发因素及可能威胁识别表

序号	船舶及其贸易资料	主要威胁	可能性			
	评价日期		不可能	可能	很可能	评注
1	船名：	爆炸				
2	船籍港：	纵火				
3	船东：	恶意毁坏				
		劫持船舶				
4	船员代理：	劫持人员				
5	船员组成：	损坏货物				
6	航线：	损坏船舶主要功能				
6.1	航程：	损坏船舶物料				
6.2	挂靠港口：	偷渡				
6.3	货物：	海盗				
6.4	人员：	运送武器				
		走私				
		利用船舶运送罪犯及其设备				
		利用船舶作为武器				
		受到外部攻击				

四、船上关键操作识别和评价

在进行风险分析之前,首先应系统地了解船舶的保安能力,系统地检查船舶现行的保安措施,了解不足,即找出船舶的保安薄弱环节,如有问题,应提出解决措施或办法。

船舶保安薄弱环节系指在船舶保安体系中应对、戒备保安威胁或攻击的能力缺陷。船舶保安薄弱环节通常包括人员、保安设备与系统、管理方针以及保安程序方面的缺陷。

船舶保安薄弱环节,包括但不限于:

(1)船舶保安组织的不健全;

(2)船上人员的保安警觉性不高;

(3)与船舶保安有关的人员对自己的职责不明确;

(4)由于疲劳而不能保持有效的保安警戒;

(5)不能有效地控制接近和进入船舶;

(6)不能有效地监控船舶内部(包括甲板和限制区域)及船舶周围;

(7)不能及时获得公司和其他外部的支持;

(8)不能有效地实施船舶保安应急程序;

(9)船舶保安计划及保安措施不能适应船舶当时的营运环境;

(10)船舶保安设备和系统不能经常保持有效状态等。

可使用表4-3"船舶保安关键因素及其保安措施评估表",从船舶保安控制图、装载手册、限制区域等方面获得或采用现场检查的形式,确认船舶关键操作;确认其与保安威胁的关联性(如货物操作、车辆装卸、加油、旅客及行李运输、船员更换/乘客上下等);确认需要重点保护的系统、区域和人员,记录相关信息。

表4-3 船舶保安关键因素及其保安措施评估表

有关系统、人员、区域的关键操作		位置可在总布置图中标识	低	高	是	否	现有措施、程序、操作、薄弱环节及其局限性
1	人员及其行李登船控制——人员、乘客、来访者						
1.1	梯子						
1.2	舷梯						
1.3	跳板						
1.4	出入门、舷窗、舷门、窗						
1.5	系泊缆绳						
1.6	锚链						
1.7	克令吊和起货装置						
1.8	船舷						
1.9	随身行李上船						
1.10	非随身行李上船						
	(其他任何通道)						
2	船上限制区域						
2.1	驾驶台						
2.2	机器处所						
2.3	船舶电站						
2.4	操机舱						
2.5	控制室(消防等)						
2.6	无线电/通信室						
2.7	船员和人员舱室						
2.8	货物处所						
2.9	备件和设备储存室						
2.10	通风和空调系统处所						
2.11	船员生活处所						
2.12	厨房/餐厅						

续表

有关系统、人员、区域的关键操作	位置 可在总布置图中标识	低	高	是	否	现有措施、程序、操作、薄弱环节及其局限性
2.13 船体和压载舱						
2.14 舵和螺旋桨						
2.15 危险品储藏处所						
2.16 航行设备安装处所						
等等						
3	货物操作					
3.1 货物进入口(舱口、舷窗、管系)						
3.2 货物堆放区域						
3.3 货物操作设备						
4	船舶物料操作——物料、备件、食物、生活必需品等					
4.1 物料交付地点和验收						
4.2 物料存放处所						
4.3 存放处所出入口(门、窗等)						
5	船舶保安监视					
5.1 照明						
5.2 值班						
5.3 保安守卫、甲板值班和巡逻						
5.4 自动侵入探测装置						
5.5 CCTV 等监视系统						
6	安全操作					
6.1 救生设备(艇、筏、衣、圈)						
6.2 报警、信号和标志						
6.3 应急撤离路线						
6.4 消防设备和系统						

按以上步骤识别出来要保护的船舶的关键操作、活动和人员列表,来确定并记录现有的保安措施、程序、操作,以及相应的薄弱点,包括实地保安、保安政策、程序以及人为因素等。

五、识别威胁情景

按照表 4-1 和表 4-2 识别出来的针对具体船舶的潜在威胁因素检查列表,考虑表 4-3 的结果和薄弱点,确认可能的威胁情景(见表 4-4)。

表 4-4　影响船舶的威胁情景识别

威胁情景模式/典型事态		参考提示
潜入控制船舶,从船舶内部发起攻击	1.使用爆炸物破坏/摧毁船舶	1.1 闯入者在船上藏匿爆炸物,并通过定时器/遥控引爆 1.2 携带爆炸物上船,采取自杀性/高风险行动 1.3 在货物/车辆/物料内放置爆炸物,通过定时器/遥控引爆 1.4 闯入者船上纵火
	2.通过蓄意的操作/行动破坏船舶	2.1 闯入者控制船舶使其搁浅或撞向其他目标(如大坝、桥梁等) 2.2 闯入者打开阀门,造成燃油/气体泄漏,制造火灾 2.3 闯入者打开舷窗、货舱舱口(沉船或倾覆) 2.4 闯入者开启海底阀,导致沉船或倾覆 2.5 闯入者切断管道(船舶进水)改变船舶吃水 2.6 闯入者开启泵系改变船舶吃水 2.7 闯入者污染饮用水或食物,投毒
	3.制造污染或释放有毒物质但不摧毁目标	3.1 闯入者打开阀门/通气口释放有毒物质 3.2 闯入者制造大规模油污染,造成生态灾难 3.3 闯入者破坏联锁装置制造破坏/毁坏
	4.劫持船舶、人质/杀死人员	4.1 闯入控制船舶并劫持人质或伤害或杀害船员、乘客 4.2 闯入者以(炸弹)威胁进行劫持
	5.劫持船舶,用来攻击重要设施	5.1 闯入者控制船舶并撞击其他船舶 5.2 闯入者控制船舶并撞击岸上建筑/码头/化工厂/油库 5.3 闯入者控制船舶并撞击近岸设施、象征性建筑物(如大坝、桥梁等) 5.4 闯入者控制船舶导致搁浅,目的是堵塞重要航道
	6.破坏船舶主要设备及应急设备(如推进装置、操舵和动力)	6.2 损坏船舶系统、航行及装载系统 6.1 破坏关键系统,如推进系统、舵机系统等
	7.盗劫船舶设备、财产,包括对人员的伤害	7.1 闯入者以盗劫为目的,有时甚至会引起人员的伤害

威胁情景模式/典型事态		参考提示
从外部进行攻击	8.武装劫持船舶,抢劫杀人,或制造重大保安事件	8.1 闯入者武力抢劫并抛弃/卖掉船舶,杀害船员、乘客 8.2 闯入者武力劫持船舶,用来制造大规模污染(油船),或撞击重要建筑物(如大坝、桥梁等)
	9.把爆炸物移近船舶,制造爆炸事件	9.1 使用小船载运炸药攻击 9.2 利用汽车炸弹,从岸上攻击 9.3 潜水/游泳者在船体上粘贴爆炸物,并通过定时器/遥控引爆 9.4 使用其他船舶蓄意撞击/摧毁船舶
	10.利用岸上设施毁坏船舶	10.1 在装卸货时,利用港口设施制造保安事件,纵火 10.2 加油时,改变加油品种,制造爆炸事件
	11.从远处向船舶发射或射击	11.1 使用枪支、枪榴弹、导弹等向船舶射击
使用船舶作运输工具	12.运输武器及制造武器的材料	12.1 在货物中藏匿武器、爆炸物等 12.2 在船员行李物品信件中藏匿武器、爆炸物等 12.3 在船舶供给中藏匿武器、爆炸物等
	13.运输大规模杀伤性武器	13.1 运输大规模杀伤性武器,如生物武器、化学武器、导弹等
	14.运输走私毒品	14.1 船员携带走私毒品 14.2 在船上藏匿毒品
	15.运送恐怖分子	15.1 恐怖分子藏匿于船上/集装箱中
	16.作为偷渡运输工具	16.1 收买船员/劫持船舶作为偷渡运输工具 16.2 偷渡者藏匿于船上/集装箱中 16.3 船舶在航或在港时以"引航员""供应商""检验员"等身份进入船舶 16.4 船舶在航时,偷渡人员以海难为由进入船舶
其他	17.炸弹恐吓威胁	17.1 频繁地进行炸弹恐吓威胁,造成港口及船舶无法正常作业

六、船舶保安风险评估

1.船舶保安风险评估的基本步骤是:

(1)选择某些具体的保安威胁情景;

(2)对这些保安威胁情景的潜在后果进行评估,并确定其后果等级;

(3)对在该保安威胁情景下的船舶保安薄弱点进行评估,并确定船舶保安风险等级。

2.所选择的具体的保安威胁情景,应是经过识别的船舶潜在保安威胁,即该保安威胁在船舶当前营运环境下确实是有可能存在的。例如一艘装有爆炸物的小船,撞击正在港内主航道上行驶的油船,就是一个可信的潜在保安威胁;但对于在一定距离之外(比如 500 n mile),向航行中的油船发射便携式导弹并将其击沉,也许就不是一个十分可信的潜在保安威胁。

3.船舶保安风险评估应按公司确定的风险评估方法和程序进行。

详见本章第三节。

七、策划控制船舶保安风险的措施

1.对不可接受的船舶保安风险,应策划控制(减轻)风险的措施,并据此制订船舶保安计划。

2.应对控制(减轻)措施的有效性进行评估,确定其是否能有效地降低船舶保安风险。

3.如何策划控制船舶保安风险的措施,应按公司确定的方法和程序进行。

详见本章第三节。

八、现场保安检验

现场保安检验是发现船舶保安薄弱点的过程,同时也是针对这些薄弱点采取的相应措施的有效性的评估过程。通过现场保安检验,可以明确船舶保安的薄弱点以及针对这些薄弱点应采取的相应的措施。

保安现场检验应是一个动态和持续性的检验过程。凡是需要进行船舶保安评估的场合(包括保安风险评估、船舶保安措施评估等),都应进行保安现场检验。

详见本章第四节。

九、撰写船舶评估报告

在完成船舶保安评估后,评估人员应准备一份报告,内容包括:概括评估是如何进行的、对评估期间发现的每项薄弱点的描述,以及对可用来解决各项薄弱点的应对措施的描述。

船舶评估报告应加以保护,防止擅自接触或泄露。

如果船舶保安评估不是由公司开展的,船舶保安评估报告应由公司保安员审查和接受。

详见本章第四节。

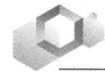

第三节

船舶保安风险评估与控制

一、危险识别

危险识别的目的是对所评估对象可能存在的所有危险进行识别,以便对主要危险进行进一步的分析和提出相应的控制方案。危险识别是确定危险并定义其特性的过程,可以通过发挥想象技术(头脑风暴法)和标准结构化分析技术结合使用,尽可能识别出所有的危险。

发挥想象技术是一个积极的过程,它不仅限于对已经发生的事件的分析,还在于主动地去探知可能存在的薄弱环节和可能发生的保安事件。发挥想象之所以被称为技术,是因为它并不是一种片面的凭空想象,而是依据分析对象的结构、功能、关键操作和程序,有计划、有步骤地去分析。

结构化的识别技术是在危险识别时,对每种事件的前因后果采用标准技术进行分析,例如事故树分析(FTA)、事件树分析(ETA)、危险预分析(PHA)、初步风险分析(PrRA)、危险和可操作性研究(HAZOPP)等。选用何种分析技术可根据分析对象的特点来决定,并且可以对分析方法进行适当修改,以最好地满足应用要求。初步风险分析(PrRA)是比较适合船舶保安评估的简单可行方法。

二、风险评估

在许多类型的决策中,不同类型的风险是重要因素。简单地说,风险评估就是理解以下各项的过程:

(1)会发生什么风险?

(2)它们发生的可能性有多大?

(3)会有什么程度的影响?

(4)我们能做什么(怎样降低风险)?

所关注的风险可以是安全和健康方面的损失、财产损失、环境方面的损失、对工作进度的影响、政治问题等。

风险评估的范围可以包括个人所做的非常简单的个人性质的判断,也包括专家组利用一大套工具和包括以往损失资料在内的信息所做的非常复杂的评估。风险评估的关键在于选择正确的方法,以便不必过多消耗精力即可提供所需信息。

船舶保安风险评估方法有多种,使用哪种方法并没有特别的限定,但公司应在其程序文件中规定某种船舶保安风险评估方法,并保证公司保安员和船舶保安员熟悉这种船舶保安风险评估方法。

风险评估的目的在于确定风险的分布,通过识别和评估影响风险的因素,以便能够把有限的资源集中用于解决风险水平较高的方面。找出事件发生的原因和后果之间的联系,以便找到控制风险最有效的方法,分析和评估风险水平,以便把风险控制在可接受的水平。

船舶保安风险评估程序一般应包括以下 5 个方面:

(1)选择一个潜在的威胁情景;

(2)评估威胁场景的潜在后果;

(3)评估威胁场景发生的概率(薄弱点评估);

(4)确定该威胁场景的风险控制方案;

(5)选择风险控制方案并评估其效果。

1.威胁场景的选择

场景模式应明确攻击的目的、目标和途径,以评价攻击的后果和可能性。评估小组人员需尽可能考虑所有的威胁情景,威胁事态的数量应由保安评估小组来确定。

初步评估应至少研究下列保安事件：

(1)对船舶或港口设施的损坏或破坏,例如通过爆炸、纵火、破坏或恶意行为;

(2)劫持或扣留船舶或船上人员;

(3)损坏货物、船舶基础设施或系统或船舶物料;

(4)未经允许使用或进入,包括藏于船上的偷渡人员;

(5)武器或设备,包括大规模杀伤性武器的走私;

(6)使用船舶载运企图制造保安事件的人员和/或其设备;

(7)使用船舶本身作为损坏或破坏的武器;

(8)在港口或锚泊时从水上发动的攻击;

(9)在水上时的攻击。

评估时,应重点强调最严重以及那些最有可能发生的危险事态,评估小组可以根据船舶潜在威胁诱发因素进行增减,也可以对参考提示中所列的事件逐个评估。但由于这些事件具有相似性,所以并不推荐这么做,可仅考虑其中后果和风险较大的事件。

评估人员首先应根据船舶营运环境,选择一些经识别并决定对其进行评估的保安威胁情景。例如,夜晚的马六甲海域(具体营运环境),有一小艇靠近和海盗攀爬一艘货船(目标)的船舷(具体侵袭情景)就是一个可信的保安威胁情景;又如,装有爆炸物的小船(具体侵袭情景)撞击在港口主航道内(具体营运环境)行驶的液化气船或油船(目标)也是一个可信的保安威胁情景;再如,正在港口进行作业的一艘船舶(具体营运环境),一名偷渡者(具体侵袭情景)正试图进入船舶并藏匿于船舶锚链舱(目标)中也是一个可信的保安威胁情景。但是对于在一定距离外向驶出航道的油船发射导弹并将其击沉这样的事态就不太可信。当然,随着环境的变化和国内外恐怖活动的发展,在一定情况下使用枪榴弹对船舶射击也并非不可能。据报道,一些国际恐怖组织已拥有一些小型潜艇和火箭弹等。就像"9·11"事件一样,一些事件在真的发生之前,总被认为不可能发生。而船舶保安最大的隐患在于没有人真的相信船舶保安的风险存在。

另外,应注意避免评估过多低后果的多余危险事态。除非后果差别很大,否则对只有微小差异的同类事态无须进行分别评估。

有必要研究强调控制通道的各种事态,例如,评估小组可以对船舶每一个受限区域分别进行"闯入和控制事态"检查,这将突出擅自进入机舱与闯入驾驶台导致的不同后果。

根据上述原则,可参见第二节第五部分列举的影响船舶的威胁情景识别。

2.评估威胁场景的潜在后果

风险通常指事件发生的频率和后果严重性的组合,定量的分析可以用二者的乘积来表示,定性的分析可用风险矩阵来评价。当威胁事件发生可能性比较小时,可以用事件发生概率替代频率。对于造成后果的某一危险事件,风险可以表示为:

$$R = P \times C$$

式中:R 表示风险,包括对人员、财产以及环境的风险;P 表示概率,或者事件发生频率,无因次量;C 表示后果,定性分析采用评分方法,定量分析采用损失的数额描述。

对于不同的问题,需要考虑不同的风险类型和度量单位。对于船舶保安而言,需要考虑某一威胁中可能造成后果的总和,包括人员伤亡的后果、造成环境污染的后果、导致经济损失的后果。基于不同的风险模型,对后果(或风险)的考虑可以取各方面后果的总和进行研究,也可以只对最严重的后果进行评价,因此,后果可以表示为

$$C = C_{死亡受伤} + C_{对经济的影响} + C_{对环境的影响} + \cdots$$

或

$$C = Max\{C_{死亡受伤}, C_{对经济的影响}, C_{对环境的影响} \cdots\}$$

在船舶保安评估定性分析中,常常采用评分的方法对后果进行度量,但应注意在同一个风险模型中应采用同样的评分准则。应对每种事态进行评定,表4-5列出了比较简单和粗略的分级评分标准,将后果分为3个等级。评定应综合考虑人员、环境和经济后果3个方面的因素,并取最高的等级为后果评级。例如,如果伤亡和经济影响的后果是中等或"1",而对环境的潜在影响的后果是重大或"2",则总的后果分级应给予等级"2"。

表 4-5 比较简单和粗略的分级评分标准

后果	产生的后果	后果评分
灾难性后果	造成大量人员伤亡 对国家或经济体系造成长久的影响 对经济造成大范围、多方面的破坏	3
重大后果	造成众多人员伤亡 对区域经济造成影响 对经济体系的一部分造成长期破坏	2
中等后果	很少或没有造成人员伤亡 造成轻微经济损失 造成部分环境破坏	1

通常降低保安事件的后果是比较困难的,没有必要对这些因素做非常精确的分析、计算,若认为确定新保安措施有困难时,评估小组可分析保安提升的费用效益。

3.评估威胁场景发生的概率(薄弱环节评估)

在定性的保安风险评估中,通常可以利用对船舶保安的特定威胁以及船舶面对这种威胁时的薄弱点评估来评价该事态发生的概率,即

$$P = T \times V, R = TVC$$

式中:P 表示概率;T 表示威胁;V 表示薄弱点;R 表示风险;C 表示后果。

威胁系指攻击发生的概率,对这种概率可以根据保安情报和海运界对保安威胁的认知进行判断。按照船舶保安规则所确定的体系,船舶保安等级的确定需要综合保安情报和各种具体威胁信息,根据保安等级而制定的保安措施已经反映了保安威胁的大小。在详细的保安评估中,对威胁的评价可更好地评估威胁场景发生的概率。但为简化船舶保安评估过程,并考虑威胁在制定保安等级时已经考虑过,可以把威胁等级当作一个常数,因此,可以根据每一场景中的薄弱点和事件后果进行评估。如果船舶根据情报判断具体船舶或具体航次存在不同的威胁概率,则保安评估小组也可在评估工作中根据该信息作为评价风险的依据,适当考虑威胁(攻击发生的概率)的影响。

在忽略攻击发生的概率情况下,某一威胁场景发生的概率可以用风险模型中的薄弱点来描述,薄弱点系指攻击的成功概率,可通过考核船舶的薄弱点来评估该概率。船舶薄弱点评分越高,也就意味着保安事件发生的概率越大。

与船舶保安事件有关的4个薄弱点是:可利用性、易接近性、组织保安和船舶的坚固性。其中,船舶的可利用性主要和船型有关,船舶的坚固性和船舶结构有关。也就是说,船舶一旦建造完成,其可利用性和坚固性就很难改变。评估中船舶营运方最能控制的是易接近性和组织保安,为简化分析起见,通常采用这两个因素代表事件发生的概率。

"易接近性"是指在保安威胁情景中接近船舶的容易程度。涉及在没有组织保安时阻止威胁的具体保安措施和物理屏障。如保安防范中的物理防范。

"组织保安"是指保安体系阻止攻击的能力,包括保安计划、通信、保安人员、侵入报警系统以及及时的外部执法力量等。如保安防范中的人防和技防。

表4-6列出了对易接近性和组织保安的评分标准。通常只采用已有的方案和保护措施对薄弱点进行最初评估,应对每一威胁场景进行评估,并对易接近性和组织保安单独评分,然后取两者的总和作为薄弱点的评分。

表4-6 薄弱点评分

易接近性	组织保安	评分
无阻止能力 例如,船舶内外部通道均不受限,无限制区域等	无阻止攻击能力 例如,无保安计划、无保安队伍、无保安应急通信、外部执法队伍不能及时到达、无法探知人员非法侵入等	3
有良好的阻止能力 例如,单层可靠的物理屏障,登船通道受限;船舶周围100码(约91.4 m)范围内通道受限等	良好的阻止能力 例如,少量的保安计划、一些通信能力、相对船舶而言的少量保安人员、外部执法队伍不能及时到达、少量的入侵探测等	2
极好的阻止能力 例如,能有效阻止攻击;船舶周围500码(约457.2 m)范围内通道受限;多层物理屏障等	极好的阻止能力 例如,能阻止攻击;完善的保安措施,保安措施隐蔽不易被破坏等	1

4.威胁场景的风险控制方案

通常只采用已有的方案和保护措施对薄弱点进行最初评估,然后对于需要采取措施降低风险的场景,保安评估小组应讨论每一威胁场景的薄弱点,找到造成保安事件的原因,针对性地提出降低薄弱点的措施。当单项措施不能达到降低风险等级的目的时,则可同时组合多种风险控制措施形成风险控制方案。

风险控制目标有以下3个层次:

(1)不能容忍的风险,即除非在非常特殊的情况下,否则不能接受的风险区域;

(2)尽合理可行应降低的风险,是指在合理可行的前提下应尽可能采取措施,将风险降低至可接受水平;

（3）可忽略的风险，是指风险很小，没有必要采取进一步降低风险的措施。

对风险水平的判断，可根据评估的事件按照国际海事组织公布的一些建议数据来控制。对于船舶保安来说，由于缺少经验数据，需要对风险水平进行比较，得到风险优先顺序数，确定优先控制的风险顺序。对于风险水平采用风险矩阵进行评价，如表4-7所示。

表4-7　风险矩阵评价

		薄弱点评分		
		2	3~4	5~6
后果评分	3	研究	减轻	减轻
	2	记录	研究	减轻
	1	记录	记录	研究

说明：

风险控制目标有以下3个层次：

减轻：指必须制定旨在减轻威胁模式风险的缓和策略，例如保安保护性措施和/或程序。该区域风险不能容忍，除非在非常特殊的情况下，否则不能接受该风险区域。

研究：指应研究并尽可能就每一威胁模式分别制定缓和措施。该区域风险应尽合理可行降低，在合理可行的前提下应尽可能采取措施，将风险降低至可接受水平。

记录：指该威胁模式目前还不需要制定减轻措施，只需做记录。该区域风险很小可忽略，没有必要采取进一步降低风险的措施。

5.选择风险控制方案并评估其效果

对于已确定的风险控制方案，需要评价其有效性和可行性。

（1）有效性

①如果采用控制措施后能有效地降低风险等级，就可以认为该方案是很有效的。例如能将某威胁模式降到"研究"或"记录"风险等级，则认为是有效的；

②如果通过该方案或几种方案降低薄弱点评分从"5~6"降为"3~4"，但是后果评分仍为"3"，风险等级仍为"减轻"，则认为该方案部分有效，仍须采取进一步的控制措施。

（2）可行性

①如果风险控制方案能相对降低风险等级，而且该方案并不影响操作成本，或者费用可以接受，则可认为该方案是实际可行的；

②如果该方案会严重影响操作成本，则可认为该方案部分可行；

③如果耗资巨大，则可认为不可行。

应注意如果某一新措施单独考虑时不能降低保安薄弱点分级，就应该综合多种新措施一起考虑。当单项新措施不能达到降低薄弱点分级时，则可考虑同时实施多种新措施以达到该目的。

船舶风险评估时我们可以参考表4-8，其中相关保安活动是具体威胁情节有关的关键操作及重点需要保护的程序、人员、系统、活动等要素。通常这些环节的薄弱点是保安事件的潜在原因，我们可以针对这些相关的关键活动考虑可能的改进措施。这种分析方法是和综合安全评估的要求一致的，可以避免单纯地使用发挥想象技术，并避免遗漏一些低成本的措施。

如果需要,这一过程可以反复几次,并将识别出来的薄弱点及改进措施记入相关表格。

表 4-8　威胁事态及其风险评价表

潜在威胁识别		风险评价								建议降低风险的措施(考虑可行性及经济性)假设港口保安计划配合实施
威胁情景模式		相关的保安活动(可能的薄弱环节)	后果严重性评分				薄弱性评分		风险顺序数	评价	
			人员	经济	环境	评分	易接近性	组织保安	评分			

威胁情景模式	潜在威胁识别	相关的保安活动(可能的薄弱环节)	人员	经济	环境	评分	易接近性	组织保安	评分	风险顺序数	评价	建议降低风险的措施
潜入控制船舶,从船舶内部发起攻击	1.使用爆炸破坏/摧毁船只	abcef 以某轮为例	2	2	2	2	2	2	4	8	M	控制限制区控制进入通道;严格人员和行李检查,特别是对爆炸物的检查。制定爆炸物搜查程序
			2	2	2	2	1	2	3	6	C	
	2.通过蓄意的操作/行动破坏船只											
	3.制造污染或释放有毒物质但不摧毁目标											
潜入控制船舶,从船舶内部发起攻击	4.劫持船舶、人质/杀死人员											
	5.劫持船舶,用来攻击重要设施											
	6.破坏船舶主要设备,制造事故											
	7.盗劫船舶设备、财产,包括对人员伤害											
从外部进行攻击	8.武装劫持船舶,抢劫杀人,或制造重大保安事件											
	9.把爆炸物移近船舶,制造爆炸事件											
	10.用岸上设施毁坏船舶											
	11.从远处向船舶发射或射击											
使用船船做运输工具	12.运输武器及制造武器的材料											
	13.运输毒品											
	14.运送恐怖分子											
	15.作为偷渡运输工具											

续表

潜在威胁识别		相关的保安活动（可能的薄弱环节）	风险评价								建议降低风险的措施（考虑可行性及经济性）假设港口保安计划配合实施
威胁情景模式			后果严重性评分				薄弱性评分			风险顺序数	评价	
			人员	经济	环境	评分	易接近性	组织保安	评分			
其他	16.炸弹威胁恐吓电话											
	其他											

其中：

a.船舶保安职责；

b.限制区域，确保只有经批准的人员才能进入；

c.船舶进入通道；

d.监视甲板和船舶周围区域；

e.控制上船人员及其行李；

f.监控货物装卸和船舶物料的交付；

g.确保船舶保安通信、信息和设备随时畅通；

h.紧急脱险通道；

i.现有保安系统；

j.应急响应计划。

M-须采取减轻措施；

C-需研究采取适当措施；

R-记录。

 第四节

现场保安检验和评估报告

一、现场保安检验

现场保安检验是船舶保安评估的组成部分，其目的是确保船舶保安计划反映船舶特点。现场保安检验应基于完成船舶信息收集并完成船舶保安威胁的风险评价基础上进行，根据所收集的信息制定现场检查清单，以确保现场保安检验的有效性和充分性。

在现场保安检验过程中，应确认第一阶段中收集信息的准确性，并最终确定适合 ISPS

规则所规定的 3 个保安等级的详细保安措施。

1.现场保安检验应检查和评估船上的现有保护措施、程序和操作,从而确定:

(1)船舶所有保安职责是否得以履行;

(2)限制区域是否被监控,是否只有经过授权的人员才能进入限制区域;

(3)是否对进入船舶进行控制;

(4)甲板区域和船舶周围区域是否被监控;

(5)是否对人员及其行李(包括随身携带行李和非随身携带行李以及船员的个人物品)的上船过程进行监控;

(6)是否对货物装卸和船舶物料交付进行监控;

(7)船舶保安通信、信息和设备是否随时可用。

2.现场保安检验包括但不限于对以下几方面进行的检验,以发现船舶保安薄弱环节:

(1)甲板和船侧的控制情况;

(2)登船的控制以及身份鉴别情况;

(3)船舶保安报警和通信系统;

(4)限制区域;

(5)应急计划与设备等。

3.在船舶现场检验过程中应特别注意对以下内容的检验:

(1)现有船上人员的职责和任务,增加保安任务时对船舶安全操作的影响;

(2)现有的保安通信程序和措施,以及在受到保安威胁时保持连续通信的措施;

(3)保安的程序以及保持保安监控设备和系统持续有效的程序(包括识别和响应保安设备或系统失效或故障的程序);

(4)保护敏感信息的程序和实践;

(5)保安设备和系统的维护;

(6)违反保安规定的报告程序;

(7)危险物品的控制;

(8)船上人员随身行李登船;

(9)限制区域;

(10)货物装卸和船上物料交付;

(11)处置无人照看行李;

(12)保安监视方法;

(13)应急措施,包括应急设备、应急撤离路线、应急计划等。

4.现场保安检验应检查和评价用于进入通道控制的方法和程序,包括:

(1)人员和随身物品的检查、控制和监视;

(2)货物、船舶补给品和行李的检查、控制和监视。

应检查每一个通道,包括露天甲板,评估其被可能从事非法行为人员所利用的可能性,包括以合法身份进入以及企图以未经许可进入的通道。

船舶现场保安检验应使用保安检查清单对船舶保安执行现场保安检验,可采用与交谈、询问、实地观察、检查和查阅文件的方式完成。确认并核查已经到位的措施,考虑与关键操作、区域、系统和人员的现有保安措施列表,确认系统中的薄弱环节,确认所需要实施的额外保安措施。通过与船上人员的交谈、核查船舶正在执行的船上操作程序、规定并进行现场实地检查,核实船舶现场保安检查清单上的每一个项目,并做出评价和记录。

制定的保安检查清单,应能系统地标志和检查船舶保安系统的状况,发现船舶内部、船/岸界面、船上关键操作、船舶结构、设备、货物以及各种相关操作、管理和组织措施中的不安全因素,使检验要求清楚,减少检验人员的个人随意性,保证检验的有效性和完整性。

保安检查清单应由评估小组编制并重点考虑威胁事态风险评价中的高风险事件及应对措施。负责该船舶的公司保安员和船舶保安员应对该清单进行确认。

船舶保安检查清单

船舶:＿＿＿＿＿＿＿　船型:＿＿＿＿＿＿＿　航线:＿＿＿＿＿＿＿

检查日期:＿＿＿＿＿＿　检查人员:＿＿＿＿＿＿＿＿＿＿＿＿＿

第 1 部分——保安管理

序号	保安措施	是	否	观察结果	采取应对措施
1.公司保安管理和政策					
	船长、船舶保安员(SSO)和船员是否熟悉公司的保安目标和政策				
	是否向船舶提供了足够的资源(包括基于岸上的支持),以使船舶达到公司保安政策的目标				
2.公司保安员(CSO)					
	船舶保安员和船长是否得知 CSO 的联系方法				
	CSO 是否安排了本船有关保安活动的内部审核				
	CSO 是否及时通报了公司船舶有关部门保安的缺陷和不符合项				
	CSO 是否向负责船舶保安的人员提供了足够的培训				
	CSO 是否确保了船舶保安员和相关港口设施保安员之间有效的沟通和协调				
	是否能证明 CSO 努力提高船上的保安意识和警惕性				
3.船舶保安员(SSO)					
	SSO 是否有资格(例如持证或经过专业的培训和/或教育)				
	SSO 是否清楚知道他的职责和责任,包括他的报告职责				
	是否能证明 SSO 对船舶执行了常规的保安检查				
	是否能证明 SSO 报告了所有的保安缺陷、不符合项和保安事故				
	是否能证明已经实施了纠正行动				
4.船长					
	船舶保安计划(SSP)是否已经确立了船舶安全和保安的船长全权负责制				
	是否能证明船长清楚他所有的职责,如: 船舶保安计划 船舶保安的执行和维护 在必要时船长有向公司要求协助的责任等				
	船长在船上是否备有便于查阅且随时更新的文件备案信息,如对于由谁任命船员、由谁决定船员的雇用,以及由谁签定租船合同事宜				

序号	保安措施	是	否	观察结果	采取应对措施
	是否能证明船长(和 SSO)按照 SSP 的要求提供船员有关船舶保安方面的当前动机				
5.船上人员					
	船员是否按照 SSP 的要求熟悉公司保安政策和相关程序的内容				
	是否能证明船员清楚与保安相关的事项(例如,人员控制、货物控制、船上的限制区域、出现保安威胁时的责任等)				
	船员是否知晓由谁承担各种保安职责				
	船员是否知晓如何应对袭击和威胁(例如各种应急部署)				
6.培训和资格					
	是否认识到保安培训的需要,是否已经制订了新船和现任船员的船上培训计划				
	船员是否已经按照 SSP 的要求接受了充分的保安事项培训				
	是否对保安培训做了适当的记录				
7.船舶保安计划					
	是否按规定对船舶保安计划进行了定期评审				
	所有船舶保安计划的修改是否符合要求,并经过主管机关的批准				
	对船舶保安计划是否做了适当的保护以防止未经授权的使用或泄露				
	船舶是否采取措施保护通过电子或书面方式可以查阅的敏感保安信息				
8.船舶保安检查,保安审核					
	是否按照 SSP 规定的程序在船上实行了(内部)保安审核				
	内部审核是否由不参与审核活动的人员执行				
	是否定期进行了保安检查				
9.保安记录					
	船上是否有培训、演习和训练的记录				
	船上是否有保安事件报告的记录				
	船上是否有违反保安事项的记录				
	船上是否有保安措施和相关设备维护、校正和测试的记录				
	船上是否有有关船舶保安的通信记录				
	是否有对于保安活动的内部审核和评审的记录				
	船上是否有船上保安会议的备忘录				
10.船/岸界面					
	SSO 是否与 PFSO 就保安问题进行过必要的沟通和协调				
	港口特殊的保安信息(例如威胁和他们的保护措施)是否便于查阅				
	在船舶的保安等级高于港口的情况下是否按照相关程序的要求通知 PFSO/CSO/缔约国保安主管当局				
	船上是否已签发过保安声明?其自签发的理由和内容是否符合要求?				

第 2 部分——船上保安措施

序号	保安措施	是	否	观察结果	采取对应措施
1.船舶通道					
	舷梯是否经过标志和监控				
	跳板是否经过标志和监控				
	坡道是否经过标志和监控				
	门、侧舷窗、窗户、舱口盖和舱门是否经过标志和监控				
	系泊缆绳和锚链是否经过标志和监控				
	克令吊和起货装置是否经过标志和监控				
	SSA 中是否对其他通道口做了标志				
	所有意欲进入船舶人员的身份文件是否经过检查				
	是否有如何进行检查的程序和记录				
	是否通过检查联合指令、船票、登船通行证、工作指示等来确认人员进入船舶的原因				
	乘客的个人财物是否得到控制				
	船员登船是否得到控制？登船口是否已设置告示牌				
	船员的个人财物是否得到控制				
	是否按要求检查了拟进入船舶的来访者(例如,来访者、供应商、维修工、港口设施人员等)				
	是否设立了指定的安全区域(与港口设施一致),在该区域可以对人员、行李(包括随身携带的行李)、个人财物、车辆及其装载物进行检查和搜索				
	所有车辆在装船(包括汽车载运船、滚装船和其他客船)前是否按照 SSP 规定的频次进行了搜查				
	是否将经过检查的人员及其个人财物与未经检查的人员及其个人财物隔离				
	是否将上船乘客和下船乘客隔离				
	是否通过上锁或其他方法关闭通往紧邻乘客和来访者区域的无人处所				
	是否向船上所有人员提供保安通报,告知任何的潜在威胁,报告可疑人员、物体或行动的程序以及提高警惕				
	是否有发现擅自进入船舶并如何提出警告或做出反应的相关程序				
	是否对在海上提供协助后进入船舶的人员进行检查				
	每一实际或可能的通道口的位置和功能是否经过标识				
	是否已确定和保持疏散路线和集合地点				
2.限制区域					
	是否已划出限制区域,且已做出明确标记				
	船上人员(船长、SSO 和船员)是否能够识别船上的限制区域				
	是否使用监视设备(如 CCTV)监控限制区域				
	是否起用保卫或巡逻人员监控限制区域				
	是否使用自动侵入探测装置向船上人员发出擅自进入的警报				
	是否有防止未经许可的人员进入驾驶台的措施				

序号	保安措施	是	否	观察结果	采取对应措施
	船上是否有防止未经许可的人员进入机舱(A类)的措施				
	船上是否有防止未经许可的人员进入控制站的措施(ISPS规则第Ⅱ-2章中有详细规定)				
	船上是否有措施能够防止未经许可的人员进入安装保安和监视设备和系统及其控制和照明系统的处所				
	船上是否有防止未经许可的人员进入通风和空调系统以及其他类似处所的措施				
	船上是否有防止未经许可的人员进入通往饮用水舱、泵舱或总管等处所的措施				
	船上是否有防止未经许可的人员进入放置危险货物或有害物质的处所的措施?船上是否有防止未经许可的人员进入放置货油泵及其控制设备的处所的措施				
	船上是否有防止未经许可的人员进入货舱和存放船舶物料的处所的措施				
	船上是否有防止未经许可的人员进入船员舱室的措施				
	船上是否有措施能够防止未经许可的人员进入CSO通过SSA确定的、为确保船舶安全而必须限制进入的任何其他区域				
	作为对船舶进行搜查的一部分,是否对限制区域进行了搜查				
	船上钥匙的管理是否符合计划的规定				
	全船的门锁、封条是否处于完好状态				
3.货物操作					
	在货物操作之前及其过程中,对货物、货物运输工具和货物放置地点是否进行了适当的检查				
	记录是否能证明货物控制程序已得到遵守				
	货物操作是否在船上人员(SSO)的监督下进行				
	危险货物或有害物质的操作是否符合程序				
	是否有记载船上承运的所有危险货物或有害物质的最新清单				
	所有检查是否能确保装载的货物和货物单证相符				
	是否能确保船舶通过与港口设施联系,在装船前对即将装载于汽车载运船、滚装船和客船上的车辆按照SSP规定的频次进行搜查				
	是否采用封条或其他手段来防止货物损坏				
	对货物是否采取了目测检查或实际检查				
	是否使用扫描或探测设备、机械装置或警犬进行检查				
4.船舶物料					
	是否按有关程序对船舶物料交付的监督(为防止监督之外的接收)				
	是否按程序防止订购之外的任何接收				
	记录是否能证明程序(船舶物料控制)已得到遵守				
	是否对船舶物料及其包装的完整进行了检查				
	在物料装船前已检查其与订购数量是否相符				
	是否确保了船舶物料的立即安全装载				

序号	保安措施	是	否	观察结果	采取对应措施
5.无人照管的行李					
	是否按程序规定控制搬运以及存放无人照管的行李				
	是否能证明遵守以上程序				
	对所有无人照管的行李在其装船前是否进行了适当的检查(100%)和搜查(由港口或船舶)				
	是否有与港口设施进行密切合作以确保无人照管的行李经检查后安全搬运的程序和方法				
	船舶是否拒绝接受无人照管的行李装船				
6.监控船舶保安状况					
	是否有对船上的保安设备进行检验、测试、校准和维护的程序				
	是否对限制区域进行了监控(参见第2项)				
	是否对甲板区域进行了监控				
	是否对周围区域进行了监控				
	保安通信设备是否便于使用				
	保安信息是否便于船上查阅				
	船上安装的保安设备是否经过维护、工作正常且方便使用				
	在船/港界面进行活动、靠泊或抛锚时,船舶甲板和通道口能否始终保持照明				
	在航行中船舶是否使用了符合安全航海要求的最大照明(考虑1972年COLREGS规则的相关条款)				
	照明是否充足以确保船上人员能够察觉船舶以外(包括靠岸一侧和靠水一侧)的活动				
	照明范围是否覆盖船上和船舶周围的区域				
	照明范围是否便于在通道口检查进入船舶的人员				
	是否与港口设施协调提供照明				
7.保安等级2、3					
	本船是否发生过保安等级的提升				
	船上是否按照计划的要求对保安等级的变更进行了响应				
	是否按照计划的要求采取了响应的保安措施				
8.其他					
	保安警戒系统能否正常工作(向岸上传送信息时在船上不启动警戒系统)				
	船上是否有至少两个地点能启动警戒系统(在驾驶台和至少一个其他地点)				
	是否保护警戒系统不被无意开启				
	是否有船舶保安警戒系统的使用程序				
	是否已确定启动警戒系统的地点(必须记入限制/保密文件中)				
	AIS是否在任何时候都能正常动作				

二、撰写船舶保安评估报告

1.船舶保安评估报告的内容

完成船舶保安评估后,公司保安员组织保安评估小组编写评估报告。如果船舶保安评估不是由公司开展的,船舶保安评估报告应由公司保安员审查和接受。

保安评估报告的内容包括:
(1)船舶保安评估实施概要。
(2)评估所发现的每一个薄弱环节。
(3)解决薄弱环节的对应措施。

2.船舶保安评估报告的附件

以下评估记录应作为附件纳入保安评估报告:
(1)潜在威胁诱发因素检查表;
(2)船舶现场保安检查表;
(3)船舶保安关键因素及其保安措施评估表;
(4)威胁事态及其风险评价表。

3.船舶保安评估报告的阅读权限

船舶保安评估报告属于保密文件,未经授权不得让无关人员查看或向其泄露。

船舶保安评估报告

1.船舶资料

船名	
船旗	
船籍港	
登记号	
呼号	
IMO 编号	
总吨位	

船舶保安评估日期		评估者:
现场保安检验日期		执行者:
现场保安检验地点		

CSO 评审和接受

意见:			
CSO 认可日期		CSO 签字	

2.船舶保安评估方法简述

阶段		步骤	ISPS 要求	工作表格
第1阶段	第1步	保安威胁识别和评价	A/8.4.3,B/8.2	（附件）
	第2步	船上关键操作识别和评价	A/8.4.1,A/8.4.2,B/8.3,B/8.6, B/8.7,B/8.8	（附件）
	第3步	威胁情景识别和风险评价	A/8.4.3,B/8.9,B/8.10	（附件）
第2阶段	第4步	现场保安检验	B/8.5,B/8.14(附件)	
	第5步	薄弱点识别和减轻措施制定	A/8.4.3,A/8.4.3	（附件）

第五章
船舶保安计划

 第一节

船舶保安计划概述

一、船舶保安计划的概念

船舶保安计划（Ship Security Plan,SSP）,是指为确保在船上采取旨在保护船上人员、货物、货物运输单元、船舶物料以及船舶免受保安事件威胁的措施而制订的计划。

每艘船必须随船携带经主管机关批准的船舶保安计划,该计划应包括船舶在 3 个保安等级下应采取的措施。

船舶保安计划应用船上的一种或几种工作语言编写,如果所用语言不是英文、法文或西班牙文,还应包括其中一种语言的译文。

二、船舶保安计划的编制依据

1.一个有效的船舶保安计划的制订,应依赖于对船舶保安的所有相关问题进行全面的评估,这些问题中特别应包括每艘船舶的物理和操作性特点,包括其航线特征。

2.每份船舶保安计划的内容视其所涉及的具体船舶有所不同。船舶保安评估应已确定船舶的特点和潜在威胁以及脆弱性,在制订船舶保安计划时需要详细处理这些特点。

3.船舶保安计划的编制应符合 SOLAS 公约第 XI-2 章和 ISPS 规则 A 部分对船舶的各项适用要求,同时还应考虑 ISPS 规则 B 部分给出的各项建议。

4.主管机关可通过指南的形式对船舶保安计划的制订提出建议,船舶在编制船舶保安计划时应考虑这些建议。

三、制订船舶保安计划的目的

制订船舶保安计划是为了通过执行计划中的在不同保安等级下的船舶保安措施、船舶

保安操作规定以及对船舶保安应急事件的反应程序等预案,以达到保护船上人员、货物、货物运输单元、船舶物料和船舶本身免受保安事件的威胁,以及减少由于保安事件所造成的损失的目的。

四、船舶保安计划的用途

1.描述船舶保安的组织、人员和岗位,及其在保安方面的职责和任务,确保船舶保安计划的有效实施。

2.提供有关船舶日常营运过程中实际保安操作的指南。

3.规定船舶在不同保安等级下应实施的具体保安措施,确保船舶、人员与货物等免受保安威胁。

4.提供船舶保安状况受到威胁或破坏时的反应程序。

5.确保通过培训和演练,提高船舶人员保安防范意识和技能以及应急反应能力。

6.规定船舶所配备的保安设备和系统的维护、测试和校验的要求,确保这些设备和系统处于随时可用状态等。

五、船舶保安计划的内容

1.船舶保安计划至少应涉及的内容

根据 ISPS 规则 A 部分的适用要求,船舶保安计划应至少涉及以下内容:

(1)防止将用于对付人员、船舶或港口,且其携带未经授权的武器、危险物质和装置携带上船的措施;

(2)对限制区域的确定以及防止擅自进入限制区域的措施;

(3)防止擅自登船的措施;

(4)对保安状况受到的威胁或破坏做出响应的程序,包括维持船舶或船/港界面的关键操作的规定;

(5)对缔约国政府在处于保安等级 3 时可能发出的任何指令做出响应的程序;

(6)在保安状况受到威胁或破坏的情况下撤离人员的程序;

(7)船上负有保安责任的人员的职责和船上其他人员在保安方面的职责;

(8)保安活动审核程序;

(9)与该计划有关的培训、演练和演习程序;

(10)与港口设施保安活动进行配合的程序;

(11)定期评审和更新该计划的程序;

(12)报告保安事件的程序;

(13)指明船舶保安员;

(14)指明公司保安员,包括 24 h 详细联系方式;

(15)确保检查、测试、校准和保养船上任何保安设备的程序;

(16)船上任何保安设备(如有)的测试或校准次数;

(17)指明船舶保安警报系统启动点所在位置;

（18）船舶保安警报系统的使用,包括试验、启动、关闭和复位以及限制误发警报的程序、说明和指导。

2.船舶保安计划还应包含的内容

（1）根据 ISPS 规则 B 部分的指导,船舶保安计划还应包含以下内容:

①详细列出船舶的保安组织结构;

②详细列出船舶和公司、港口设施、其他船舶及有关保安当局的关系;

③详细列出保持船舶内部和船舶与船舶之间以及船舶与港口设施之间有效的持续联系的通信系统;

④详细列出在保安等级 1 时基本的作业和实地保安措施,其应始终到位;

⑤详细列出能使船舶从保安等级 1 迅速提升至保安等级 2 以及必要时至保安等级 3 时的附加保安措施;

⑥提供对船舶保安计划的定期审议或审核,以及根据经验或环境变化提供船舶保安计划的修正案;

⑦向有关缔约国政府联络点报告程序。

（2）根据 ISPS 规则 B 部分的指导,船舶保安计划还应确定以下与所有保安等级有关的事项:

①所有承担保安任务的船上人员的职责和责任;

②在所有时间保持连续通信所必需的程序或保障措施;

③用于评估保安程序以及任何保安和警戒设备和系统的持续有效性的程序,包括确定设备或系统失效或故障及对其做出反应的程序;

④保护书面或电子格式的保安敏感信息的程序和做法;

⑤保安和警戒设备及系统(如有)的类型和维护要求;

⑥确保及时提交和评估关于可能违反保安情况或出现保安问题的报告的程序;

⑦建立、保持和更新船上所载运的任何危险货物或有害物质及其位置的清单的程序。

六、船舶保安计划的审批与检查

1.审核与批准

（1）主管机关可将船舶保安计划的审核与批准工作或对以前已批准计划的修正内容的审核和批准工作委托给经认可的保安组织,但该组织不可以同时参与被审船舶的保安评估或船舶保安计划的制订或其修正内容的编写。

（2）提交审批的船舶保安计划或对以前已批准的船舶保安计划的修正内容应附有编制该计划或修正内容所依据的保安评估。

（3）船舶保安计划内容的重大改变或其所列明的任何保安设施的改变,非经主管机关或其认可的保安组织审批,不能实施。

2.对船舶保安计划的检查

（1）船舶保安计划不受按照 SOLAS 公约第Ⅺ-2 章第 9 条执行控制和符合措施的缔约国政府正式授权官员的检查。

（2）如果缔约国政府正式授权的官员有明确理由相信船舶不符合第Ⅺ-2 章或 ISPS 规则的要求，并且验证或纠正不符合情况的唯一方式是审查船舶保安计划的相关要求，则可破例允许查看该计划中与不符合情况有关的具体部分，但必须征得有关船舶的缔约国政府或船长的同意。

（3）船舶保安计划的下列规定被视为机密信息，非经有关缔约国政府另行同意，不能受到检查。

a.对限制区域的确定以及防止擅自进入限制区域的措施；

b.对保安状况受到的威胁或破坏做出响应的程序，包括维持船舶或船/港界面的关键操作的规定；

c.对缔约国政府在处于保安等级 3 时可能发出的任何指令做出响应的程序；

d.船上负有保安责任的人员的职责和船上其他人员在保安方面的职责；

e.确保检查、测试、校准和保养船上任何保安设备的程序；

f.指明船舶保安警报系统启动点所在位置；

g.船舶保安警报系统的使用，包括试验、启动、关闭和复位以及限制误发警报的程序、说明和指导。

七、船舶保安计划的保存

船舶保安计划可以用电子格式保存，但应建立程序加以保密控制，防止其被擅自删除、破坏或修改。

八、与船舶保安计划有关的记录和文件管理

1.与船舶保安计划有关的记录和文件

（1）培训、演练和演习；

（2）保安威胁和保安事件；

（3）船舶保安状况受到破坏；

（4）保安等级改变；

（5）与船舶保安状况直接相关的通信，例如对船舶或对船舶所在或曾经在的港口设施的具体威胁；

（6）保安活动的内部审核和审查；

（7）对船舶保安评估的定期审查；

（8）对船舶保安计划的定期审查；

（9）船舶保安计划任何修订内容的实施；

（10）保安设备（如有）的保养、校准和测试，包括对船舶保安警报系统的测试；

(11)在任何时候,如采用保安等级 2 及 3 的附加或特殊保安措施,应做必要的记录。记录的内容可包括(如适用),但不限于:

①增派的值班和瞭望人员姓名;

②指派的巡逻人员姓名及巡逻频次;

③采取的附加照明措施;

④监控货物的人员姓名;

⑤实施保安监控的小艇名;

⑥对船舶进行局部或全部搜查的时间、事实和结果;

⑦上船处理和指导应对保安事件的人员姓名、机构及职务;

⑧临时限制区域位置及采取的保安措施;

⑨其他重要的保安和事件等。

 2.与船舶保安计划有关的记录和文件的管理

(1)应采用船上的一种或几种工作语言来保持记录。如果所用语言不是英语、法语或西班牙语,应包括这三种语言之一的译文。

(2)记录可以用电子格式保存,但应通过程序加以保密控制,防止其被擅自删除、破坏或修改。

(3)记录应按主管机关规定的最低期限保存在船上。

第二节

船舶保安事件报告程序

在发生船舶保安事件后,船长、船舶保安员必须在规定的时间内向公司报告。为了规范报告,可在船舶保安计划中对发生船舶保安事件后的报告时限和报告内容加以规定。

一、保安事件报告程序

如果船舶牵扯到一起保安事件,船长或船舶保安员必须在 24 h 内向公司保安员报告,报告应遵循以下程序:

(1)船舶发生保安事件,船长应向全船人员通告发生的保安事件;

(2)船长通知所有涉及的人员并撤离相关区域;

(3)船长与船舶保安员组织船舶保安应急反应小组按程序工作,实施防范;

(4)船舶保安员向公司保安员和有关缔约国当局报告船舶发生的保安事件,如船舶航行确报船位及所遇情况;

(5)如船舶靠泊或抛锚,船舶保安员应将船舶发生的保安事件向港口设施保安员通报,请求港方协作;

（6）当保安事件得到控制、稳定后，船舶保安员应写出保安事件发生的原因、经过、损失情况及实施的有效防范措施并报公司保安员；

（7）船舶保安员应记录发生的保安事件的详细情况。

二、报告的内容

发生与船舶有关的保安事件，船长或船舶保安员应立即向公司保安员和船旗国、港口国或沿岸国联络点提交一份报告，如无法与有关联络点联系，可要求公司保安员转交此报告，报告应包括以下内容（见表5-1）：

（1）船名、船舶呼号和 IMO 编号；

（2）船位（经度/纬度或港口/泊位）；

（3）上一港和下一港；

（4）事件或威胁的性质和情况，以及日期、时间和地点；

（5）被指称犯罪的人数（包括是否是船员或其他人员）；

（6）罪犯的有关资料（姓名、国籍等）；

（7）被害人的详细情况以及伤害的性质和严重程度；

（8）使用的危险物质或设备（武器、爆炸物、其他）；

（9）把危险物质或设备带入港口设施或船舶的方法（人、行李、货物）以及所述设备或物件隐藏之处或使用之处，采取什么保安措施；

（10）防止类似事件再次发生的建议和措施；

（11）其他有关的详细情况（如需要）。

表 5-1　保安事件/非法行为报告

填表日期：　　　年　　　月　　　日			
船舶或港口区域说明	船名：		船旗国：
	船舶呼号：		IMO 编号：
	船位：		港口/泊位：
	上一个停靠港：		下一个停靠港：
	船舶保安员：		港口设施保安员：
保安事件或威胁	情况：		日期：
			时间：
	性质：		地点：
被指称犯罪的人数（包括是否是船员、旅客或其他人员）	船员人数：		乘客人数：
	其他人员的人数：		
犯罪人员的详细资料	姓名：		出生日期：
	国籍：		出生地点：

续表

填表日期: 年 月 日		
被害人的详细情况	姓名:	出生日期:
	国籍:	出生地点:
	伤害的性质:	严重程度:
所使用的危险物质或设备	武器:	
	爆炸物:	
	其他:	
把危险或设备物带入港口设施或船舶的方法(人、行李、船舶用品或其他)以及所述设备/物件隐藏之处或使用之处,采取什么保安措施		
防止类似事件的再次发生的建议和措施		
其他有关的详细情况		
备注:(写不下的项目可另附页)		
船舶保安员(签名):	船长(签名):	

第三节

船舶保安应急反应计划与应急反应程序

一、船舶保安应急反应计划

船舶保安计划中有关船舶保安状况受到威胁或破坏的应急反应的规定,旨在向船长、船舶保安员提供能够处理船舶在遭遇保安威胁或因保安事件而遭受破坏时做出响应的程序,以确保最大限度地减少对人员、船舶及港口设施造成的损失。

 1.应急反应的一般程序

当船舶发生保安事件或保安状况受到威胁或破坏时,应急反应的一般程序为:

（1）任何人员发现任何保安威胁或破坏保安的可疑情况应及时向船舶保安员报告；

（2）船舶保安员接到报告后对可疑情况进行调查和分析，如情况紧急，可立即采取全船集合的行动，向全体船员介绍可能的保安威胁及提高警惕的必要性，要求他们报告任何可疑的人员、物品或行为；

（3）根据调查和分析结果采取应急行动；

（4）禁止进入受事件影响的区域；

（5）除应急反应人员外，禁止其他人员上船；

（6）如有必要，在全船采取保安等级3时的保安措施，包括停止装卸货；

（7）暂停除维持船舶安全和保安措施所必需的操作以外的非关键性操作，如船舶的维修保养和清理货舱等，以集中人员和精力应对保安威胁或破坏；

（8）如确认存在保安威胁或破坏，应按要求向附近船舶和岸上保安当局发出警告，并向公司保安员和主管机关、港口国或沿岸国联络点附近保安当局报告；

（9）一旦保安事件威胁到本船或船上人员的安全，若撤离本船更为安全，则可在港口设施保安当局的许可和监控下，将没有保安任务的人员撤离本船。

2.船舶保安应急机构

船长是船舶应急总指挥，根据现场情况，组织、指挥船员采取一切必要保安措施，必要时请求第三方援助。

船舶保安员是船舶应急副总指挥，现场应急总指挥，负责向公司保安员报告和对外联系。当船长不在船或因故不能履行职责时，接替船长履行职责。

大副是船舶应急现场指挥（除机舱抢险外），协助船舶保安员工作。水手长是船舶应急现场副指挥，协助大副工作。

轮机长是船舶机舱抢险应急现场指挥，协助船舶保安员工作。机工长是船舶机舱抢险应急副指挥，协助轮机长工作。

全体船员在紧急情况时，听从现场指挥的命令，按各种应急操作所规定的各自职责执行任务。

二、应急反应程序

1.对炸弹（爆炸物/不明物体）搜查时的应急反应程序

（1）船舶保安员应根据本船实际，将全船爆炸物品的部位按部门职责分工划分成若干个责任区，落实到每个船员。

（2）受到炸弹威胁或怀疑船上有炸弹需要进行炸弹搜索时，船长应召集船员，简要介绍炸弹事件。

（3）船舶保安员指派熟悉被查区域的人员进行炸弹搜查，寻找其区域内可疑物品。

（4）搜索人员如果发现可疑物件或包裹，必须马上报告船舶保安员，报告时不要用无线电通信。应做到：

a.不要触摸、移动；

b.不要向可疑物泼水或抛投任何物品;

c 关闭可疑物附近的门窗,以减少气流影响;

d.使用垫子或沙袋以减少气流影响,但不要遮盖可疑物;

e.在可疑物附近不要发出声热震荡或颤动;

f.在可疑物附近不要使用无线电装置;

g.记住可能会有更多的炸弹;

h.向公司及有关当局报告有关炸弹的形状和位置等情况;

i.若在海上,迅速驶向附近的港口。

(5)船舶保安员向公司及有关当局报告有关炸弹的形状和位置等情况,并按其指令行事。

2.船舶防海盗及武装袭击时的应急反应程序

(1)航行/锚泊海盗出没频繁区域之前

①船长应通过代理、港方等官方渠道搜集信息,确定防范等级和应对方案,向全体船员预警并做出部署;

②除保留少数安全进出口外,封闭所有通道,紧固锚链孔挡板,封闭所有货舱道口;

③将可进库的物品、备件、工具等,一律进库加锁;

④配妥通信器材(应急报警设备、警铃、VHF等)、求救信号和自卫器械,并准备好水龙带,保证甲板用水供应;

⑤增设安全班,安排保安值班巡逻人员,严格值班瞭望和巡逻规定。

(2)航行/锚泊于海盗出没频繁区域时

①保持电台连续值班;

②夜间,在不影响航行安全的情况下,要保证关键部位足够的照明;低速行驶或锚泊期间,可加装临时照明灯;

③值班巡查到位,严密监视船体周围海面的情况;

④保障驾驶台与巡逻人员的联络畅通;

⑤船舶应谨慎处置海难求助等异常情况,防范海盗以此伎俩接近船舶。如果船长确定有必要让人上船,一次只应上一人,上来的人应予仔细搜身。保安应处于高度戒备状态,在船舶四周保持瞭望;

⑥航行中,如遇他船呼叫停车,船舶在未判明来船的真实身份之前,不得停车,应保持较高船速;

⑦当发现海盗船贴近、抛掷绳索或攀登本船时,迅速向驾驶台报警,并采取砍断绳索等措施阻止其登船;

⑧驾驶台接报后,向全船发出警报,开启探照灯;

⑨船舶启动应急程序,船员按应急部署,进入防卫岗位,实施防范;

⑩立即向公司报警,准确报告船位及所遇情况;利用16频道反复呼叫,向附近岸台和周围船舶请求援助;

⑪加强瞭望,警惕船体四周,防范海盗声东击西;

⑫海盗登船后,应以驱赶为原则,除生命受到明显威胁外,不要抵抗武装海盗。

船舶遭遇海盗及武装袭击的应急情况应记入航海日志等相关记录中,并书面向公司详细报告。在发生袭击后,船长应向附近救助协调中心发一份报告,在报告内就船舶身份和位置、任何人员伤害或物质损失提供信息,并对袭击者进行描述。

3.船舶人员撤离时的应急反应程序

(1)当船舶的保安状况受到严重威胁和破坏时,确认已危及人员的生命安全,公司保安员应将人员撤出船舶现场的决定通知船长执行,或由船长决定撤离的时机;

(2)船长应以船员公认的方式下达撤离命令;

(3)主管通信设备的人员必须在电台值守,发送船长交发的最后电文直至离开时;

(4)有关人员应携带国旗、船舶证书、航海、轮机日志、重要文件及保安记录、双向无线电话,如果在海上,还应携带雷达应答器、必要的食品和毛毯等;

(5)船员应按照保安部署规定的路线到指定地点集合;

(6)如果在海上,应按照船舶应变部署表的分工做好撤离前的准备工作;

(7)在条件允许的情况下,离船前应关闭船上所有的动力、电力,以及可能溢油的阀门;

(8)在检查确认没有人员被遗漏后,船长命令离船;

(9)船员撤离后,应与公司保安员、当地代理或港口设施保安员、公司驻外机构等保持联系。

4.船舶发现偷渡人员时的应急反应程序

(1)船舶应组织人员将偷渡者擒获并对其采取捆绑等强制性安全措施,然后选择安全可靠的房间,对其分别监护,指定专人看管,并立即报告公司保安员;

(2)对偷渡者进行查问,初步确认其身份、潜入途径及有无同伙等情况;

(3)船舶在对现场实施拍照或摄像及物品封存后,应组织人员对全船进行彻底检查,以防藏匿其他偷渡分子,检查结果报公司保安员,按公司保安员指示处理;

(4)船舶应记录事件的处置过程并归档。

5.船舶发现毒品时的应急反应程序

(1)对现场进行多方位、多角度拍照,并封存毒品。在封存毒品时,不得触摸毒品包装上的痕迹;

(2)船舶应尽可能封闭现场,如果不能封闭,可将毒品移至安全地点保存;

(3)船舶在组织人员对全船进行检查的同时,向公司保安员报告发现毒品的时间、地点、种类、数量、外形包装、发现人和现场证人等情况;

(4)船舶应按公司保安员指令行事,记录事件的处置过程并归档。

6.可疑小艇以威胁方式接近本船时的应急反应程序

(1)如发现有可疑小艇以威胁方式接近本船时

①对可疑小艇进行连续监控;

②在保证航行安全的情况下,加速和改变航向,使用 Z 型航法,不让小船靠近;

③对任何信息(无线电/灯光/呼叫)不予回复;

④主甲板不留人员;

⑤记录他船情况,有可能时拍照;

⑥夜间,关闭主甲板所有灯光,用探照灯直照接近小艇;

⑦报告公司保安员和附近保安当局;

⑧准备水龙,必要时用高压水阻止登船;

⑨如果阻止可疑人员登船失败,将通往生活区的所有门窗关闭,船员保持在房内;

⑩无论如何,阻止可疑人员登船,是最好的保安措施。

(2)应急情况记录

应急情况记入航海日志等相关记录中,并书面向公司详细报告。

(3)发生袭击后报告

在发生袭击后向附近救助协调中心发一份报告,在报告内就船舶身份和位置、任何人员伤害或物质损失提供信息,并对袭击者进行描述。

第四节

船舶保安培训与演练的要求

一、船舶保安培训

根据 ISPS 规则 B 部分和 STCW 公约的规定,公司保安员、公司的有关岸上人员和船舶保安员应具备相应的保安知识并接受培训。船上承担具体保安职责和责任的人员应理解船舶保安计划中为其规定的船舶保安责任,并应考虑 ISPS 规则 B 部分和 STCW 公约的规定,具备充分的知识和能力履行其所承担的职责。

1.公司保安员和公司的有关岸上人员以及船舶保安员应视情具备以下一些或所有方面的知识并接受培训:

(1)保安行政管理;

(2)相关国际公约、规则和建议书;

(3)相关政府法规和规定;

(4)其他保安组织的责任和职能;

(5)船舶保安评估方法;

(6)船舶保安检验和检查方法;

(7)船舶和港口作业的条件;

(8)船舶和港口设施保安措施;

(9)紧急防备和反应及应急计划;

（10）关于保安教育和培训,包括保安措施和程序的指导技巧;

（11）处理保安敏感信息及保安通信;

（12）了解当前的保安威胁及其特征;

（13）辨认和探查武器、危险物质和装置;

（14）在非歧视的基础上,辨认可能威胁保安者的特点和行为模式;

（15）用来逃避保安措施的技术;

（16）保安设备和系统以及操作限制;

（17）进行审核、检查、控制和监控的方法;

（18）搜身和非侵犯性检查方法;

（19）保安演练和演习,包括与港口设施联合进行演练和演习;

（20）对保安演练和演习进行评估。

2.此外,船舶保安员应视情在以下一些或所有方面具备充足的知识并接受培训:

（1）船舶的布置;

（2）船舶保安计划和有关程序(包括以情景为基础的关于如何进行反应的培训);

（3）人群管理和控制技巧;

（4）保安设备和系统的操作;

（5）保安设备和系统的测试、校准和海上维护。

3.负有具体保安职责的船舶人员应具备履行其所承担职责方面的充分知识和能力,视情包括:

（1）了解当前的保安威胁及其特征;

（2）辨认和探查武器、危险物质和装置;

（3）辨认可能威胁保安者的特点和行为模式;

（4）用于逃避保安措施的技术;

（5）人群管理和控制技巧;

（6）保安通信;

（7）了解紧急程序和应急计划;

（8）保安设备和系统的操作;

（9）保安设备和系统的测试、校准和海上维护;

（10）检查、控制和监控技术;

（11）对人员、个人物品、行李、货物和船舶物料进行物理搜查的方法。

4.船上所有其他人员应充分了解并熟悉船舶保安计划的有关规定,包括:

（1）各保安等级的含义和相关要求;

（2）关于紧急程序和应急计划的知识;

（3）辨认和探查武器、危险物质和装置;

（4）在非歧视的基础上,辨认可能威胁保安者的特点和行为模式;

（5）用来逃避保安措施的技术。

二、船舶保安演习和演练

1.海上保安威胁事件

根据 ISPS 规则 B 部分的规定,当前主要的海上保安威胁事件包括以下 9 种:

(1)对船舶(或港口设施)的损坏或破坏,例如通过爆炸、纵火等方式;

(2)劫持或扣留船舶或船上人员;

(3)损坏货物、船舶设备、系统或船舶物料;

(4)未经允许使用或进入,包括藏于船上的偷渡人员;

(5)武器或设备包括大规模杀伤性武器的走私;

(6)使用船舶载运企图制造保安事件的人员和/或其设备;

(7)使用船舶本身作为损坏或破坏的武器;

(8)在港或锚泊时从海上发动的攻击;

(9)在海上航行时受到的攻击。

2.对海上保安威胁事件的应急演习和演练

根据 ISPS 规则 B 部分规定的 9 种船舶保安威胁,船舶制定海上保安威胁事件应急反应预案,并按规定的时间间隔组织演习和演练。

演习和演练的目的是确保船上人员熟悉在各保安等级中的职责,以及确保鉴别所有与保安方面有关的缺陷。

为确保有效落实船舶保安计划的规定,船舶应至少每 3 个月进行一次演练,每次测试 2 个以上威胁因素,威胁风险高、危害后果大的演习科目应每 12 个月演练一次,3 年内所有威胁项目均应至少演练一次。每次演习后,船舶保安员应对演习的有效性进行评估,并记录存档。

此外,如 1 次有 25% 的船员发生变更,而这些人员在最近的 3 个月中没有参加过该船的演练,或者由于船舶处于修理和季节性延迟,则必须在发生变更的 1 周内进行演练。

如果合适,船舶保安演练可与其他非保安演练一起进行,以确保船舶保安计划的适应性。

(1)应急演练部署

①船长任船舶保安总指挥;船舶保安员任现场总指挥;大副任现场指挥;驾驶台固定人员包括二副、值班水手;机舱固定人员包括轮机长、值班机工。

②集合地点:主甲板或指定地点。

(2)对保安应急行动的演练

船舶保安演练应测试船舶保安计划中的每个要素,包括对上述 9 种保安威胁和保安事件的反应。

①对船舶的损坏或破坏的应急行动。a.启动保安警报系统。b.全体船员听到警报后,立即携带自卫工具到主甲板或指定地点集合、点名,船舶保安员介绍有关情况。c.立刻分组检查各组责任区。d.向船长报告船舶损坏情况,船长向公司保安员和港口保安员或当局报

告。e.保护人员安全,控制事态的发展,避免损失扩大,必要时寻求第三方援助。f.停止作业,停止人员上下船,只允许对保安事件应急反应的机构人员进入。g.勘察和封锁现场及周围区域,指派人员对限制区域进行监护,采取补救措施,保证船舶安全。h.船长就该事件向公司保安员及有关当局递交报告。i.解除报警,复位船舶保安报警。

②对劫持或扣留船舶或船上人员的应急行动。a.启动保安警报系统。b.设法与公司保安员和附近保安当局联系。c.弄清劫持者的意图、人数、国籍,记住其外貌特征。d.隐蔽在安全处所,除生命受到明显威胁外,不要抵抗武装海盗。e.尽可能地保持与外界的联系。f.如果可能,采取切断照明等措施,拖延时间,等待营救。g.在确保自身安全的情况下,制服恐怖分子,恢复正常。h.船长就该事件向公司保安员及有关当局递交报告。i.解除报警,复位船舶保安报警。

③对损坏货物、船舶设备、系统或船舶物料的应急行动。a.启动保安警报系统。b.全体船员听到警报后在主甲板集合、点名,船舶保安员介绍情况。c.全体船员立即到各自的保安责任区进行检查。d.船舶保安员得到报告发现异常情况,船长向公司保安员和港口设施保安员或当局报告。e.应急小组人员到达现场勘查,组织人员抢险。f.限制人员上下船,指派人员对限制区域进行监护。⑦顺利解决可疑问题后,恢复船舶正常操作。g.船长就该事件向公司保安员及有关当局递交报告。i.解除报警,复位船舶保安报警。

④对未经允许使用或进入船舶的应急行动。a.全体船员听到警报后在主甲板集合、点名,船舶保安员介绍情况。b.全体船员按各自的保安责任区进行检查。c.船舶保安员接到报告发现潜入(偷渡)者,船长向公司保安员和港口保安员报告。d.大副带领应急小组人员,对潜入(偷渡)者采取强制性控制措施,收缴其随身证件等,然后选择安全可靠的房间,对其分别监护,指定人员看管。e.对现场拍照或摄像及物品封存后,组织人员对全船进行彻底检查,以防藏匿其他潜入人员。f.查问潜入者,初步确认其身份、潜入途径及有无同伙等情况。g.船长就该事件向公司保安员及有关当局递交报告。

⑤对武器或设备包括大规模杀伤性武器走私的应急行动。a.启动保安警报系统。b.全体船员听到警报后在主甲板集合、点名,船舶保安员介绍情况提出要求:发现可疑物后不得触摸、不得移动、不得使用对讲机。c.停止作业,停止人员上下船,只允许对保安事件应急反应的机构人员进入。d.立刻分组搜查各组责任区。e.验证货物、物料和备件是否与清单相符。f.船舶保安员收到报告发现可疑物品,船长向公司保安员和港口保安员或当局报告。g.现场勘察,封闭现场及周围区域,再次组织人员对全船进行彻底检查以防有更多的可疑物品。h.船长就该事件向公司保安员及有关当局递交报告,寻求第三方援助。i.解除报警,复位船舶保安报警。

⑥对使用船舶载运企图制造保安事件的人员和/或其设备的应急行动。a.启动保安警报系统。b.全体船员听到警报后在主甲板集合、点名,船舶保安员介绍情况。c.验证货物、物料和备件是否与清单相符,限制登船,检查携带物品。d.立刻分组搜查各组责任区,发现可疑物后不得触摸、不得移动、不得使用对讲机。e.船舶保安员得到报告发现潜入人员(设备),向公司保安员和缔约国政府或港口保安员报告。f.如果可能,将潜入者擒获并对其采取捆绑等强制性措施,收缴其随身证件等,然后选择安全可靠的房间,对其分别监护,由指定人员看管。g.对现场拍照或摄像及物品封存后,应组织人员对全船进行彻底检查,以防藏

匿其他潜入人员。h.同时对潜入者进行查问,初步确认其身份、潜入途径及有无同伙等情况。i.船长就该事件向公司保安员及有关当局递交报告。j.解除报警,复位船舶保安报警。

⑦对使用船舶本身作为损坏或破坏武器的应急行动。a.启动保安警报系统。b.说服恐怖分子放弃恐怖活动。c.立即与缔约国政府、港口保安员和公司保安员联系。d.采取措施使船舶失去动力或使恐怖分子无法操纵船舶航向。e.拖延时间,赢得第三方援助。f.如果可能,控制恐怖分子,恢复正常操作。g.船长就该事件向公司保安员及有关当局递交报告。h.解除报警,复位船舶保安报警。

⑧对在港或锚泊时从海上发动的攻击的应急行动。a.启动保安警报系统。b.全体船员听到警报后立即携带自卫工具(棍棒、消防斧等)到指定地点集合。c.立即向公司报警,报告船位及所遇情况,寻求第三方援助。d.用鸣放汽笛、敲锣和呼喊等方式制造声势。e.捣毁恐怖分子的登船工具。f.警惕船舶四周,防止恐怖分子声东击西。g.启动消防泵,用高压水枪阻止恐怖分子登船,直至恐怖分子离去。h.船长就该事件向公司保安员及有关当局递交报告。i.解除报警,复位船舶保安报警。

⑨对在海上航行时受到攻击的应急行动。a.启动保安警报系统。b.全体船员听到警报后立即携带自卫工具(棍棒、消防斧等)到指定地点集合。c.立即向公司报警,确保船位及所遇情况,寻求第三方援助。d.启动消防泵,用高压水枪阻止恐怖分子登船。e.捣毁恐怖分子的登船工具。f.警惕船舶四周,以防恐怖分子声东击西。g.用鸣放汽笛、敲锣和呼喊等方式制造声响。h.采取适当措施摆脱恐怖分子。i.船长就该事件向公司保安员及有关当局递交报告。j.解除报警,复位船舶保安报警。

(3)实施船舶保安应急行动演练时应注意的事项

①模拟启动保安警报系统。

②解除报警,复位船舶保安报警(仅模拟动作即可)。

③所有完成的演练应记录在航海日志中。记录内容应包括涉及的人员、使用的设备及遇到任何问题的细节,并由船长签署。

④为确保船舶保安计划的有效实施,应考虑船舶类型、船上人员的变动、所停靠的港口设施和其他相关情况,按适当的间隔期开展演习和演练。

⑤由公司保安员、港口设施保安员、有关缔约国当局以及船舶保安员参与的演习在18个月的间隔期内应至少每年进行1次。这些演习应测试通信、协调、资源共享和应答。演习可以采用的形式包括:a.全方位或现场;b.桌面模拟会或专题讨论会;c.结合其他训练,例如搜救或应急反应训练。

⑥如果公司参与其他缔约国政府组织的演练则应经主管机关的认可。

 **第五节**

船舶保安检查与保安活动的审核、评审

一、船舶保安检查

1.船舶保安检查要求

为确保船舶保安计划的有效实施,并确保其适合于船舶保安等级的需要,船舶应定期开展保安检查。船舶保安检查可以作为船舶定期保安评估的基础,以确定用以抵御船舶在港口、锚地和海上受到的潜在威胁的必要保安措施。

2.船舶保安检查的时机

在下列情况下,船舶应进行保安检查:
(1)公司保安员要求实施对本船的保安评估,以修订船舶保安计划;
(2)船舶即将航行于保安风险较大的水域,船长或船舶保安员认为有必要时;
(3)每季度定期进行。

3.船舶保安检查的内容与形式

(1)内容
船舶保安检查可以围绕以下几部分展开:
①甲板和船侧照明;
②登船通道控制;
③登船人员及行李控制;
④保安警报和通信系统;
⑤限制区域控制;
⑥货物装卸和船舶物料交付控制;
⑦应急计划和保安设备。
(2)形式
船舶保安检查可以采用检查表的形式,由检查人员对照检查表,检查本船在保安管理、保安措施实施等方面的情况及采取的对应措施。中国船级社在船舶保安计划编制指南中推荐使用的船舶保安检查表见第四章第六节。

二、船舶保安活动的内部审核

1.目 的

船舶保安计划中关于对船舶保安活动进行内部审核的规定,旨在监测船舶保安体系的有效运行情况,审核和验证船舶保安系统和任何相关保安设备是否完全符合第Ⅺ-2章及ISPS规则的要求,以保证船舶保安计划持续有效。

2.基本要求

(1)公司保安员应每年安排1次内部审核,检查船舶保安计划和船舶保安活动的实施情况,并注意以下事项:

①安排内部审核的时间间隔不得超过12个月;

②如果有必要,公司保安员可安排对船舶进行附加保安内部审核;

③如果适合,船舶保安内部审核可与ISM规则的内部审核一起进行,但应编写独立的审核报告。

(2)当某一特定船舶的结构、应急反应程序、保安措施或操作或其他与保安有关的事项发生重大变更时,公司保安员也应安排对本船进行内部审核。

(3)内部审核活动不应影响船舶的正常营运活动,且在任何情况下不能影响船舶安全。

3.内部审核员的选派及其任务

(1)船舶保安内部审核员应由公司保安员从具有适当资格的公司人员中选派,从事船舶保安活动内审和评审的人员应独立于所审核的活动。正常情况下,由公司岸基内审员登船实施审核;在岸基内审员不能登船进行审核的特殊情况下,可由公司委任该船经过培训并具有船舶内审员资格的人员审核,其具体做法与要求在委托书中说明。

(2)船舶保安内部审核员应收集和验证船舶保安计划的执行情况以及能证明文件化程序实施有效性的客观证据,包括对船舶保安设备的状况的一般性检查。

4.内部审核程序

(1)公司应制定的船舶保安活动内部审核和评审的程序

公司应根据船舶和公司的实际情况制定具体的船舶保安活动内部审核和评审的具体程序,明确内部审核工作的职责以及对内审计划制订、实施、跟踪、检查等的要求和步骤。

(2)内部审核的基本程序通常包括的步骤

①召开首次会议。在现场审核开始前,船舶领导、船舶保安员及相关人员参加首次会议。到会人员要填写"内审会议登记表"。内审员向参会人员宣布内审的目的、依据、范围,审核的内容、日程安排,审核纪律和注意事项等。

②实施现场审核。审核员按照内审检查表的内容进行现场审核。审核员通过交谈、提问、抽样、查看相关活动记录等形式搜集合格或不合格的客观证据,并做好审核记录。

③确定不符合项与综合评价。在审核结束后,审核员应确定船舶存在的不符合项,并

填写"内审不符合记录表",由船长或船舶保安员签字确认并填写纠正措施。内审员实事求是地填写"内审综合评价表",并由船长或船舶保安员签字确认。

④召开末次会议。现场审核结束后,审核员主持召开末次会议(参加人员与首次会议相同,并要填写"内审会议登记表")。由审核员报告审核结果,宣读不符合项,对不符合项的纠正提出要求等。

⑤实施纠正措施及验证。一般不符合项纠正措施的实施期限不超过1个月,对发现的不符合项应立即纠正的,必须采取纠正措施立即纠正。需岸基支持的公司相关部门必须给予保障。船舶应在限期内实施纠正措施,完成后内审员进行验证。

(3)内部审核可以参照以下原则开展活动

①通过面试检查船员是否熟悉本船保安计划中规定的本人应承担的保安职责,其中船长和船舶保安员为必查,其他船员可通过抽查方式进行,抽查范围不少于在船人员总数的20%,且其中必须包含至少1名应急小组成员。

②审核文件记录。检查船舶是否按照保安计划文件程序要求做好各项检查记录和评估,特别注意检查本船是否按要求填写"保安声明"并按"保安声明"采取适当保安措施的记录。

③审核培训、训练和演习记录。检查本船是否按船舶保安计划要求进行培训、训练和演习,是否对学习结果进行简短评估。

④现场检查,包括对船舶采取的保安措施的现场检查及对本船保安设备的一般性检查,从而获取对本船保安计划执行情况的总体印象。

5.内部审核之后的工作

(1)完成船舶保安内部审核后,内部审核员应填写一份"船舶保安内部审核报告"。

(2)"船舶保安内部审核报告"至少包括以下内容:

①船名、港口、审核日期;

②审核方式及结果;

③本船保安设备的操作状况;

④总结本船船舶保安计划的实施情况,是否应对船舶保安计划进行修正。

(3)"船舶保安内部审核报告"应提交公司保安员并留一份副本交船舶保安员保存。

(4)"船舶保安内部审核报告"应按要求在船上保存,并供下一次保安内部审核参阅。

三、船舶保安活动的评审

1.船舶保安活动的评审至少应包括下列内容

(1)船舶保安检查和保安设备检查,重点检查船舶的保安设备、保安设施和保安硬件条件是否满足本船船舶保安计划要求,如保安设备状态是否正常、限制区域的标志是否清晰、照明灯具备品存量是否充足、限制区域锁闭和关紧装置是否有效等;

(2)检查本船保安措施的执行情况,如值班人员是否能按规定和程序要求控制登船点、保安巡逻人员是否按要求巡逻、应该陪同的来访者是否有人陪同等;

（3）本船自上次评审至今是否发生保安事件；

（4）本船自上次评审至今是否因保安问题被船旗国、港口国保安当局采取任何行政措施；

（5）本船自上次评审至今进行了几次培训，包括哪些内容；

（6）本船自上次评审至今进行了几次保安演习，结果如何；

（7）船员通过培训和演习能否熟悉自己的保安职责；

（8）船舶保安涉及的记录是否准确和保存完好；

（9）船舶保安计划在本船是否运行良好，执行保安计划过程中遇到什么困难；

（10）根据以上评审，是否应该对本船保安计划做出必要的修改，并说明应如何修改。

2.评审后的工作

（1）评审后，由船舶保安员填写"船舶保安活动评审表"，经船长审阅签署后递交公司保安员，公司保安员应对船舶保安员的评审结果进行审阅，如认为有必要修改本船船舶保安计划，应组织对本船进行重新评估；

（2）公司保安员应依据评估结果修改船舶保安计划，连同评估结果一起送交主管机关或经认可的保安组织审核，待审核批准后再在本船实施。

四、船舶保安计划的评审与更新

1.船舶保安计划的评审

（1）评审期限

船舶保安员应在不超过 12 个月的时间间隔内对船舶保安计划的实施和执行情况进行一次评审，以评估本计划的持续有效性，以及是否需要进行必要的修改。

（2）评审条件

在发生下列情况下，应对船舶保安计划进行评审：

①本船发生船舶保安事件；

②在船舶保安审核中发现重大保安隐患；

③在船舶保安演习中发现存在重大保安隐患；

④公司保安员要求本船进行评审。

2.船舶保安计划的更新

（1）更新条件

当保安体系运行中遇到下列情况之一时，应更新船舶保安计划：

①如船舶保安内部审核结果显示有必要修改船舶保安计划时；

②外部保安环境或法规的变化使得修改船舶保安计划成为必要，例如：国际反恐形势有变化时，国际公约有重大修正时；

③港口国或船旗国保安当局进行保安检查的报告要求修改船舶保安计划，例如：外审发现不合格项时；

④总经理或公司保安员认为必要时,例如:公司的组织机构、保安体系发生重大改变时;

⑤船舶发生重大保安事件并认为需要时;

⑥船名、船籍港变更及船舶结构有重大改变时。

(2)更新保安计划

需要对船舶保安计划更新时,公司保安员应组织对船舶重新进行船舶保安评估,在评估的基础上,向缔约国政府授权的主管机关递交更新计划的申请。

第六章
船舶保安措施的实施与维持

 第一节

船舶保安等级及行动要求

一、保安等级及其划分

保安等级(Security Level),是指企图造成保安事件或发生保安事件的风险级别划分。ISPS 规则将保安等级由低到高分为以下 3 级:

1.保安等级 1

保安等级 1(Security Level 1),是指应始终保持最低限度的适当防范性保安措施的等级,即船舶和港口设施正常工作时的等级。

2.保安等级 2

保安等级 2(Security Level 2),是指由于保安事件危险性升高而应在一段时间内保持适当的附加防范性保安措施的等级,即在保安事件发生风险性升高的整个阶段内,船舶和港口设施实施的等级。

3.保安等级 3

保安等级 3(Security Level 3),是指当保安事件可能或即将发生(尽管可能尚无法确定具体目标)时,应在一段有限时间内保持进一步的特殊防范性保安措施的等级,即在一段时间内保安事件可能或即将发生时实施的等级。

二、保安等级的适用、改变、响应与通信联系

缔约国政府负责制定在任何特定时间实施的可适用于船舶和港口设施的保安等级。

制定保安等级时,缔约国政府应全面和具体考虑威胁信息,为船舶或港口设施确定适用的 3 个保安等级之一。

1.保安等级的适用

船舶与港口设施必须遵从缔约国政府规定的保安等级。在任何时候,船舶的保安等级都不得低于其靠泊的港口设施的保安等级。

(1)当处于保安等级 1 时

应通过适当的措施并考虑 ISPS 规则 B 部分的指导,在所有船上开展以下活动,以便针对保安事件确定并采取防范措施:

①确保履行船舶的所有保安职责;

②对登船予以控制;

③控制人员及其物品上船;

④监控限制区域,确保只有经过授权的人员才能进入;

⑤监控甲板区域和船舶周围区域;

⑥监督货物和船舶备品装卸;

⑦确保随时可进行保安通信。

(2)当处于保安等级 2 时

应考虑本规则 B 部分的指导,对保安等级 1 所列的各项活动实施船舶保安计划中规定的附加防范措施。

(3)当处于保安等级 3 时

应考虑本规则 B 部分的指导,对保安等级 1 所列的各项活动实施船舶保安计划中规定的进一步的特定防范措施。

2.保安等级的改变

(1)保安等级可以从等级 1 改变至保安等级 2 再至保安等级 3,但也可以从保安等级 1 直接改变至保安等级 3。

(2)要求悬挂其国旗的船舶在另一缔约国政府的港口设定保安等级 2 或 3 的主管机关,应立即通知该缔约国政府。无论何时主管机关规定了保安等级 2 或 3,船舶均应确认已收到关于改变保安等级的指令。

(3)当缔约国政府规定了保安等级 2 或 3 时,船舶在进入其境内的港口之前或在其境内的港口期间,应确认已收到指令并应向港口设施保安员确认已开始实施船舶保安计划所列明的适当措施和程序。在处于保安等级 3 时,应确认已开始实施规定了保安等级 3 的缔约国政府发出的指令所列明的适当措施和程序。船舶应报告在实施中遇到的任何困难。在这种情况下,港口设施保安员和船舶保安员应进行联络并协调适当的行动。

(4)缔约国政府应考虑如何快速发布保安等级改变的信息,主管机关可使用 NAVTEX 信息或航海通告通知船舶、公司保安员和船舶保安员有关保安等级的改变,也可使用其他快捷、更好的通信方式。

缔约国政府应建立通报港口设施保安员保安等级改变的机制。缔约国政府应编撰和保持一份名单,列出需要通知保安等级改变的有关各方。不必对保安等级特别敏感,但是对威胁信息可高度敏感。缔约国政府应仔细研究信息的类别和细节及其传送至船舶保安员、公司保安员和港口设施保安员的方法。

◈ 3.船舶、港口设施处于不同保安等级时的响应

(1)缔约国政府应为在其领海内运营或已向其通报进入其领海意图的船舶规定保安等级并保持向其提供保安等级信息。

(2)如果船舶按其主管机关要求所设定的或已处于的保安等级高于其拟进入或已在港口的规定保安等级,船舶应立即将此情况通知港口设施所在缔约国政府的主管当局和港口设施保安员。应采取以下行动:

①船舶保安员应与港口设施保安员进行联络,对于这种特殊情况进行评估以协调适当的保安行动;

②依照评估结果商定双方各自应当采取的适当的保安措施,船舶采取的保安措施不得低于主管机关规定的相应保安等级的要求;

③制定和签署一份"保安声明"。

(3)船舶在进入缔约国境内的港口之前,或在缔约国境内的港口期间,如果缔约国政府规定的保安等级高于该船主管机关为其规定的保安等级,船舶应符合缔约国规定的保安等级要求。

(4)在任何时候,船长对船舶的安全和保安负有最终责任。如有理由确信执行相应的指令可能危及船舶的安全,则即使在保安等级3时,船长也可要求澄清或修改对保安事件或其威胁而发给船舶的指令。

◈ 4.通信联系

(1)缔约国政府应提供一个联络点,船舶能够通过该联络点请求建议或援助,并且能够向其报告关于其他船舶、动向或通信的任何保安问题。如果确定了存在攻击风险,有关缔约国应将以下情况告知有关船舶及其主管机关:当前的保安等级;按照ISPS规则A部分的规定,有关船舶为防止受到攻击而应采取的任何保安措施;沿岸国决定采取的保安措施,如果有的话。

(2)公司保安员或船舶保安员应尽早与船舶准备靠泊的港口设施保安员取得联系,以确定船舶在该港口设施实施的保安等级。在已与船舶取得联系后,港口设施保安员应通知船舶有关港口设施保安等级的任何其后的变化并向船舶提供任何有关的保安信息。

三、各保安等级下船舶的基本保安措施

◈ 1.船舶应根据自身的保安等级采取相应的保安措施

(1)当船舶和港口设施正常工作时,应采取保安等级1规定的最低限度的适当防范性保安措施。

(2)在保安事件发生风险性升高的整个阶段内,船舶应采取保安等级2规定的附加防

范性保安措施。

（3）在一段时间内保安事件可能或即将发生时,船舶应采取保安等级 3 规定的特定防范性保安措施。

2.应制定相应等级保安措施的各项活动

根据 ISPS 规则 B 部分的规定,船舶保安计划中应包括为下列活动在 3 个保安等级下制定相应的保安措施:

（1）船上人员、乘客、访问人员等进入船内;

（2）船上受限区域;

（3）货物装卸;

（4）船上物料交付;

（5）处置无人照管的行李;

（6）监控船舶保安。

第二节

控制进入船舶和船上限制区域的措施

一、进入船舶应采取的保安措施

1.控制进入登船通道的保安操作

（1）登船通道

登船通道是指根据船舶保安评估确定的进入船舶通道的设施。ISPS 规则 B 部分要求船舶保安计划应对所有进入船舶通道的设施制定相应的保安措施。

（2）可以成为登船通道的设施包括:

①梯子通道;

②跳板;

③门、窗、舷窗及舷门;

④系泊缆绳和锚链;

⑤克令吊和升降装置等。

船舶保安计划中应写明这些地点的具体位置并根据各保安等级采取限制或禁止措施。不同的保安等级应有不同的限制或禁止措施。

（3）登船通道开启的决定

船长负责决定登船通道开启的位置和数量,船长在做出决定时应考虑船上所有操作需要、潜在的保安影响、保安人员的分配以及所处的保安等级,以保证船舶的正常作业。

（4）进入通道/门的控制职责

船舶保安员负责组织如下工作并向船长报告船舶的总体保安情况：

①在船舶甲板上巡逻,观察船舶周围任何活动情况,包括舷外和码头区域;

②定期检查船舶所有的门是否关闭或开启,船侧开口及其相关的保安设施是否完好;

③检查船舶艏楼和其他甲板区域,确认是否存在任何未经许可的船舶通道被打开;

④全面检查以确保所有被开启的通道是由工作有关的部门人员负责管理;

⑤检查所有逃生路线上闭锁的门,确认从逃生方向上没有钥匙也能打开;

⑥值班人员或特地增加的保安人员应提高警惕、坚守岗位、勤巡逻、尽职尽责。

（5）对通道的控制要求

①负责执行通道控制的部门负责人应确保所有的值班人员有足够的休息时间。值班人员无论任何情况、任何时间、任何原因都不得离开这些值守通道,直到有人接班;

②甲板部应按要求管理所有出入通道门以支持船舶保安员和指定的保安人员履行职责。值班驾驶员应协助船舶保安员以确保提供足够的人力,保护所有的船舶进入通道的安全;

③舷梯保安是船舶保安员和指定的保安人员的首要职责;

④船舶保安员应和码头经营者商定保安措施,包括保安守卫和栅栏装置;

⑤公司应根据船上可能的登船通道给出具体各通道的操作控制要求。

2.保安措施

（1）保安等级 1 时,进入船舶应采取的保安措施

①检查所有登船人员的身份证明并通过检查联合命令、船票、登船通行证、工作许可等确认其登船的原因;

②与港口设施联系后,应确保指定的保安区域可以对人员、包裹（包括手提袋）、人员行李、车辆和其所载物进行检查;

③与港口设施联系后,船舶必须确保车辆装入车辆甲板、滚装船和其他客船之前根据SSP 规定的频次进行检查;

④将已经检查过的人员及其行李与未经检查的人员及其行李隔离;

⑤将上船与下船人员隔离;

⑥识别需要保安或监管的通道以防止人员擅自进入;

⑦使用锁闭等办法关闭通往紧邻乘客和来访者区域的无人处所;

⑧对船上所有人员做出保安指示,告知可能的威胁和发现可疑人员、物体或行动的程序,以及保持警惕的必要性。

（2）保安等级 2 时,进入船舶应采取的保安措施

①安排人员在寂静之时进行甲板巡逻以防止人员擅自登船;

②限制船舶的进入通道,标明需关闭的通道及其保安措施;

③通过与港口设施联系,对船舶附近水域进行巡逻等以控制靠近船舶的水上通道;

④与港方联合建立船舶靠近码头附近的限制区域;

⑤加大对登船人员、行李和装船车辆的检查频次和力度;

⑥陪同船上的来访者;

⑦向船上所有人员做出附加的具体保安指示,告知任何已确定的威胁,强调报告可疑人员、物品或行动的程序及提高警惕的必要性;

⑧对船舶进行全面或部分搜查。

(3)保安等级3时,进入船舶应采取的保安措施

①只开放一个受控通道;

②只向负责应对保安事件或威胁的人员开放通道;

③停止上下人员、装卸货物、交付物料等;

④撤离船舶;

⑤船舶的移泊;

⑥对船舶进行全面或部分的检查。

二、对船上限制区域的监控

1.控制进入船上限制区域的保安操作

船舶保安计划中应规定船上限制区域的范围、时效,以及控制通往限制区域通道的保安措施、船上限制区域的内部活动等。

(1)建立船上限制区域的目的

①阻止擅自进入;

②保护乘客、船员、港口设施内人员及其他机构授权的登船人员;

③保护船上敏感的保安区域;

④保护货物和船上物料免遭破坏。

(2)限制区域的范围

限制区域包括但不限于以下处所:

①驾驶台、A类机器处所以及SOLAS公约第Ⅱ-2章规定的其他控制站;

②装有保安、监控设备和系统及其控制、照明系统的处所;

③通风换气系统和其他类似处所;

④淡水舱、淡水泵舱及其管系所在处所;

⑤装有危险货物或有害物质的处所;

⑥装有货物泵及其控制的处所;

⑦货物处所和船舶物料处所;

⑧船员舱室;

⑨通过船舶保安评估确定的为维持船舶保安必须限制进入的其他处所。

船舶保安计划应确保所有限制区域有明确的控制方法和实际措施,并应规定所有受限区域必须清楚标示,表明相关通道受限,擅自进入违反保安规定。

(3)船上限制区域及其标志

①在考虑船舶实际情况与船舶保安评估的基础上,通常以下区域可定为限制区域:驾驶室、机舱、舵机间、集控室、液压泵控制间、应急发电机间、电脑室、船员生活区、医务室、保

安办公室等处所。

②除了指定为限制区域的区域之外,实践中,空调机间、蓄电池室、CO_2 间、氧气及乙炔储藏间、饮用水柜测量孔、透气孔和加水孔、油漆间等处所为船舶易受攻击的区域,平时应保持锁闭。

③船上的限制区域应清楚标识,警示标识应清楚地标明"限制区域,不得擅入"。标志牌至少要高 20 cm、宽 30 cm,红字白底,且字体应至少高 5 cm。

(4)限制区域的保护

①所有可以加锁的限制区域均应加锁保护,只有经许可进入的人员才配有钥匙;

②每次保安巡逻均应检查限制区域,并在航海日志中简要记录;

③只有船公司的工作人员才可以进入限制区域;其他人员包括随船人员、承包商、商贩和其他访客必须经过船长许可才可进入限制区域;

④除非船长或船舶保安员另有指示,本船人员在任何时候均可进入生活或履行其职责所必须进入的任何限制区域;

⑤登船执行公务的政府官员为执行任务需要,可进入任何限制区域,但应由有权进入该区域的本船船员陪同;除非在应急情况下,比如进入某区域具有重大危险,此时船长可同意执行特殊任务的政府官员单独进入。

(5)钥匙控制

①船上钥匙的发放实行严格控制,特别是万能钥匙。确保只有有权进入某一区域的人员才能拥有该区域的钥匙;

②船长有权决定采取措施,以保护全船所用的锁具;

③所有的钥匙由大副管理和记录。应标明所有的钥匙包括万能钥匙及其他出入通道控制系统(如钥匙卡)的控制位置和钥匙持有人;对钥匙的发放应有一份完整记录并及时更新,所有发放出去的钥匙均应由领用人签字认领;

④船员离职时应将钥匙交给接班人员并在交接班报告中书面列明;如无接班人员,应将钥匙交还大副并由大副在钥匙发放记录上登记;

⑤限制区域的钥匙,如果丢失或被窃应采取如下措施:

a.立即向船舶保安员报告,采取适当的行动以确保所述区域的锁闭以及防止不经允许的进入;

b.如有充分理由证明该钥匙落入水中并无打捞可能,大副可为其发放新钥匙;

c.如钥匙失落原因不明,如果方便可立即更换该钥匙所能打开的锁,否则应加强对该钥匙所能打开的锁闭区域的监控;

d.对钥匙丢失或失窃负有责任的人,在 24 小时内应向大副提交一份陈述丢失或失窃情况的书面报告;

e.如必要,对丢失或失窃钥匙的调查完成后向船长提交结果、结论和建议;

f.如果发生了盗窃案,船长应尽快向公司保安员提交一份报告。

2.适用于船舶限制区域的保安措施

(1)保安等级 1 时应采取的保安措施

①锁闭或关紧通道口；

②在该区域内使用监控设备；

③安排警卫或进行巡逻；

④使用自动闯入探测设备以向船上人员发出未经准许进入的警报。

(2)保安等级 2 时应采取的保安措施

保安等级 2 时,应加强对船舶限制区域监控的频次、密度和对进入限制区域通道的控制,确保只有经过批准的人员才能进入。SSP 还应制定适用的附加保安措施,包括：

①在通道口附近建立限制区域；

②连续监控监视设备；

③在受限区域增加人员站岗和巡逻。

(3)保安等级 3 时应采取的保安措施

保安等级 3 时,船舶应遵守负责应对保安事件或威胁的人员的指令。SSP 应详细制定与这些人员和港口设施密切合作时船舶应采取的保安措施,可包括：

①在船上发生保安事件的区域附近或可能对保安构成威胁的地点新增限制区域,并封锁通道；

②对限制区域进行搜索。

第三节

监控甲板区域和船舶周围区域的措施

一、监控船舶的保安操作

1.监控船舶方法

(1)船舶应具备监控船舶自身、船上的限制区域和船舶周围区域的能力。此种监控能力可能包括采用：

①照明；

②值班人员、保安和甲板值班(巡逻)；

③自动闯入探测设备和监控设备。

(2)自动闯入探测设备使用时应能在有人或监控区域启动听觉和/或视觉警报。

(3)船舶保安计划应规定各保安等级时要求的程序和设备,以及确保监控设备持续有效运行的方法。

2.船舶保安监控的职责

船舶在以下状态,船长应决定采取与保安状况相适应的船舶保安监控措施:

(1)船舶航行保安威胁程度较高的水域;

(2)船舶在港作业;

(3)船舶在锚地;

(4)其他通过保安检查和评估认为需要监控的状态。

3.船舶保安监控区域

船舶保安监控的重点区域主要应包括船舶限制区域、易受攻击的区域以及船舶周围区域,包括可能的登船通道。其保安监控措施包括:

(1)开启保安照明;

(2)安排保安值班人员进行甲板值班包括巡逻;

(3)航行中用雷达、望远镜等设备对海面可疑目标进行仔细搜索;

(4)启动听觉和/或视觉警报,例如对可疑目标进行鸣汽笛警告、探照灯照射警告等。

4.甲板和船内灯光照明

(1)在夜间或能见度低的情况下,进行船/港界面活动、靠泊或抛锚作业时,应确保船舶甲板、船尾区域和通道口的照明;

(2)船舶在码头、锚地或航行途中,甲板和船舷在黑暗中或能见度不良时,均应按照保安等级以及船长的判断适当地给予照明,但不应影响航行灯或安全航行。

5.保安巡逻

保安巡逻由船舶保安员组织和安排,主要检查船舶及其周围的保安状况。保安巡逻的程序如下:

(1)船长和船舶保安员根据当时保安形势商量决定巡逻频次,船舶保安员负责安排巡逻人员;

(2)巡逻应以不定时的时间间隔进行;

(3)保安巡逻人员和值班人员应能与值班驾驶员和船舶保安员保持有效联系;

(4)巡逻人员应巡视包括船壳外侧在内的船舶各个区域,特别要注意检查每个限制区域,若该区域处于锁闭状态,应检查其锁闭情况,观察所巡逻区域的任何可疑情况;

(5)发现任何可疑迹象,不要擅自处理,应立即报告船舶保安员;

(6)若巡逻中发现有未经授权的人进入限制区域,应视情对其进行搜查,确认其未破坏限制区域内的任何设备和物件。若进入者属于允许登船人员,应在有人陪同下将其带往指定工作场所,同时报告船舶保安员。若属于未经授权登船人员,应立即报告船舶保安员,通知港口设施保安当局进行处理;

(7)若巡逻中发现保安状况有被破坏的迹象,如钥匙被撬,不要擅自处理,更不能破坏现场,应立即通知船舶保安员对保安状况进行检查,必要时报告港口设施保安当局。

6.保安信息通报

根据适用的保安等级,向所有的船上人员发布可能发生的威胁,报告可疑的人/物/活动物,并提高警觉性。

二、各保安等级下监控船舶的措施

1.保安等级 1 时应采取的保安措施

(1)船舶保安计划应规定包括照明、值班人员、保安人员或使用保安和监控设备在内的保安措施,使监控人员能观察到船舶的总体面貌特别是栅栏和限制区域。

(2)在夜间或能见度低的情况下,当进行船/港界面活动、靠泊或抛锚作业时,应确保对船舶甲板和船舶进入通道给予必要的照明。

(3)考虑现行国际海上避碰规则的规定,船舶航行时应使用安全航行的最大照明。

(4)在建立有关等级和照明点时,应考虑下列因素:

①船上人员应能观察到船舶两岸的情况;

②覆盖区域应包括船上和附近区域;

③覆盖区域应便于在通道处对人员的检查;

④覆盖区域还可通过与港口设施协商确定。

2.保安等级 2 时应采取的保安措施

保安等级 2 时,船舶保安计划应制定加强监控和监视能力的附加保安措施,包括:

(1)增加保安巡逻的频次和范围;

(2)扩大照明的覆盖范围,增加使用保安监控设备;

(3)增加保安值班人员,确保与水上巡逻艇、岸上人员和车辆巡逻的协作;

(4)应加强照明,防范严重威胁安全事件的风险;

(5)若有必要,可要求港口设施提供额外的岸侧照明。

3.保安等级 3 时应采取的保安措施

保安等级 3 时,船舶应遵守负责应对保安事件或威胁的人员的指令。船舶保安计划应详细制定与这些人员和港口设施密切合作时船舶应采取的保安措施,包括:

(1)打开船上或附近的照明;

(2)打开监视设备监控船上和附近的活动;

(3)最大限度地延长此类监控设备的连续使用时间;

(4)准备对船体进行水下检验;

(5)采取包括船舶螺旋桨低速旋转在内的措施,防止从水下接近船体。

 **第四节**

监督货物和船舶物料装卸的措施

一、对货物装卸应采取的保安措施

1.货物装卸过程的保安操作

（1）货物装卸保安措施的作用

涉及货物装卸的保安措施应能：

①防止对货物的破坏；

②防止非船舶预定装载的货物装载、储存上船。

（2）保安措施要求

①必须包括在通道入口处对清单进行控制的程序；

②装船后，应有办法鉴定货物是否系批准装船的货物；

③应制定保安措施确保货物装船后不受破坏。

（3）职责

①船长和大副负责核实待装货物与装货清单的一致性，并确保只有许可的货物才能装船，若有不一致，拒绝装船；

②船舶保安员负责组织对货物装卸作业进行监控。在可疑情况下，联系港口设施保安员、托运人或其他相关方安排货物详细检查；

③值班驾驶员负责按大副装卸货的指示，进行货物装卸过程中的监视和货物单元的常规检查，并确保装船货物完好无损；

④如果与托运人或其他负责方面签订的协议中涵盖了异地检查、封箱、排期和提供单证等内容，公司保安员或船舶保安员应将该协议通知港口设施保安员并得到其同意。

（4）货物装卸控制要求

①货物区域的控制

a.所有装货区域在开始操作前均应进行检查；

b.航行中禁止进入货物区域；

c.装卸货期间，严禁未经授权的人员进入装货场所；

d.进入危险货区域应受严格控制；

e.货物处理设备在不使用期间应系固良好。

②货物装卸控制

a.船长在装货前，应检查托运人或租船人的书面货物资料，以确定待装货物对船舶和卸货港口的安全性，有任何疑义应报告公司和货物相关方；

b.值班驾驶员在货物装卸之前和装卸期间对货物、货物运输单元和货物区域进行常规检查,确认装船货物与装货单所载品名相符;

c.检查封条或其他防止破坏的方式,确保装船货物未经任何变动;

d.在开始货物处理运作之前要对所有的货物和运输货物装置进行检查,看是否携带有武器、军火、易燃易爆物、毒品和违禁品。对货物检查可以通过目视、实地近观或用扫描/探测仪器、机械装置等对至少 25%的已装载货物进行随机检测;

e.根据载货单随机检查集装箱空箱的识别号和非集装箱装载的货物;

f.与港口设施部门密切联系,保证指定比例的交通工具被装载到运车船、滚装船和客船上,装载前应进行检查。

③船上危险货物或有害物品清单及其位置

a.若船上装有危险货物或有害物质,应列出其品名和积载地点清单,对其存放地点应进行严格监控,根据其货物性质及本船保安状况,在必要时指派专人看管。

b.所有危险货物或有害物品的装载、堆装、卸载均应由大副在现场监督,并根据其装船情况及时建立和更新清单。

④可疑货物的处理

a.一旦发现船上有可疑货物,应立即停止货物装卸作业,报告大副、船舶保安员和公司保安员;

b.船舶保安员与港口设施保安员联系,请求协助进行更详细的全面检查;

c.配合应急反应机构和港口设施保安员,全面核查船上装载的危险货物及其位置,并配合应急机构根据应急机构的相关指令对可疑货物进行处理;

d.按"非法行为的报告"规定予以报告。

2.各保安等级下的保安措施

(1)保安等级 1 时应采取的保安措施

①在装卸之前和装卸期间对货物、货物运输工具和货物存放区域进行常规检查;

②检查确认装船货物与单证所载品名是否相符;

③与港口设施联系,确保对所有拟装船的车辆在装船之前已根据船舶保安计划规定的频次要求进行了检查;

④可以通过目视和实地检查或使用扫描/探测设备、机械设备或警犬对货物进行检查;

⑤如果要定期、批量转移货物,公司保安员或船舶保安员可与港口设施协商,与承运人或其他货主在异地检查、封箱和签署有关单证等。该安排须通知港口设施有关人员并得到其同意。

(2)保安等级 2 时应采取的保安措施

保安等级 2 时,船舶应制定货物装卸时适用的附加保安措施,包括:

①详细检查货物、货物运输工具和货物存放区域;

②加强检查确保货物正确装载;

③对将要装上运车船、滚装船和客船的车辆实施严格搜查;

④增加检查封条或其他预防破坏措施的频次和细节;

⑤可以通过加强目视和实地检查的频次和力度,增加使用扫描/探测设备、机械设备或警犬的频次对货物进行进一步检查。除已有的程序外,与承运人或其他方一起加强保安措施。

(3)保安等级3时应采取的保安措施

保安等级3时,船舶应遵守负责应对保安事件或威胁的人员的指令。船舶保安计划应详细制定与这些人员和港口设施密切合作时船舶应采取的保安措施。包括:

①停止货物装卸;

②验证船上危险货物和有害物质清单(若有)及其装载位置。

二、对交付船舶物料、油料应采取的保安措施

1.船舶物料交付的保安操作

(1)船舶物料交付保安措施的作用

①确保船舶物料和包装的完整性;

②防止接收未经检查的船舶物料;

③防止破坏;

④防止接收未经预订的船舶物料。

(2)船舶物料的交付

①物料交付之前,公司应将供应商名称、地址、联系人、联系电话及传真号码等相关资料及所订购的物料清单及时提供给船上;

②供应商在交付物料之前,应提前通知船舶,说明送船的日期和时间;

③确认物料备品与船上或公司所提供的订购清单相符,经验收检查无误后方可上船,若有不符应拒绝接收;

④根据适用的保安等级,在装载之前检查物料的包装完整性,确保物料未被破坏和夹带其他物品;

⑤根据适用的保安等级,对所有的物料进行外观和物理上的检验,包括使用扫描/探测仪器,机械装置或犬只对已装载货物进行随机检测,看是否携带有武器、军火、易燃易爆物、毒品和违禁品;

⑥船舶物料接收后,应及时系固堆放;在储存之前,应确保有人看管,以防物料被人破坏;

⑦船舶物料交付之后应储存在限制区域内。

对经常使用港口设施的船舶,可以建立包括船舶、供应商和港口设施在内的通知、交递单据时间的程序。应始终有可以确认的机制,确保装船的物料附带证明。对可疑物料的处理类似于可疑货物的处理。

2.各保安等级下交付船舶物料的保安措施

(1)保安等级1时应采取的保安措施

保安等级1时,船舶应规定交付船舶物料时的保安措施,包括:

①在装船之前进行检查,确认船舶物料与清单相符;

②确保立即对船舶物料的堆放采取系固等保安措施。

(2)保安等级2时应采取的保安措施

保安等级2时,船舶应制定交付船舶物料时适用的附加保安措施,包括接受物料之前的核查和加强检查。

(3)保安等级3时应采取的保安措施

保安等级3时,船舶应遵守负责应对保安事件或威胁的人员的指令。船舶应详细制定与这些人员和港口设施密切合作时船舶应采取的保安措施,包括:

①对船舶物料进行更详细的检查;

②限制或停止船舶物料装船;

③拒绝船舶物料装船。

 **3.船舶油料交付的保安措施**

(1)船舶油料交付之前,应检查所加油的品种、牌号和数量与订购品种、牌号和数量是否相同。

(2)根据适用的保安等级,安排专人履行加油期间的保安值班,确保加油的整个过程得到有效监控。

第五节

对登船人员及其个人物品的控制措施

一、搜查的程序

(1)船舶保安员根据适用的保安等级,根据自己的专业判断力对拟登船的人员进行搜查。对于任何不愿接受搜查的人可拒绝其登船。搜查应该在港口设施与船舶的紧密合作下进行,可以采取随机搜查的方式;

(2)所有带上船舶的物件都会受到控制、监管、检查和搜查,任何不愿意接受搜查的人均可拒绝其登船;

(3)每个登船的人,包括访客、承包人和船员都要受到检查,确认是否携带武器、军火、易燃易爆物、毒品等随身物;

(4)根据适用的保安等级要求,对随身物品进行检查;

(5)可以在船上或与港口设施协调指定一个安全的区域用于检查人员、行李(包括随身行李)、个人财产、交通工具及其内部物件;

(6)除非有明显保安方面的理由,否则船员之间不得相互搜查人身和行李,任何此类搜查应充分尊重人权和保护基本的人格尊严;

（7）已检查的人员和财物应该与未检查的人员和财物分隔开来；

（8）与港口合作共同保证所有单独的交通工具在装上客船时已经被检查过。

二、人员进入的一般要求

（1）除了本船正常开放的登船通道和临时登船通道外，其他潜在登船通道一律不许人员上下。

（2）船舶保安员应在正常登船点明显公告说明以下内容：

①所有上船人员请出示证件，接受检查或搜查；

②登上本船视为同意接受检查或搜查；

③禁止武器、毒品或其他违禁物品上船；

④无关人员禁止登船。

（3）凡是不遵从上述要求的个人应拒绝其上船，并及时报告给相关的授权人员，包括船舶保安员、公司保安员、港口保安当局等。

三、身份识别

1.船员身份识别

（1）所有的船上人员都应有公司签发的有效身份识别证件，该有效身份识别证件可用耐用材料做成，并能防止篡改，船舶保安员应建立船上人员资料库；

（2）船员招聘是由公司指定的适当的人事代理进行的。所有预备的雇员都要接受背景调查或者可以在被雇用前提交文件上的证明。

2.公司身份识别证及其控制程序

（1）船舶保安员负责派发公司的身份识别证，发放的对象为船员和所有经公司保安员批准的人员；

（2）如果任何持有公司身份识别证的人员合同到期或终止，在收到离船通行证之前或在身份识别证到期之时，识别证应收回；

（3）船舶保安员负责发放因遗失而需重新申领的公司身份识别证，在此之前责任部门应对事件进行适当的调查，并在发出新证之前向船舶保安员呈交一份调查报告；

（4）如果公司身份识别证再次丢失，公司会按程序向个人发出正式的书面警告信。

3.访客通行证及其控制程序

（1）签发访客通行证的形式及控制

①船员的访客进行探访时，在船长批准后由船舶保安员向访客发放通行证；

②对承包人、服务商和港口代理等访客可以发放访客通行证，船舶保安员在核实其身份和登船理由后方可发放访客通行证；

③访客在船期间应佩戴访客通行证，离船时应交回保安值班人员；

④对因业务需要需多次出入船舶的访客，船舶保安员可向其发放短期通行证，船舶保

安员应采取措施防止该通行证被非授权使用；

⑤船长有权批准在任何特殊情况下的通航要求。

（2）访客通行证执行程序

①访客通知要在船舶到达访客港之前尽早提交给船舶保安员；

②访客到达舷梯时，其有效的政府照片身份证明会被扣留，取而代之的是访客通行证；

③所有访客在签名领取通行证前应被清楚告知发出通行证的条件；

④对未持有公司永久身份识别卡的公司职员，必须在舷梯等候船舶相关的部门代表，并由他们陪同整个在船上的活动；

⑤负有保安职责的船员要在船舶离港之前确认每个还没上交的通行证并向船舶保安员汇报情况。船舶保安员应保证所有的公务人员和其他访客在离港前已经全部上岸。任何丢失的通行证应被记录并采取必要的行动；

⑥若保安值班人员发现个别人员通行证有疑问，应知会船舶保安员或值班驾驶员；

⑦访客在船上一般不允许从事商业活动，除非是公司已批准的特别安排。

◈ 4.装卸工人身份识别及其控制

（1）装卸工人的身份识别和控制是码头经营者的职责，但船舶拥有对登船装卸工人进行检查的权利；

（2）公司保安员和船舶保安员应做最大努力保证港口对职员身份识别有足够的控制和对港口限制区域的出入控制；

（3）装卸工人在船上的活动应限制在指定的工作区域，不允许在船舶的其他地方自由走动。若发现他们在其他非授权区域走动，应进行查问并将他们送回指定的工作区域；

（4）装卸工人不允许使用船上的船员餐厅设施。

四、对登船人员应采取的保安措施

◈ 1.需要重点保护的人员

船舶通常需要重点保护的人员包括船舶人员、乘客、来访者、卖主、机修工、港口设施人员等。

◈ 2.各保安等级下的保安措施

三个保安等级下，对登船人员采取的保安措施适用于本章第二节"进入船舶应采取的保安措施"。

◈ 3.对各保安等级下的保安计划要求

（1）对各保安等级，船舶保安计划都应建立开放进入船舶通道的识别方法并使船上滞留人员不成为威胁源。

（2）可以采取具体措施制定相关的船舶识别系统并向船上人员和访问者分别签发永久或临时通行证。该识别系统应与适用港口设施的相应系统相互协调。

（3）乘客应出示登船证件、船票等证明，除非有人监控乘客，否则乘客还是不得进入限制区域。

（4）船舶保安计划中必须建立规定，确保系统及时更新，并对滥用程序者予以纪律处分。

（5）不愿或不能证明其身份和/或确认其登船目的的人员不能登船，并应向船舶保安员、公司保安员和港口设施保安员以及国家和地方有关保安当局报告该类事件。

（6）保安等级1时，所有准备登船的人员应服从搜查。已批准的SSP中应明确规定这类搜查，包括随机搜查的频次，并且应经主管机关的批准。搜查最好由港口设施与船舶密切合作并在船舶最近区域进行。除非有明显保安方面的理由，船员之间不得相互搜查人身和行李。任何这类搜查应充分考虑尊重人权和保护基本的个人尊严。

五、对无人照管行李应采取的保安措施

1.无人照管行李

无人照管行李，是指在检查或搜查点的乘客和船上人员并未随时携带的任何行李，包括包裹等个人物品。

2.保安措施要求

船舶保安计划中应制定相关保安措施以保证：

（1）无人照管行李在装上船之前经过识别、扫描检查以及搜查；

（2）没有必要对行李分别进行船上和港口检查，若都有检查设备，最终应由港口设施方负责检查。

3.各保安等级下的保安措施

（1）保安等级1时应采取的保安措施

保安等级1时，船舶保安计划中应规定处置无人照管行李时适用的保安措施，以确保所有无人照管行李经过100%的检查，包括X射线的检查。

（2）保安等级2时应采取的保安措施

保安等级2时，船舶保安计划中应规定处置无人照管行李时适用的附加保安措施，包括对所有无人照管行李进行100%的X射线的检查。

（3）保安等级3时应采取的保安措施

保安等级3时，船舶保安计划中应详细规定与这些人员和港口设施密切合作时船舶应采取的保安措施，可包括：

①至少从两个不同的角度使用X射线进一步检查行李；

②限制或停止对无人照管行李的处置；

③拒绝接受无人照管行李装船。

第七章
船舶防海盗及武装劫持

受国际政治经济环境的综合影响,自 2008 年以来,在亚丁湾、索马里海域商船遭遇海盗劫持并勒索赎金的事件骤然增多,海盗这一古老的犯罪行为呈现出愈演愈烈之势,严重威胁着船舶、财产和船上人员的安全,给全球航运经济发展带来了重大损失,引起了国际社会的高度关注。为此,联合国安理会先后通过第 1816、1838、1846、1851、1897 和 1950 号等决议,授权各国根据《联合国宪章》第七章采取行动,可以在索马里境内"采取一切必要的适当措施,制止海盗行为和海上武装抢劫行为"。STCW 公约马尼拉修正案也新增了确保海员得到防海盗及武装劫持培训的规定,并明确了培训与训练的强制性最低要求。因此,本章重点介绍了船舶防止海盗及武装劫持船舶的措施、设备、系统以及应对海盗袭击的具体措施,以提高船员防范海盗袭扰和袭击的技能,确保船上人员、船舶及货物运输安全。

第一节
与海盗及武装劫持有关的术语和定义

一、海盗的定义

🔷 1.国际法意义上的海盗行为

海盗行为是危害人类共同利益的国际犯罪行为,目前,规制海盗问题最为重要的国际公约是《1958 年日内瓦公海公约》和《1982 年联合国海洋法公约》,两公约对海盗行为做了完全相同的界定。根据《1982 年联合国海洋法公约》第 101 条的规定,下列行为中的任何行为构成海盗行为。

(1)私人船舶或私人飞机的船员、机组成员或乘客为私人目的,对下列对象所从事的任何非法的暴力或扣留行为,或任何掠夺行为:在公海上对另一船舶或飞机,或对另一船舶或飞机上的人或财物;在任何国家管辖范围以外的地方对船舶、飞机、人或财物。

(2)明知船舶或飞机成为海盗船舶或飞机的事实,有自愿参加其活动的任何行为。

（3）教唆或故意便利上述行为的任何行为。

据此，可将国际法上的海盗罪总结为：私人船舶或飞机上的船员、机组成员或乘客为了私人目的在公海或任何国家管辖范围以外的地方对另一船舶或飞机或该船上、机上的人或财物非法使用暴力、扣留或其他掠夺的行为。

2.国际海事局关于海盗和武装劫持的定义

国际海事局（International Maritime Bureau，IMB）将海盗和武装劫持定义为："有明显地实施偷盗或其他犯罪活动的意图，并且在完成该活动中有明显意图或有能力使用武力，进行登船或企图登船的活动。"可见，IMB 是把所有在海上发生的登船劫持或暴力事件皆归纳为海盗行为，而不论肇事的地点是在公海或领海范围内。

实践中，调查统计海盗案件的数量因上述海盗行为定义的不同产生了很大的差异，为此，IMO 海上安全委员会于 2000 年 12 月 20 日发布第 984 号通函（MSC/Circ.984）：《调查海盗和武装劫持船舶罪行实用规则》（Draft Code of Practice for the Investigation of the Crimes of Piracy and Armed Robbery against Ships），明确了海盗行为（Piracy）与武装劫持船舶（Armed Robbery against Ships）的定义，并将此两种行为都列入统计海盗案件的统计中。其中海盗行为的定义采用了《1982 年联合国海洋法公约》中的定义，将武装劫持船舶定义为：除了海盗行为以外，任何非法的暴力行为或扣押或任何掠夺行为或是威胁，无论直接针对船舶、人员或此船舶上的财物，并在一国可以对此行为行使管辖权的范围内。近 20 年全球海盗事件报告数量统计图如图 7-1 所示。

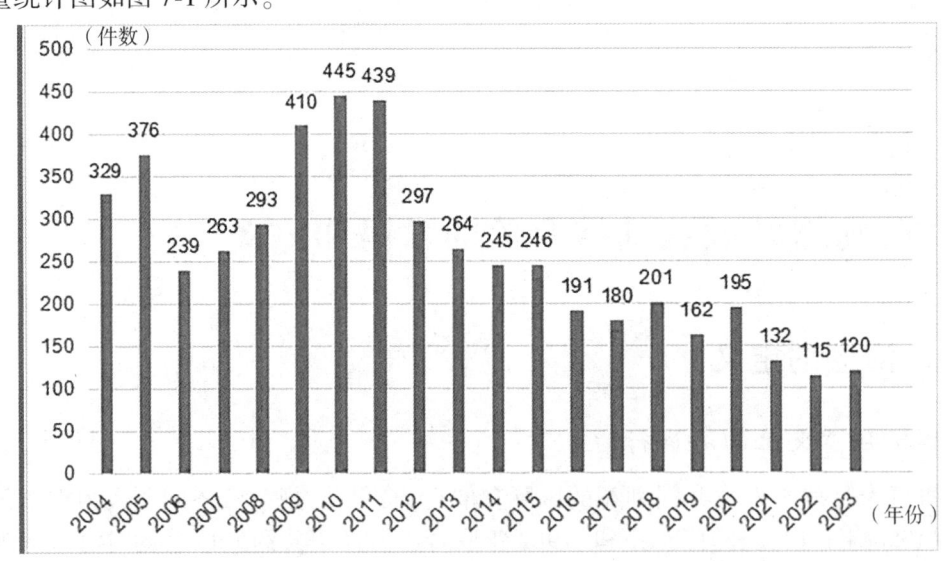

图 7-1　近 20 年全球海盗事件报告数量统计图

二、现代海盗的类型及特点

海盗是未受任何国家及政府授权，擅自航行海上，以劫掠财物或对人实施暴力行为为目的的人员或组织。其类型主要包括以下三种：

1.小股海盗

小股海盗通常由 4~10 人组成,其通过驾驶快艇对船舶实施攻击。他们惯用的手法是先用钩子钩住船只栏杆或外舷,上船后立即对船员实施抢劫并洗劫船上的货物及金钱。这种海盗是以抢劫财物为目的,具有游击性质。他们往往先侦察船只是否有利可图且是否容易得手,一般在得手后迅速逃离现场。此类海盗攻击大多发生在内海甚至海岸线附近,并在每年全球海盗攻击案例中占据多数。

2.有组织犯罪团伙的海盗

有组织犯罪团伙的海盗在实施海上掠夺前通常有详细的计划,并具有牢固的基地和来自可靠渠道的情报,从而可以实施谨慎的有计划攻击。他们有大量的先进武器,并以现代化的通信方式,与世界各地的犯罪集团甚至恐怖分子联系,随时获得商业信息。

此类海盗会杀害船员并劫持船舶,属于比较危险的类型。他们在作案时往往会伪装成地方政府执法船只,以例行检查为名强行登船,或者驾驶快艇在货船后高速追赶。有些海盗船联合行动,看起来更像是海上舰队。除了海上远程船只,一些停泊在港口内、近岸的货船也会成为该类海盗洗劫的目标。

他们通常会对所劫持的船舶进行翻新,改变烟囱标志、更改船名、船籍港,修改发动机出厂编号,然后重新配备船员,伪造船舶文件,并航行到其他港口将货物和船舶卖掉。

3.分离主义者或恐怖分子类型海盗

分离主义者或恐怖分子类型海盗属于一种混合体,他们或实为某分离主义组织与恐怖主义组织的成员,或受这些组织的操纵与控制,其目的是将劫掠的钱财用来资助恐怖行动和分离运动,或者以海盗身份从事恐怖活动。

这类海盗主要活跃在阿拉伯水域、斯里兰卡海域、印度尼西亚苏门答腊岛北方靠近亚齐特别行政区附近海域及靠近南菲律宾海域。他们是世界上最凶残的海盗,惯用的作案手法是把全体船员杀害后将船只开到隐秘地点,重新油漆、更换船名、再度注册后变成所谓的“幽灵船”,或连同货物一起卖出,或用来作为走私人口和贩卖毒品的工具。此类案例虽然在整个海盗案例中比例很小,每年只有几起左右,但其危害性极大。

三、典型的海盗攻击

船长和船员应对海盗袭击船舶惯用的方法与伎俩有所了解,以便及时启动应急方案予以抵抗。实践中,海盗船可能会伪装成渔船,采用欺骗、诱导、声东击西等方式要求船舶救助或请求船舶购买新鲜的海鱼等,采用“子母船”配合强攻船舶也是海盗惯用的登船方式。

根据《在亚丁湾和索马里海域阻止海盗的最佳管理措施(BMP)》与《几内亚湾区域防海盗指南》的总结,海盗行动小组通常由许多不同的船队配合进行作业,不论何种配合,攻击行动均是由快艇发动。

(1)海盗通常使用“母船”带两艘或多艘航速在 25 kn、配备机枪和火箭筒等武器的开敞小艇,对过往商船发动袭击。“母船”一般是拖网渔船,常见的三种类型为独桅帆船(见

图7-2、图7-3)、小艇和捕鲸船。他们经常从船尾两舷靠近目标船,并且更倾向于从左舷船尾登船(见图7-4)。

图7-2　独桅帆船拖带快艇　　　　　　　　图7-3　独桅帆船

图7-4　从左舷船尾登船

(2)海盗"母船"用以运载人员、设备、补给和小的攻击艇,使海盗能在离岸更远的区域发动袭击。

(3)海盗将他们的小艇紧贴受袭的船舶,他们一般用绑有挂钩的绳子,或使用轻便长梯从一侧爬上受袭船舶。一旦登船,海盗一般会径直冲向驾驶台,从而控制整条船舶。一旦控制了驾驶台,海盗会要求船舶减速或停船,以便让更多的海盗登船。

(4)海盗袭击可能发生一天当中的任何时间,大多数发生在黎明时分,在夜晚海盗也会发动袭击,但并不常见。

(5)海盗通常会使用轻型武器及火箭弹(RPG)来胁迫船长放慢船速或停船,以便让更多的海盗登船。无论是在多么困难的情况下,船舶保持全速前进是非常重要的,或尽可能增加航速,并采用机动操车抵御海盗袭击。

(6)几内亚湾的海盗主要以武装劫持船舶、盗窃货物和绑架船员索要赎金,其比索马里海盗更加残暴,通常绑架包括船长和轮机长在内的4~5名船员,向他们索要非常高的赎金,其一般具备囚禁人质4~6周的设施。

四、近几年全球海盗活动态势及其特点

根据2023年全球报告海盗事件的沿岸国分布表统计(见表7-1),2023年发生的海盗事件主要分布在亚洲、非洲、南美洲的25个国家和地区,范围比较广泛。东南亚地区最多,达67起,约占全年总数的55.8%,为该地区2018年以来最高值;非洲次之,发生26起,约占

21.7%;南美洲19起,约占15.8%;海盗事件数量位居前5且不少于5起的国家和地区(括号内数字为海盗事件数量)依次为新加坡海峡(37)、印度尼西亚(18)、秘鲁(14)、菲律宾(9)、加纳(6),占全年总数的70.0%。

表 7-1　2023 年全球报告海盗事件的沿岸国或地区分布表

区域	沿岸国	数量	区域	沿岸国或地区	数量
非洲	安哥拉	3	南美洲	巴西	1
	喀麦隆	3		哥伦比亚	2
	埃及	1		厄瓜多尔	1
	加蓬	1		巴拿马	1
	加纳	6		秘鲁	14
	几内亚	2			
	科特迪瓦	2	印度次大陆	孟加拉国	1
	莫桑比克	2		印度	4
	尼日利亚	2			
	塞拉利昂	2			
	索马里	1			
	刚果	1	东亚	越南	3
东南亚	印度尼西亚	18			
	马来西亚	2	总数		120
	马六甲海峡	1			
	菲律宾	9			
	新加坡海峡	37			

1.亚丁湾海盗死灰复燃

亚丁湾,位于印度洋西北部,是连接红海与印度洋的咽喉要道,也是全球最繁忙的海上贸易航线之一,是苏伊士运河—红海—亚丁湾—印度洋航线的关键组成部分。其地理位置极其重要,是中东地区石油输出至欧洲、亚洲和美国的重要通道,因此每年有大量的油船、货船和其他类型船舶穿梭其间。由于其战略地位和航运的密集性,亚丁湾成为海盗活动的重灾区。

亚丁湾地区海盗事件在 2014 年之前年均 100 起,2014—2016 年年均 30 起,2017、2018 年均不到 10 起,2019—2021 年该地区无海盗事件。2023 年 12 月 14 日,索马里海盗在博沙索以东700 n mile水域劫持一艘在航的大灵便型散货船,这是 2019 年以来唯一一起索马里海盗事件,也是 2017 年以来被索马里海盗成功劫持的第一艘船舶,2024 年上半年该区域报告了 8 起事件,其中包括 3 起劫持事件。

虽然亚丁湾索马里海盗袭击的直接威胁有所下降,随着 2021 年 9 月国际组织对该地区高风险区域认定的进一步修订和减少,国际海事局要求船长继续保持警惕,特别是在靠近索马里海岸过境时。

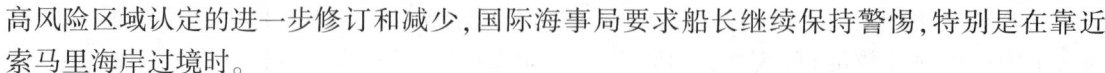

2.几内亚湾海盗愈发猖獗

几内亚湾位于非洲西部和中部海岸线内,绵延六千多海里,贯穿二十多个非洲国家,是非洲最大海湾和西非贸易与能源中心,拥有优越的航运条件和丰富的石油资源,拥有多个天然深水良港,是全球最繁忙航线之一。随着油价复苏和港口能力提升,几内亚湾丰富的石油资源吸引大量油船穿梭,为海盗提供了可乘之机。尼日利亚、安哥拉等国为主要石油出口国,依赖海运将石油运往北美和亚太等地区,加剧了海盗活动的风险。

2010 年以来该地区海盗作案数量快速攀升,作案手法较为暴力,不顾及人命、随意开枪,劫持船舶转卖货物,作案海域集中在沿岸地区,尼日利亚外海是重灾区。从 2019 年至今,绝大多数劫持事件均发生在几内亚湾。2023 全年共发生 4 起劫持案件,其中有 3 起在几内亚湾。国际海事局建议船舶在这些高风险水域提高警惕,采取额外措施。在该水域,绑架勒索是船员们面临的最大风险。

3.东南亚海盗日益活跃

东南亚地区由众多岛屿、半岛及沿岸国家构成,拥有错综复杂的海岸线,是连接太平洋与印度洋的关键枢纽。其海域广阔、水道交错,不仅是承载着全球贸易的重要航线,也因其独特的地理位置成为海盗活动的频发地带。特别是马六甲海峡、新加坡海峡、菲律宾、印尼群岛周边水域,这些区域因航运繁忙、航道狭窄且监管难度大,为海盗提供了可乘之机。海盗活动在东南亚地区屡见不鲜,其犯罪成本低廉,利用高密度的航运流量与相对薄弱的海上安保措施,成功地对过往商船实施袭击。这些行为不仅严重干扰了正常的国际航运秩序,还对该地区乃至全球的经济贸易活动构成了巨大威胁。

东南亚海域 2022 年共发生海盗事件 58 起,占全球海盗事件的 50.43%;2023 年共发生海盗事件 67 起,占全球海盗事件的 55.83%。发生在新加坡海峡、马六甲海峡、印度尼西亚,以及菲律宾的海盗事件占东南亚海盗事件的 95.5%。其中,新加坡海峡连续 3 年都是海盗数量最多的国家,印度尼西亚是第二多的国家,且 2023 年反弹增幅达 80%。印度尼西亚勿拉湾港和杜迈港两个港口的海盗事件占印度尼西亚海盗事件的 2/3。菲律宾 2023 年发生海盗事件 9 起,其中 8 起集中在马尼拉港。

该地区海盗暴力化倾向加剧、集团化发展趋势明显,至少有 3 个团伙常年盘踞新加坡海峡和南海。从偷盗和抢劫为主发展为绑架、杀人,2017 年海盗团伙枪杀了 2 名越南人。

五、政府、公司及指定人员防海盗及武装抢劫船舶的责任

1.对海盗的管辖和惩治

为了同在公海上发生的违反国际法、侵犯人类利益的罪行进行斗争,国际上很早就形成了针对这种罪行的普遍管辖制度。在国际海洋法中,被置于普遍管辖下的国际罪行是海盗行为。

根据《1958 年公海公约》和《1982 年联合国海洋法公约》的规定,为了维护公海的法律秩序,所有国家应采取措施并尽最大努力进行合作,以制止在公海上或在任何国家管辖范围以外的任何其他地方的海盗行为。每个国家都有权扣押海盗船(见图 7-5)或飞机或为海盗所夺取并在其控制下的船舶或飞机,以及逮捕船上或机上人员并扣押船上或机上财物。扣押国法院可以判定其应处的惩罚。扣押海盗船和飞机,只可由军舰、军用飞机或其他有清楚标志可以识别的为政府服务并经授权的船舶或飞机实施。可见,上述两个公约中,关于制止、惩治海盗行为的规定构成防止和惩治海盗罪的一般国际法规则。

图 7-5 海盗船

2.沿海国政府在防海盗及武装劫持船舶方面的责任

(1)应根据水域内海盗攻击的类型、地理位置及犯罪手法的统计,评估海盗攻击船舶的性质,为过往船舶提出建议性措施;

(2)应建立一套船舶遭遇海盗攻击时的指挥命令系统及运作反应程序,以便与相关单位进行合作及联系;

(3)应及时搜集整理海盗袭船案件的信息与资料并通知相关单位;

(4)应在打击海盗方面与其他国家建立合作协定、合作巡逻与联合演习制度等。

3.公司及指定人员在防海盗及武装劫持船舶方面的责任

船公司、船舶经营人、船长及船员有义务采取行动保护自己和船舶免受海盗和武装劫匪的伤害。船舶在经过海盗曾经出没的水域之前,船公司、船舶经营人、船长、船舶保安员等相关人员必须收集该水域海盗情况的确切信息。当船舶在有海盗和武装劫匪出没水域中航行时,他们负有以良好船艺采取防范措施的最终责任。防范措施的制定需要考虑船员遭遇海盗或持械劫匪囚禁时和之后的人身安全。

六、联合国安理会的行动

1.CSNU 第 1816 号(2008)决议

针对索马里海盗的严峻形势,2008 年 6 月 2 日联合国安理会(CSNU)一致通过 1816 号决议,表示安理会将根据《联合国宪章》第七章采取行动,制止索马里领海和沿岸公海的一切海盗和武装劫船行为。1816 号决议是联合国安理会为维护国际社会的共同利益对现行有关海盗罪国际法规则加以完善和发展的一个重要国际性文件。

安理会第 1816 号决议的第 7 段,是该决议的核心内容。它明确规定:任何其他国家在

2008 年 6 月 2 日决议通过以后的 6 个月内,都可以与索马里联邦政府合作来打击索马里海盗。这些国家参与打击海盗的方式,既包括"进入(enter)索马里领海,以制止海盗及海上武装劫持行为",又包括"在索马里领海内(within the territorial waters of Solamia)采用一切必要手段(all necessary means),以制止海盗及武装劫持行为"。

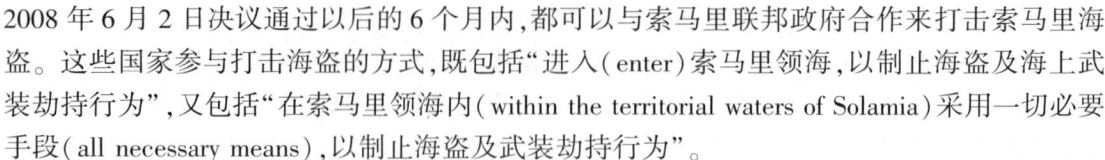

2.CSNU 第 1838 号(2008)决议

联合国安理会于 2008 年 10 月 7 日一致通过关于索马里海盗问题的第 1838(2008)号决议,呼吁关心海上活动安全的国家积极参与打击索马里沿岸公海的海盗行为和海上武装劫持船舶的行为。

本决议各项规定仅适用于索马里局势,不影响会员国在任何局势中根据国际法所具有的权利或义务或责任,包括《1982 年联合国海洋法公约》所规定的任何权利或义务,尤其强调不得将本决议视作确立习惯国际法。

3.CSNU 第 1846 号(2008)决议

联合国安理会于 2008 年 12 月 2 日通过了第 1846(2008)号决议,决定即日起延长各国打击索马里海盗 12 个月的授权,同时呼吁联合国为打击海盗发挥协调作用。

4.CSNU 第 1851 号(2008)决议

2008 年 12 月 16 日联合国安理会通过了第 1851 号决议,不仅承认以前决议中对外国军队在获得索马里过渡政府允许情况下可进入索马里领海打击海盗活动的授权,还授权有关国家和国际组织在必要情况下可以从事地面反海盗活动。

5.CSNU 第 1897 号(2009)决议

近几年来,海盗袭击区域不断向索马里以东、塞舌尔附近海域扩展,尽管有 20 多个国家和国际组织的 40 多艘军舰在亚丁湾、索马里海域护航,但仍难以保证航经船舶和人员的安全。为此,各国纷纷增派护航舰艇,加大护航力度。2009 年 11 月 30 日,联合国安理会举行公开会议通过了第 1897 号决议,将在索马里海域打击海盗和武装抢劫行为的授权延长 12 个月至 2010 年 11 月 30 日。

6.CSNU 第 1950 号(2010)决议

2010 年 11 月 23 日联合国安理会通过了第 1851 号决议,决定应索马里过渡联邦政府的请求,将各国在索马里沿海打击海盗的授权即日起延长 12 个月。该决议指出,由于支付的赎金不断增加,以及军火禁令未能得到执行,索马里沿海的海盗活动变得更加猖獗,安理会呼吁所有国家,根据本国法律将海盗行为定为犯罪,并积极考虑按照国际法起诉海盗嫌犯,并监禁罪犯。安理会还敦促各国同国际刑警组织和欧洲刑警组织合作,进一步调查参与索马里沿海海盗行为的国际犯罪网络,并对资助、策划和组织海盗行为或从中非法谋利的人进行调查和起诉。

七、IMO 打击海盗和武装劫持船舶的措施

1.MSC86 次会议有关海盗和武装劫持船舶的通函

IMO 海上安全委员会第 86 届会议于 2009 年 5 月 27 日至 6 月 5 日在英国伦敦召开，103 个成员国、2 个联系会员(中国香港和法罗群岛)，2 个联合国专门机构(世界气象组织和国际劳工组织)的代表以及 39 个政府间和非政府间组织的观察员出席了会议。

MSC86 通过了 MSC.1/Circ.1332—1335 四份通函，即：

(1)MSC.1/Circ.1332《索马里水域海盗和武装劫持船舶事件》(Piracy and Armed Robbery against Ships in Waters off the Coast of Somalia)。

(2)MSC.1/Circ.1333《政府防止和镇压海盗和武装抢劫船舶的建议》(Recommendations to Governments for Preventing and Suppressing Piracy and Armed Robbery against Ships)。

(3)MSC.1/Circ.1334《船舶所有人、经营人、船长、船员防止和镇压海盗和武装抢劫船舶指南》(Guidance to Shipowners and Ship Operators, Shipmaster and Crew on Preventing and Suppressing Acts of Piracy and Armed Robbery against Ships)。

(4)MSC.1/Circ.1335《在亚丁湾和索马里海域阻止海盗的最佳管理措施(BMP)》(Best Management Practices to Deter Piracy in the Gulf of Aden and off the Coast of Somalia Developed by the Industry：BMP)。

2.MSC89 次会议有关海盗和武装劫持船舶的决议

2011 年 5 月 11 日至 5 月 20 日，IMO 在伦敦召开了第 89 次 IMO 海上安全委员会大会，通过了 MSC.324(89)号决议——《实施最佳管理措施的指南》(Implementation of Best Management Practice Guidance)，呼吁全面实施反击海盗的措施。会上许多代表团指出，可以鼓励船方有效实施 BMP 的要求，但不能作为行业标准强制要求船方执行，这一观点得到会议认可，写进了《最佳管理措施(BMP)的执行》的大会决议草案中。这个决议未来可能会升格为一项大会决议，以此作为对联合国大会请求 IMO 采取行动的回应。

3.MSC 海上安保和反海盗工作组采取的措施

国际海事组织海上安全委员会海上安保和反海盗工作组于 2011 年 9 月 13 日至 9 月 15 日在 IMO 总部伦敦召开会议，通过了下列海上安全委员会(MSC)发布的通函：

(1)MSC.1/Circ.1408《关于港口国和沿岸国有关在高风险海域航行船舶上使用私人雇佣合同制武装安保人员的临时性建议》(Interim Recommendations for Port and Coastal States Regarding the Use of Privately Contracted Armed Security Personnel on Board Ship in the High Risk Area)。

(2)MSC.1/Circ.1406/Rev.1《关于船旗国有关在高风险海域航行船舶上使用私人雇佣合同制武装安保人员的临时性建议》(Revised Interim Recommendations for Flag States Regarding the Use of Privately Contracted Armed Security Personnel on Board Ship in the High Risk Area)

（3）MSC.1/Circ.1405/Rev.1《关于船东、船舶运营商和船长在高风险海域航行船舶上使用私人雇佣合同制武装安保人员的临时性指南》（Revised Interim Guidance to Shipowners, Ship Operators, and Shipmasters on the Use of Privately Contracted Armed Security Personnel on Board Ship in the High Risk Area）。

上述临时建议对使用私人雇佣合同制武装安保人员（PCASP）并不是强制的,由船旗国独立地决定 PCASP 的授权,如果船旗国允许采取此项措施,则由船旗国负责发放授权证书。使用 PCASP 并不能被认为是取代《最佳管理措施（BMP）》以及其他保护措施的行为。

（4）Circular Letter No.4382《几内亚湾的海盗活动》（Piracy in the Gulf of Guinea）强调了几内亚湾日益严重的海盗威胁,特别是在 2021 年 1 月 23 日集装箱船"莫扎特"号遭到袭击,造成 15 名海员死亡并被绑架,IMO 正在积极协调打击海盗的努力,包括行业代表、尼日利亚海事局（NIMASA）和国际区域协调中心（ICC）,通过技术援助和支持地区倡议,如雅温得行为守则（YCC）来打击海盗。实施《西非最佳管理措施》（BMP West Africa）以降低风险。IMO 敦促成员国遵守防止海盗的 A.1069（28）大会决议,并支持向 IMO 西非和中非海事安全信托基金捐款。加强区域国家、国际伙伴和利益相关者之间的合作对于恢复几内亚湾水域的安全至关重要。

八、用于高风险区域的驾驶台卡片

驾驶台卡片是一套快速参考指南,旨在因海盗袭击或其他保安威胁引起局势紧张时,为海员提供帮助。其以清晰明了、易于理解的方式总结和呈现重要信息,包括报告程序、区域报告中心的联系方式、如何尽早发现可疑的接近或攻击,以及针对一些恶性活动情况可采取的行动建议。尽管其只是对船舶自身保安计划、BMP 和保安图中内容的补充,但仍可作为船长和船员在过境高风险地区时遵循的实用安全备忘录。因此,鼓励船舶经营人和船长,在船舶可能面临安全威胁时,可考虑上述快速参考"驾驶台卡片"中提供的指导。

1.JMIC 驾驶台卡片

联合海事信息中心（JMIC）制作了一套"驾驶台卡片",供在中东地区运营的船舶使用。该卡片旨在补充现有的行业指南和BMP5,已于 2024 年 10 月更新,涵盖了这些高风险地区各种潜在的安全事件：

（1）导弹和无人机袭击（空中/地面）；

（2）靠泊或锚泊时有可疑船只靠近；

（3）水雷；

（4）未爆炸的弹药；

（5）海盗袭击/未经授权登船；

（6）VHF 呼叫/骚扰。

2.OCIMF 驾驶台卡片

石油公司国际海事论坛（OCIMF）海上保安委员会发布了一套供过境几内亚湾地区的船舶使用的"驾驶台卡片"。该卡片于 2020 年 12 月发布,旨在补充现有的行业指导和西非

BMP,涵盖以下事件：

　　(1)绑架船员；

　　(2)劫持船只；

　　(3)武装抢劫；

　　(4)货物盗窃。

3.IFC 驾驶台卡片

信息融合中心(IFC)是由新加坡共和国海军主办的区域海事安全(MARSEC)中心。2022 年 5 月,IFC 发布了一套"驾驶台卡片",为在东南亚 Voluntary Community Reporting (VCR) 地区运营的船舶提供指导。该卡片补充了《亚洲地区打击海盗和武装抢劫船舶行为区域指南》提供的现有指导。

第二节

防止海盗武装劫持船舶的措施

一、海盗活动的主要区域

根据近年来国际海事局的统计,海盗袭击事件已遍及世界绝大部分近海水域,西非海岸、东非索马里附近水域、红海和亚丁湾一带、印度次大陆沿岸、孟加拉湾沿岸和整个东南亚水域、加勒比海区域是当今全球公认的六大海盗多发区。

二、船舶防海盗工作的指导思想、方针和原则

1.指导思想

船舶防海盗工作的指导思想是"预防为主、防反结合,坚决拒海盗于船舷之外"。

船舶防海盗要坚持"以人为本"的原则,在确保船员安全的前提下保护财产安全。加强防范,不让海盗有可乘之机。

2.指导方针

船舶防海盗工作的指导方针是"早准备、早发现、早报告、早采取措施"。

进入海盗活动高危水域前,要把防海盗的准备工作做好,包括:预案的制定和演练,防海盗器材和物资配备到位,船舶机械设备全面检查特别是"四机一炉"要确保完好可用。对疑似海盗船要及早发现、及早发出信号并报告附近军舰或反海盗中心等相关机构,及早启动应急反应程序。实践证明,船舶及早发现和判断海盗迹象并时刻在敏感水域保持警戒尤为重要,报告海盗袭击情况与求助是现场处置的重要手段之一,阻止海盗登船是防海盗成

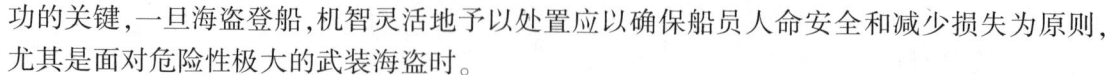

功的关键,一旦海盗登船,机智灵活地予以处置应以确保船员人命安全和减少损失为原则,尤其是面对危险性极大的武装海盗时。

3.指导原则

船舶防海盗工作的指导原则是"立足自身、以我为主,自防自救与他救相结合"。

"立足自身、以我为主"就是指船舶要按照《船舶保安计划》和公司防海盗指导方案,落实防海盗工作各项措施,一切从实战出发,从难从严要求,开展经常性的演习演练活动,增强时效性和有效性,以适应应急需要。若发现疑似海盗船,要尽可能远离,做好自身防范,配合外援,全力做好防海盗工作。

三、船舶防海盗袭击的准备工作

1.收集信息

开航前应广泛收集信息,了解航经水域海盗活动情况,并在海图上做好标记。船长、船舶保安员要研究海盗活动的水域、规律和特点,注意收集国际海事局反海盗中心或附近国家发布的海盗袭击信息,阅读相关资料,掌握船舶所在的水域和港口海盗袭击最新情况。自行对海盗袭击船舶的可能性和后果进行风险评估。

(1)信息来源

①卫星 C 站 EGC;

国际反海盗信息在 C 站的 EGC 上每天 0000UTC 都有最新的广播,船舶应正确设置 C 站以接收最新的信息;

②NAVTEX;

③亚洲防海盗信息交流中心(RECAAP)(www.recaap.org);

④国际商业联合会(ICC)(www.icc-ccs.org);

⑤国际海事局海盗报告中心(IMB)(www.icc-wbo.org);

⑥欧盟海上保安中心—非洲之角(MSCHOA)(www.mschoa.org);

⑦英国海上贸易组织(UKMTO)(www.ukmto.org);

⑧几内亚湾贸易组织(MDAT-GoG)(https://gog-mdat.org/home);

⑨中华人民共和国交通运输部(https://www.mot.gov.cn/);

⑩中国船东协会(http://www.csoa.cn/hhzl/);

⑪船公司;

⑫他船和港口等其他可以获取的渠道。

(2)信息内容

UKMTO WARNING INCIDENT 110 – ATTACK UKMTO has received a report of an incident 77NM west of Al Hudayah, Yemen.

Update 001: The Master of a merchant vessel reported at 0257UTC that the vessel was approached by two small craft. The first craft had 3−5 persons onboard, while the second had approximately 10. The two small craft hailed the merchant vessel, leading to a brief exchange of small arms fire. The distance between the small craft and the merchant vessel, subsequently increased to 2NM. At 0500UTC the Master reported that the merchant vessel had been struck by two unidentified projectiles.

Update 002: 0549UTC The Master reported a further attack by an unknown projectile. There is a fire onboard and the vessel has lost engine power. The vessel is drifting and not under command. The Master also reports a small craft acting suspiciously in the vicinity.

Update 003: UKMTO have received report: the vessel is now at anchor and all crew have been evacuated.

Update 004: UKMTO have received a report that three fires have been observed on vessel. The vessel appears to be drifting.

Update 005: UKMTO has received reports from a passing merchant vessel, that MT SOUNION (IMO: 9312145) remains afloat, but believed to be drifting in position 1500N 04139E at 0740UTC. Any questions, please contact UKMTO. Vessels are advised to transit with caution and report any suspicious activity to UKMTO.

通过以上海盗信息,可以了解的海盗信息内容包括:

①海盗袭击的相关信息。例如海盗袭击范围和规律、使用的武器、袭击方式、目的、是否伤害人质、危害船员、船舶和财产的程度、发展的趋势等;

②国际社会打击海盗袭击的信息。例如,打击手段、建立的安全通道、成功解救人质和船舶的方法、新研发的防海盗工具、最近发展的防海盗措施等;

③航行于海盗袭击高危区域的安全指南等信息。

(3)信息分析

对收集到的防海盗信息进行分析,总结海盗活动的规律和特点,并确定其重要性和紧急程度,采取相应的行动。分析的因素包括但不限于:

①海盗袭击的规律;

②海盗袭击区域和范围的变化;

③海盗袭击方式和装备的变化;

④海盗袭击的目的和程度的变化,对船员、船舶和货物的破坏程度;

⑤防海盗措施、设备的发展趋势。

(4)信息传递

①即时传递:公司跟踪航行和即将航行到海盗袭击高危区域的船舶,及时将收集到的该区域的海盗信息、打击海盗袭击的信息及航行于海盗袭击水域的安全指南等信息,通过一切可能的通信方式尽快地传递到受影响的船舶,传递方式包括 VHF、卫星电话、NBDP、电传和 E-mail 等。船舶通过从他船和所在航区港口当局等渠道获悉的信息应及时传递到公司;

②定期传递:公司应定期将收集到防海盗方面的信息以正式的、便于保存、归档和查询的方式传递给相关方和所有船舶。

2.风险识别

除海盗和武装劫持外,还应考虑反舰导弹、遗留在水中的水雷、以非劫持为目的的恐怖袭击、地区军事封锁、水上遥控炸弹等。

（1）反舰导弹

船舶有时会受到反舰导弹袭击的威胁,一旦船舶接到此方面的预警,船舶需要遵循军方的建议;一般来讲,商船不会成为反舰导弹袭击的目标。如果船舶在战争区域航行,船舶应与军舰保持足够的距离。

（2）水雷

船舶应避免进入雷区,并与军事当局保持密切的沟通。如果船舶在雷区附近航行,船长应该明白水雷有时候会漂移到航道,船舶应增派瞭望人员,开启雷达仔细搜索海面,同时,船员应远离船头区域,船舶应尽可能地避开雷区。船舶在雷区作业时,可以向 UKMTO 获取相关信息和指导意见。

（3）简易水上爆炸装置

在简易水上爆炸装置攻击的早期阶段,船舶可能无法区分是海盗袭击还是军事威胁,因此船舶应遵循海盗袭击的防范措施进行应对。如果是军事威胁,船舶有可能会被简易水上爆炸装置炸破船体。

（4）恐怖袭击

在区域冲突中使用的恐怖袭击旨在伤害与冲突相关的人。极端分子有时候会针对商船发动恐怖袭击。这些恐怖袭击可能使用一个或多个速度快艇,接近商船并发射武器或者火箭弹。船长应该认识到这些攻击的意图是造成损害,不一定是他们要登船。防止快艇与船体接触是有效的缓解措施,极端主义组织故意瞄准船只,是区域冲突引起的附带损害。

在攻击的早期阶段可能无法区分海盗或恐怖袭击。在本指南中强调的针对海盗攻击的阶段应采取的初步行动应该是跟随船舶。军事威胁评估指示一种攻击比另一种攻击更可能发生的区域。一艘载有多人的快艇不太可能是恐怖袭击,因为这些船通常无人驾驶或由一人单独操作。恐怖袭击可能导致船体裂开。建议在进入安全舱之前使用在水线以下的安全集合点。如果预期是恐怖袭击,给人的反应时间可能只有几十秒的时间。

风险识别将确定这些威胁发生的区域,受到攻击后可能会导致爆炸。船舶在进入军事威胁区域前,船长应与船员沟通,如果检测到爆炸威胁,要采取相应的措施。遇到爆炸时,船员要平躺在甲板上,减少爆炸冲击波对身体的冲击,也可以采取支撑的姿势（手臂/腿弯曲,双手握住固定物体,脚紧贴甲板）保护人员免受爆炸冲击波的影响;尽可能离开船舶的左右舷、船尾甲板和机舱等特定区域。爆炸过去之后,要确保所有船员都知情,要发送遇险信号,检查爆炸区域的受损情况,进行堵漏或破损控制,及时向 CSO 和最近的 MRCC 报告。

3.风险评估

《最佳管理措施 5》（红海、亚丁湾、印度洋和阿拉伯海,采取最佳管理措施遏制海盗活动并加强海上安全）、《最佳管理措施 West Africa》（防止包括几内亚湾在内的西非海岸附近的海盗行为和加强海上安全的最佳管理做法）手册认为威胁是由能力、意图和机会三部分组成的(见图7-6)。

能力是指海盗或袭击者的袭击手段;意图是指海盗或袭击者袭击船舶的意图;机会是指船东、船长和船员根据本手册所采取的防范措施减轻被袭击的成功率。在威胁的三个组成要素中,船东、船长和船员是不能够影响海盗或袭击者的意图和手段的,唯有采取相应的防范措施才能减少船舶被袭击的风险。

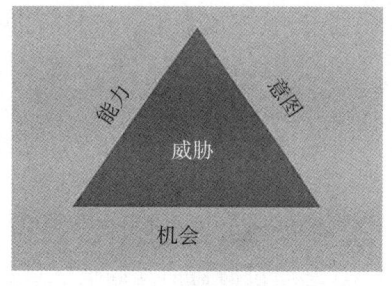

图7-6　威胁三要素

(1)了解海盗袭击的意图

小股海盗主要是以抢劫财物为目的。有组织犯罪团伙性质的海盗主要是劫持船舶与船员,要挟船东勒索赎金。分离主义或恐怖主义性质的海盗主要是劫掠钱财资助恐怖行动或分离运动,此类型海盗为了制造政治影响可能会劫持船舶并杀害船员,从而达到其政治目的。

(2)了解海盗袭击的方式

①海盗袭击船舶的时间不固定,一天之中的任何时间都有可能来袭击船舶,经验表明海盗更喜欢在黎明和黄昏时分袭击船舶;

②海盗袭击船舶的方式多样化,通常他们会乘坐快艇,航速可达25 kn以上,并且是多艘快艇同时攻击船舶;有时他们伪装成渔船,出其不意地攻击商船;有时他们利用较大的渔船作为母船,母船用来运送海盗、补给、燃料和快艇,快艇通常拖在母船的后面,以使海盗能够在更大面积的海域袭击船舶;

③海盗袭击船舶的工具也越来越先进,包括手枪、冲锋枪、火箭筒、反舰导弹、水雷以及其他水上爆炸装置等现代化武器,有时无人驾驶船舶也被用于海盗袭击。海盗们经常使用长长的轻便梯子、打结的攀登绳或者带有长钩的杆子从船尾或者两舷爬上船舶,一旦登船,驾驶台多是海盗袭击的重点位置,当海盗达到驾驶台时,他们会要求船舶减速或者停车,以便其他海盗登船。

(3)了解海盗难以得逞的情况

①速度大于18 kn、干舷超过8 m的船舶很少被成功劫持过;

②如果坚持得到军队或保安力量的支援,海盗一般会放弃袭击行为;

③海盗在30~45 min之内未能登船时,一般会放弃;

④事先制订了应急计划并进行了训练,并有效使用了反制措施。

(4)风险评估要素

①本航次航行区域的海盗特点和袭击习惯,包括袭击区域、规律、袭击目的、方式;

②航区内的气象海况。海盗驾驶小艇,这限制其只能在微风轻浪的海况下进行活动。一般在海况4级及以上的条件下,很难操纵这些小艇;

③船速、船舶干舷。航速较慢的船舶,如有舷墙或栏杆,可利用舷墙或栏杆制作掩体,但也容易被海盗搭钩或搭梯子上船;半潜船没有舷墙,干舷低,在不能控制海盗登船的情况下,应重点防范海盗进入生活区;滚装船一般干舷较高,航速较快,但艉跳是其薄弱点;集装箱船一般干舷高,航速较快,海盗不易得手,但存在望盲区,且船员容易产生侥幸心理,放松警惕。海盗很可能会设法在水线以上的最低点登船,通常在船中或艉部。如果提早发现潜

在袭击,航速比袭击者快将有助于在其发动袭击前逃脱,建议船舶全速航行;

④确保安全航行的关键性设备的工作状态,包括主机、辅机、舵机和锅炉等;

⑤承运货物的种类;

⑥消防泵和应急消防泵等设备;

⑦通信设备的工作状态;

⑧航线的可选择性;

⑨通过海盗活动高危区域的时间;

⑩防海盗设备、器材的配备,包括船员个人防护设备,应将确保船员安全作为首要考虑因素。在制定措施预防非法登船和从外部进入上层建筑时,应注意船员不会被炮弹伤害,或被本船的防海盗设施所伤。可以在船舷上焊接固定钢板、堆砌空油桶、木块等作为掩体,还可以制作活动钢板抵御子弹的射击。应对负责摘钩或现场重点人员配备防护装置(如防弹衣、钢盔)和自卫器械。可在掩体处设置水枪,驾驶台或甲板人员要注意掩蔽,不得暴露身体。另外,在对本船做防海盗设防时应确保通道畅通,并确保船员不被困在封闭区域内,以致出现其他紧急情况(如火灾)时无法逃脱。对架有电网、钢丝网的船舶要注意不要被电击伤或被铁钩刺伤;

⑪船员对于应急和防海盗设备使用的熟练程度;

⑫外部支援的可得性和及时性,比如军舰护航;

⑬租船合同、航次运输合同和委托管理协议中与防海盗相关的约定条款;

⑭船员、船舶和货物的保险;

⑮公司承受海盗风险的程度等。

船长及船员应充分认识到船舶低速、低干舷、配员少、警戒级别低、应急反应速度慢及自我保护措施不足等都是海盗袭击容易得逞的普遍状况。

▮ 4.航次计划

(1)制订航次计划时应综合考虑气象、海况、航速和船舶干舷等因素:

①当时海况:海盗通常通过小艇开展海盗袭击,中等或以上的海况将限制海盗的活动。据不完全统计,海浪达到 3 m 或以上时(风力达 15 m/s),海盗袭击将非常困难;

②船舶速度:速度大于 18 kn 的船舶更有机会摆脱海盗追踪和阻止海盗登船;

③船舶干舷:海盗通常从船舶水线上较低点登船,特别是从船尾登船。目前的海盗袭击案例表明,干舷超过 8 m 时更能够成功防范海盗登船。

(2)考虑因合理绕航和避免在高风险区锚泊而需保持航行状态的因素,应增加油淡水和物料的储备。

(3)选择通过海盗袭击高危区域的时间。通常夜晚通过海盗袭击高危区域风险较小,但并不是所有海盗袭击事件都发生在白天,月光较好的夜晚也有发生,白天主要集中在早晨和傍晚,某些水域甚至是全时域会发生海盗袭击,例如亚丁湾、索马里水域。西非几内亚湾在季风期间(9 月~次年 3 月),近海受到攻击的可能性更高,攻击可能发生在任何时间,更多的海员在黑暗中被绑架。

(4)申请海军护航的船舶在集结处淌航或锚泊等待,更易受到海盗攻击。因此要控制抵达集结处的时间,并加强瞭望和防范。

(5)如果港外锚地比航经区域遭遇海盗袭击的风险更大,应事先通过代理与港口当局沟通,尽快制订船舶靠泊计划,以避免在港外锚地锚泊。

(6)了解遭遇海盗袭击时的各种报警方式和报警途径。海盗在袭击商船的过程中,往往会在高频公用频道上进行长时间干扰,以阻止商船与军舰之间求救信号的发送与接收。船长及船员应事先掌握各种遭遇海盗袭击时的报警方式和报警途径,避免单一报警形式的局限性。

(7)船舶挂靠经常遭遇海盗袭击的港口,应配备经验丰富的船员,配备电子设备,增加雷达、夜视设备,安装闭路电视系统、远红外探测报警设备,以提高船舶视觉值班能力。

(8)目前欧盟海军已对商船开通非洲之角海上安全中心网站,并建议所有通过亚丁湾、索马里海域的船舶在此登记注册,并公布船速、抵达"国际推荐通航走廊"东西两端的时间、航向、通信方式等船舶资料,其可以帮助各国海军迅速跟踪、了解和掌握相关船舶动态,方便在紧急情况下军舰与商船间的快速联络和援救。

(9)随着目前海盗袭击向集团化、专业化方向发展,船舶航行信息可能会被某些不法分子利用,对航行计划进行保密,让更少的人知道船舶航行信息是对船舶更有效的保护。

5.航线设计

(1)船舶航行于新加坡和马六甲海峡时,在遵守分道通航制相关规定的同时,应尽可能选择靠近中央分隔带的航线。

(2)船舶航行于东南亚水域时,尽量远离印度尼西亚岛屿和水域,如果有条件,保持在50 n mile之外通过。

(3)船舶东西航行通过亚丁湾时,应选择中国海军的护航航路或选择欧盟联合舰队推荐的航路走廊,并保持与联合舰队的密切联系。

(4)船舶航行于索马里东部或东南海域时,应选择沿60°经线及塞舌尔群岛以东航行,保持与索马里沿岸不少于600 n mile的距离。

(5)船舶航行于西非几内亚湾海域时,应扩大船舶警戒区域,将防海盗范围扩大至15°S;把海盗活动的高风险海区设立为防海盗"除外区域",根据对海盗活动最新形势所做的评估,为船舶提供航路指导,尽可能减少在海盗高风险区航行的时间和航程。禁止船舶在高风险区内减速航行、漂航等泊;没有靠泊计划或需调整进港时间时,船舶可远离高危海盗区,如在离尼日利亚海岸400 n mile以外水域漂航待泊。

(6)如果可能,船舶航线应避开狭窄的航道或岛礁区;如果不可避免,应加强巡视,做好防海盗准备。

(7)船舶在其他水域航行时应尽可能选择习惯航路或推荐航路。

6.编制一份应急通信计划

建议船舶编制一份应急通信计划,计划中应包含所有必要机构的联系方式以及事先准备好的信息,包括我国护航军舰、附近联合巡逻舰队和应急联络机构、航运公司等。该计划应随时可用或永久性地显示在电台的操作台上,同时备好各种情况下中、英文报警电文,以便在紧急情况下能够及时有效地发出报警信息。

（1）船舶对内报警

①发现可疑船舶跟踪或接近时,发现人员应立即报告船舶保安员,同时采取相应的防范措施。

②船长视情决定向全船发出警报。这些警报包括但不限于汽笛(须事先约定信号)、广播、对讲机、手持警报器、手持喇叭、内部通信系统。

（2）船舶对外报警

①对外报警联系方式

船长视情向相关外部机构报警。这些报警方式包括但不限于船舶保安报警设备(SSAS)、甚高频(VHF)、中频(MF)和高频(HF)、数字选择性呼叫(DSC)国际海事卫星卫星系统(INMARSAT)、铱星电话、因特网(Internet)。

②对外报警联系对象

船舶发生海盗或武装劫持威胁或事件,应向最近的 MRCC 或区域海盗协调中心和船旗国主管机关报告。

a.亚洲地区海盗和武装劫持应急联系方式(见图7-7)：

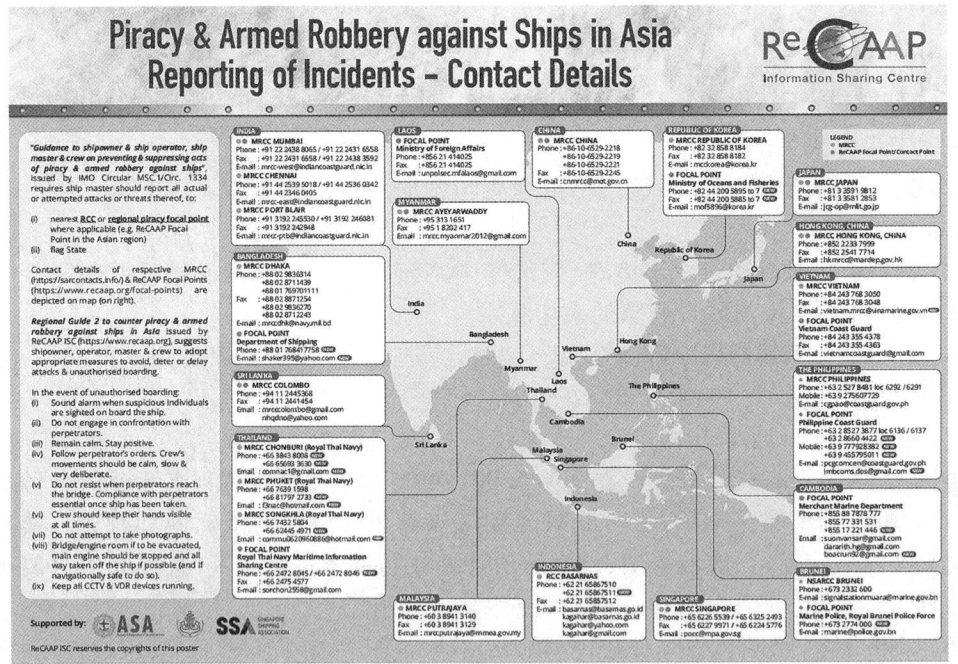

图7-7 亚洲地区海盗和武装劫持应急联系方式

b.新加坡海峡和马六甲海峡应急联系方式(见图7-8)：

c.苏禄-西里伯斯海应急联系方式

●1：Philippine Coast Guard District Southwestern Mindanao

Tel：+63 998 585 7972/+63 917 842 8446

VHF：Channel 16 with call sign "NEPTUNE"

Email：hcgdswm@ yahoo.com

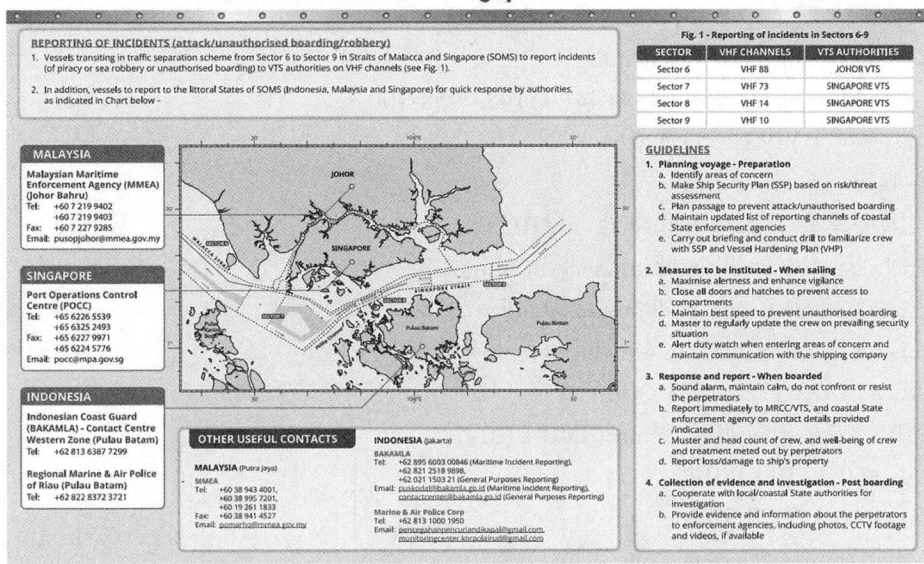

图 7-8　新加坡海峡和马六甲海峡海盗和武装劫持应急联系方式

●2a：Philippine Coast Guard Station，Bongao（Central Tawi-Tawi）

　　Tel：+63 998 585 7941/+63 917 842 8402

　　VHF：Channel 16

　　Email：cgdtawi2@yahoo.com

●2b：Philippine Navy- Littoral Monitoring Station（LMS）Bongao Tawi-Tawi

　　Tel：+63 955 714 0153

　　VHF：Channel 16

　　Email：jointtaskgroup@gmail.com

●3：Eastern Sabah Security Command（ESSCOM）

　　Tel：+60 89863181/016

　　Fax：+60 89863182

　　VHF：Channel 16 with call-sign"ESSCOM"

　　Email：bilikgerakan _esscom@ipm.gov.my

In the event that the ship is not able to establish contact with the Operation Centres of the Philippines as listed in the RECAAP ISC Advisory，she can contact the Philippine Coast Guard Command Centre at the following contact details：

Phone numbers：+63-2-5273877（direct）/+63-2-527-8481 to 89（ext：6136/37）/+63-91 7-724-3682（mobile）/+63-929-825-3207（mobile）

E-mail address：pcgcomcen@coastguard.gov.ph

d.西印度洋地区应急联系方式：

●英国皇家海军海上贸易组织（UKMTO）

电子邮件:watchkeepers@ ukmto.org

电话:+44 2392 222060/+971 50 552 3215

● 欧盟海上安全中心—非洲之角(MSCHOA)

　　E-mail:postmaster@ mschoa.org

　　Tel:+44(0)1923 958 545/+44(0)1923 958 700

　　Fax:+44(0)1923 958 520

　　Website:www.mschoa.org

● 美国海岸警卫队海事联络处(MARLO)

USN Naval Control and Guidance to Shipping

　　E-mail:cusnc.ncags_bw@ me.navy.mil

　　Tel:+973 3905 9583 (24hr duty phone)

　　Office:+973 1785 1023 (Office)

● IMB Piracy Reporting Centre(IMB PRC)

　　Tel:+60 3 2031 0014

　　Fax:+60 3 2078 5769

　　E-mail:piracy@ icc-ccs.org

　　Website:www.icc-ccs.org/piracy-reporting-centre/live-piracy-map

e.西非和中非应急联系方式

● MDAT-GoG

　　E-mail:watchkeepers@ mdat-gog.org

　　Telephone(24hrs):+33 298 228888

　　Website:https:/gog-mdat.org/home

● IMB Piracy Reporting Centre(IMB PRC)

　　Tel:+60 3 2031 0014

　　Fax:+60 3 2078 5769

　　E-mail:piracy@ icc-ccs.org

　　Website:www.icc-ccs.org/piracy-reporting-centre/live-piracy-map

③船舶报告格式

a.初始报告(遭遇海盗或武装袭击的报警)

船名、呼号、IMO 编号、INMARSAT 船站号码(加上洋区代码)、船舶海上移动识别号码(MMSI)。

MAYDAY/DISTRESS ALERT。

URGENCY SIGNAL。

PIRACY/ARMED ROBBERY ATTACK。

船位(经纬度)当地时间、航向、航速。

袭击事件的基本描述。

b.后续报告

船名、呼号、IMO 编号。

初始报告的基本内容。

事件的位置,包括经纬度和水域的名称等。

事件的详细报告,例如:

——在航、锚泊或靠泊;

——袭击的方式;

——可疑船舶的描述和数量。

④对外报警的一般原则

a.如果发现有可疑行为,可能海盗袭击行为已迫在眉睫,船长相信这些可疑行为可能对航行构成直接威胁时,应考虑向所有电台/船舶广播"All stations(CQ)""Danger message",以警示附近其他船舶。在 VHF 70 频道用"Safety"的优先等级呼叫,后转到 VHF 工作频道上用明语发布。发布所有这些信息之前应加上"Security"。

b.当船长认为有确凿证据表明,船舶的安全受到威胁时,船长应在 VHF16 频道和 2 182 kHz 用无线电话广播"All stations(CQ)""Urgent message",或者是认为合适的当局推荐的通信设备,如 INMARSAT 船站等。发布所有这些信息之前应加上"用于紧急信号(PANPAN)"和/或在 VHF 70 频道上选择性呼叫发布。如果紧急等级信号已发布而事实上袭击没有发生,一旦知道行动不再必要,就立即取消该船发布的紧急信息。

c.如果袭击已经发生,根据船长的专业判断,船舶或船员将遇到紧迫危险需要立即援助时,应立即使用所有可能的无线电设备发布遇险信息,这些信息应冠以遇险的信号(MAY-DAY)。

⑤在任何时候,采用语音和文字两种方式将是最直接有效的方式。

7.设置船舶防海盗安全舱

(1)安全舱的重要性

安全舱是一个指定的、预先设计的、建造于船舶内部的以供在海盗即将登船时为所有船员寻求庇护的场所。船舶遭受武装海盗袭击时,安全舱为船员提供适当的应急避难场所,有效保护船员安全,避免或降低船员遭受武装海盗挟持的可能性,争取营救时间。

(2)安全舱设置考虑因素

①安全舱的设置不与国际公约、规则、船旗国法规冲突;

②安全舱的门关闭时应有一定的伪装性,使海盗无法一时找到;

③可在安全舱内设置监视装置,以便监视外部的情况;

④安全舱的设置应考虑船员对关键设备的适当控制;

⑤安全舱围壁应为完整钢结构,具有防火性能、隔音效果;

⑥安全舱的开口、天窗等应可实现内部控制开关;

⑦通风系统应能在内部进行控制,可保证完全密闭,可防止人员从通风系统意外进入;

⑧安全舱内的通信系统电池要进行正常维护,保证其使用效能;

⑨安全舱内应有排泄管路或容器,保障室内卫生条件。

(3)安全舱的基本功能

为了提高我国国际航行船舶防范海盗能力,保障我国财产和船员生命安全,2011 年 1

月我国海事局出台了《中国籍国际航行船舶防海盗安全舱室功能设计指导意见》,指导船舶设置防海盗安全舱,避免或减少海盗劫持船舶的可能性,争取营救时间。

安全舱的设置应满足隐秘性原则、安全性原则、一致性原则。安全舱应至少满足能够便于有效防止海盗进入,能够满足船员基本生存需求,能够保障与外界通信畅通,能够维持必要卫生健康条件等基本功能需求,安全舱的布置应综合考虑船舶结构、船员数量及安全舱的功能需求等因素,进行合理布置。应尽可能考虑方便船员对船舶关键设备进行适当控制,以避免或削弱其他人员对船舶进行控制或操纵的可能性。

①隐蔽实用

安全舱应综合考虑船型、船舶结构、船员数量及安全舱功能要求等因素设置。安全舱必须保证必要的隐蔽性,符合相关国际公约、法规要求,能有效保护船员安全,并尽可能考虑方便船员对关键设备进行适当控制,以避免或削弱其他人员对船舶进行控制或操纵的可能性。安全舱可考虑设在舵机房或机舱某隐蔽处。

②安全防护

安全舱围壁及门、窗、通风透气口等开口应具备足够强度,并满足适当的防火分隔要求,门、窗应有防外部开启措施,以阻止海盗强行进入。安全舱内应配备必要的保护船员个人安全的器材、装备、工具等,以保护船员免受伤害。

安全舱内须保证足够的通风供氧,并考虑通风系统抓坏所带来的风险。安全通风设施应能在舱内操控,并有足够强度以抵御外力破坏。在船舶电力系统关闭的情况下,应确保向安全舱通风供氧至少 72 h。安全舱内有应急照明系统或配备临时移动照明设备。

为防止海盗以向机舱释放大量 CO_2、机舱放火等手段威逼船员就范,船舶进入海盗袭击高危水域前,应将大型 CO_2 间门及消防控制室门加固封闭,关闭通在机舱的 CO_2 总管阀门,室外不要存放易燃、易爆、危险物品,氧气、乙炔间门做加固处理。

③船员生存

安全舱必须储存保证船员生命安全的基本食品和饮用水。要求安全舱内须储备(或撤退时由专人负责带入)足够保证全体船员 72 h 供应量的食品和淡水等物资。安全舱内须配备(或撤退时由专人负责带入)急救药箱,备有常用急救药品和医疗器材。

安全舱必须设置必要的卫生设施,以及时清除各类排泄物或废弃物;或配备带盖容器,以收集各类排泄物或废弃物。

安全舱应满足船员基本生存空间要求,并考虑伤员的特殊需求。

④应急通信

安全舱内必须配备(或撤退时由专人负责带入)应急通信设备,以保证船舶与外界通信畅通。要求船舶安全舱内必须具备铱星电话和 VHF 对讲机通信功能。

安全舱内铱星电话通往舱外的电缆和天线尽可能安装得隐蔽,安全舱内的通信设备应配备独立的电源,铱星电话的独立电源(或电池)的容量至少要保证电话能连续工作 72 h。

安全舱配备的设备、设施、食品、药品等应保持适当的维护保养,以保证其维持必要的功能,船员进入安全舱后,食品及饮用水应由专人负责管理,分配时应考虑个人需求及在安全舱内可能停留的时间。船舶应制定"安全舱撤离程序",并进行适当的演练。图 7-9 为船员撤入安全舱集合点名。图 7-10 为在安全舱内应急联系。

 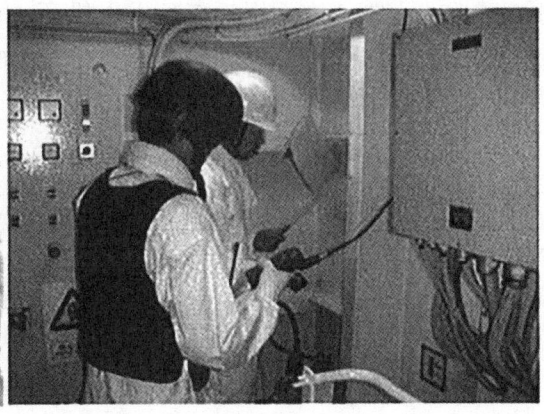

图 7-9　船员撤入安全舱集合点名　　　　图 7-10　在安全舱内应急联系

8.防海盗应急预案

在发现并抗击海盗时应启动抗击海盗应变部署。一般把全体船员分为 3 个抗击海盗应急战斗组:值班战斗组、现场战斗组、医疗救护组。船舶可以此为参考,根据本船的实际情况(如人员数量、素质、船舶结构、器材配备等)进行修改。

总指挥:船长。把握海盗攻击形势,指挥全船人员采取一切必要措施摆脱武装海盗的袭扰,确保船舶、货物和人命安全。

现场总指挥:船舶保安员(若船长兼任保安员,可考虑大副)。根据船舶总指挥的命令和抗击现场形势,及时果断地调整兵力分配、部署抗击器、落实防护措施,指挥现场人员坚决阻击海盗登船。

值班战斗组:分为驾驶台和机舱值班战斗组。

驾驶台值班战斗组责任人是船长,组员包括二副、值班水手、报务员。其职责是听从船长的指挥,掌握海盗来袭方向、快艇数量、攻击动态和停靠地点,果断采取规避航法,干扰快艇靠泊,指导现场人员阻止海盗登船,及时启动保安报警系统,向公司和海盗报警中心报告情况,连续不断地向联军舰队和兄弟船舶发出救助信号、发射对空信号、投放紧急无线电示位标、鸣笛、喊话,做好自身的隐蔽防护工作。

机舱值班战斗组责任人是轮机长(机舱总指挥),组员包括二管轮、值班机工。职责是听从船长的指挥,时刻处于备车状态,确保"四机一炉"和各种应急设备正常运转,在驾驶台操舵失灵的情况下,听令操控应急舵。

现场战斗组:责任人是船舶保安员(或大副),分左右甲板战斗组。在船长的指挥下,利用各种防护设施、阻击器材和威慑手段,及时有效地保护自己、援助他人、抗击海盗,坚决拒海盗于船舷之外。根据战场形势,一侧一点受敌,全船共同抗击,两侧多点受敌,各组分头出击,既分兵作战,又相互配合、相互支援,形成整体。现场战斗组组员应穿防弹衣、工作服、工作鞋、戴防弹头盔、线手套,带防盗木棍、电警棍、自卫刀具、太平斧、钩镰枪、脱钩器、对讲机(至船上指定的频道,并充足电)等防海盗设备,夜间需携带手电。

医疗救护组:责任人是医生,配备对讲机一个。组员包括大厨、大台。其职责是备足急救药品和器材置于右后甲板应急发电机旁,平时参加后甲板抗击防海盗任务,携带自卫器械,在组长的带领下全力驱赶海盗,一旦有船员受伤,应立即止血并迅速将其转到安全地带,尽一切努力挽救伤员生命。

9.防海盗应急反应程序

(1)对在港或锚泊时从海上发动攻击的应急行动

①启动保安警报系统;

②全体船员听到警报后立即携带自卫工具(如棍棒、消防斧等)到指定地点集合;

③立即向公司报警,报告船位及所遇情况,寻求第三方援助;

④使用鸣放汽笛、敲锣和呼喊等方式制造声势;

⑤捣毁海盗的登船工具;

⑥警惕船舶四周,防止海盗声东击西;

⑦起动消防泵,用高压水枪阻止海盗登船,直至海盗离去;

⑧船长就该事件向公司保安员及有关当局递交报告;

⑨解除报警,复位船舶保安报警。

(2)对在海上航行时受到攻击的应急行动

①启动保安警报系统;

②全体船员听到警报后立即携带自卫工具(如棍棒、消防斧等)到指定地点集合;

③立即向公司报警,报告船位及所遇情况,寻求第三方援助;

④起动消防泵,用高压水枪阻止海盗登船;

⑤捣毁海盗的登船工具;

⑥警惕船舶四周,防止海盗声东击西;

⑦使用鸣放汽笛、敲锣和呼喊等方式制造声响;

⑧采取适当措施摆脱海盗;

⑨船长就该事件向公司保安员及有关当局递交报告;

⑩解除报警,复位船舶保安报警。

10.防海盗培训和演练

进入海盗袭击高危水域前,船长和船舶保安员要开展防海盗教育培训工作,使每个船员明白自己的职责,掌握防海盗的方法和注意事项,并根据本船防海盗部署举行防海盗袭击保安演练,并做好记录。确保船员应急响应快、防范到位快、安全撤离快。

(1)培训和演练的内容

培训和演练的内容包括但不限于:

①船舶保安计划;

②船员职责与分工;

③撤入安全舱程序;

④报警及通信;

⑤通道及限制区域的控制与管理;

⑥规避海盗的行动与方法;

⑦阻止海盗登船的方法与手段;

⑧海盗登船后的控制及报警等;

⑨防海盗设备的正确使用方法;

⑩避免将身体暴露于潜在危险的技能;

⑪应急报告程序。

(2)培训和演练的方式

①模拟情景的实况演习;

②讨论会;

③与其他演习合并进行;

④船岸防海盗联合演习。

(3)培训和演练周期

①船舶应至少每3个月进行一次防海盗培训和演练,每1年应将列明的内容全部训练和演练一次。演习周期应结合保安演习计划,但至少每年一次;

②如某一航次有25%的船员变更,而且这些船员在最近的3个月内没有参加过该船的防海盗培训和演练,则必须在发生变更的1周内进行培训和演练;

③船舶进入海盗活动高危水域前,应进行培训,并进行多次防海盗演练;

④一旦有船被确定将要驶入海盗活动高危水域,岸基应及早与该船举行一次船岸联合防海盗演习。

(4)培训和演练注意事项

①进入那些时有发生海盗袭击事件的水域之前,船员应按照保安计划的要求进行演练并熟练掌握相关程序。在船员的母语不统一的情况下,应操练警报信号,使得每一位船员都能熟练掌握警报信号并完全理解;

②当船舶在港口、锚地和受影响水域航行时,仅仅强调对所有登船点、关键部位、保安区域上锁或进行控制是不够的,还必须训练船员怎样去使用船上的监视、探测仪器。计划和培训必须是建立在袭击可能要发生的基础上,而不是侥幸认为袭击不会发生。

四、锚泊/系泊时的防海盗措施

1.值班与巡逻

(1)锚泊时保持驾驶台24 h有人值班,无论锚泊或系泊,除正常作业人员外,安排甲板巡逻人员及有资格的人员负责电台值守。

(2)在海盗活动猖獗的海域锚泊期间,驾驶台、船首和船尾值班船员应互相配合,加强瞭望和巡视值班。发现可疑小船靠近本船时,用手提信号灯直照该船,迫使其远离本船。

(3)结合船舶特点设计合理的多种巡逻路线图,注明应巡逻的位置、时间间隔、需携带的设备、与驾驶台的联系与报警方式。

(4)巡逻人员每组不少于2人,须穿戴相应的防护设备,携带无线电话,发现异常情况立刻通知驾驶台。巡逻时要避免被海盗发现巡逻规律。

(5)经有关主管机关的审核,船舶可以聘任当地专业保安组织参与船舶防海盗值班,但要防止海盗的内应上船。

2.通道控制

(1)靠泊时仅留一个供人员上下船的通道,并保持该通道一直有人监控。必要时,可以与码头商量只有在有人上下船时才安放和布置通道,其余时间将通道封闭。

(2)在有可能发生海盗袭击的区域停泊时,应限制、记录和控制所有被允许登船的人员,可以对登船人员进行拍照和摄像,以威慑有不良意图的登船者。

(3)梯口应始终保持有人值班,必要时保持舷梯处于可用状态。甲板上所有储藏间、油漆间、工作间的门都应锁闭或焊死。

(4)严格控制进入生活区的通道,保证一个通往生活区甲板通道的畅通,其他的门全部紧闭。所有进入机舱的门都要上锁,舵机房通往甲板的门应从内部紧固。紧固锚链孔挡板,以防海盗从锚链孔登船。

五、航行时的防海盗措施

1.思想动员教育

针对船员年龄结构、换班情况等实际情况,进行深入的思想动员和教育,引导大家既要克服麻痹大意的思想,又要克服畏难情绪,坚定必胜的信心,专门召开船员大会,让老船员和经验丰富的同志给大家介绍情况和注意事项,船长、船舶保安员要亲自给大家上"如何防海盗"这一课。

2.加强航行值班警戒

(1)加强驾驶台雷达值守。2部雷达应当同时打开,一部远距离扫描,另一部近距离监控,不断变换扫描量程,充分利用雷达对船舶附近的小船进行监视。可以把与船舶保持平行同速航行的小船或尾随船舶的小船或滞航或航向频变的船只作为疑似袭击者进行重点监视。发现目标立即跟踪标绘,及早确定目标动向,并采取转向避让措施。

(2)加强视觉瞭望。海盗袭击船舶很多都是从船尾开始的,应当在船尾和雷达盲区增派船员值班和巡逻。甲板值班人员应至少2人一组,应穿防弹衣、戴钢盔,携带对讲机并保持联系畅通,发现可疑情况立即报告。

(3)在桥翼上安装反海盗镜,使观察后部情况更容易。

(4)闭路电视监控系统(CCTV)摄像头覆盖船尾甲板等脆弱地区。

(5)对所有遇险与安全频率保持持续守听,尤其是接收 VHF 海盗信息,密切关注 NAV-TEX 和 EGC 信息,并监听军舰备用频道。

3.灯光控制

(1)按照《1972 年国际海上避碰规则》第 20 条 2 款的船舶灯光的配备要求,为了安全航行,船头和两侧应关闭灯光,航行时甲板上不开灯,避免其他船舶误认为本船是在锚泊。

（2）船长视情实行灯火管制。如果可行,在夜间航行关闭除航行灯以外的所有灯光,防止生活区灯外泄,以缩小暴露目标的可能性,当海盗已经或正在接近本船时,可采用突然打开所有灯光的方式警告海盗。

4.通道控制

（1）保证1至2个生活区通往甲板的通道通畅,且通道的门能够及时紧闭,其他的门全部紧闭。主甲板或艉甲板通往上一层甲板的楼梯应设法临时性阻断。生活区的各个舷窗必须关上并扣紧。

（2）封闭所有货舱、物料间及机舱通往尾甲板的出口。

（3）安排船首、船尾、货物操作区域专人巡查,防止有人利用锚链、缆绳和装卸货设备登轮。

（4）关注船舶周边动态,警告无故接近船舶小艇,防止有人利用小艇靠近和登临船舶。

5.检查关键性设备

（1）提前检查主机、辅机、舵机、锅炉、消防泵和应急消防泵等设备,确保其处于良好的工作状态。开启海水阀,使甲板上的消防水管水压充足,随时可用。严防在海盗袭击高危区域中停车漂航。通过海盗袭击高危区域时同时使用2台舵机、2台发电机。

（2）提前给对讲机或便携式 VHF 无线电话包括其备用电池充电;安装好并测试驾驶台、船首、船尾有线通话系统（若有）;在满足国际避碰规则要求的前提下,开启甲板及舷外照明灯。确保保安警报和内部警报系统处于正常工作状态。船舶两舷应安装足够数量的货灯,在需要时照亮船舶附近水面,但应保持甲板黑暗,一是不影响正常瞭望,二是船员在甲板上便于隐蔽。驾驶台莫尔斯灯应处于正常工作状态,必要时照射甲板及附近海面。强光照明对海盗登船有影响,一旦攻击者已被识别或攻击开始,应将侧照明灯打开。这会使袭击者眩晕,并帮助船上的船员看到他们。

6.加强通信值班并做好报警准备

（1）加强通信值班,保证在情况紧急时可以迅速发送求助信息。在船舶即将进入或已经在袭击高危海区时,船长应当确保无线电通信设备在任何时间内都有专人在值班,且设备状况良好。

（2）确定并事先准备好应急报警的样表和联系方式,控制或限制船舶相关信息的对位发布,减少船舶被跟踪的机会。确保所有船员熟知遭遇海盗袭击时的报警信号。

（3）相关人员熟练掌握 EPIRB、SSAS、DSC、SART 等使用方法。在进入海盗活动高危水域前进行至少一次 SSAS 内外部测试并记录。

（4）提前存储与国际反海盗组织联络名址、范文、电话号码,存储/张贴公司应急电话及公司保安员电话号码,拟妥并演练与联军求救/应答程序及范文。

7.做好阻止海盗登船的准备

（1）准备好适宜抛扔的物品,包括废铁块、废旧法兰、卸扣、螺栓、玻璃瓶、灭火器、水泥、装有油漆的袋子及充满了沙土或汽油的啤酒瓶等(不提倡使用空的啤酒瓶,由于空啤酒瓶不易碎,因此很多又被扔回来),适时堆放在甲板适当的位置。

(2)准备好强光手电、应急火箭、信号发射枪、太平斧、木棍、铁棒、卸扣、刀具和其他工具,用于解除海盗的绳梯挂钩。在有条件的情况下可准备防弹头盔、防弹背心、红外线夜视望远镜、大功率探照灯、激光耀眼系统、高频声波装置(声波炸弹)等。

(3)布置消防水龙和水枪,关闭锚链水。保证船舶主甲板、尾甲板和驾驶台的消防水龙和水枪连接通畅和稳固,将水枪设置成水柱状态。使用时要选用安装在合适位置的消防水龙,要充分考虑开启水龙太多可能造成的压力不足,关闭不必要的消火栓。固定在船舶两舷两个消防水枪之间的距离最大不超过 40 m。在操作水枪的位置安置个人防护装置。例如,在扶手栏杆附近装设 1 m² 左右的钢板,以避免操作人员身体暴露。如有可能,驾驶台应保持对主消防泵的有效控制。

(4)甲板栏杆和船壳上部涂以滑油、在船舷绑上汽油桶等,可以增加海盗登船的难度。

(5)非危险品船舶可以在船舷边布置钢丝网,以增加船舷宽度,同时可以接通电流,以阻止海盗接近并登船。

8.限制区域及安全舱的保护

(1)船舶保安区域的特殊通道应有附加的措施,如舷窗、天窗和窗户这些可以进入保安区域的通道,应关闭并且安装加固,如果可行,舷窗盖板应关闭并拧紧,可以考虑在舷窗和窗户上安装钢筋。生活区通向驾驶台报房、机舱和船长房间等关键部位的内置门应加强,并有特殊控制系统和安装震动报警。

(2)考虑通过安装闭路监控系统覆盖保安区域内的主要通道,如通向保安区域的走廊和驾驶台。

(3)拦下外部楼梯或拆除通廊上的梯子,以防止使用和限制桥梁的外部通道。在驾驶台两翼附近应使用可拆卸的障碍物。

(4)为了防止船员被海盗劫持,所有船员都应在天黑前回到安全区域,除非是室外非常重要的工作。夜间必须在室外工作时,应保持与驾驶台的联系。一旦发生被袭击的情况,应由备用通道立刻回到安全区域,并应事先选择好地方作为临时躲避场所,以防在发生海盗袭击时无法回到安全区域。

(5)掌管好船舶钥匙,及时更新船舶钥匙清单。限制区域的钥匙丢失或失窃应立即向船长或船舶保安员报告,他们应立即开始对钥匙的丢失或失窃进行调查,并对丢失钥匙的区域予以适当的保护。

(6)视情构筑 3 道防护掩体(第 1 道为船舷,第 2 道为生活区,第 3 道为驾驶台两翼和机舱),视情准备棉被,需要时用水浸湿,被发现海盗船靠近本船时要隐蔽潜行,谨慎做好人身安全防护工作。

9.医护及后勤保障准备

准备一定数量的止血带、急救包等救护药品药具,备好担架,确保后勤保障。

第三节

船舶防海盗及武装劫持的设备和系统

本节详述了《最佳管理措施》(BMP)推荐的防海盗设施、船舶应配的防海盗器材及船公司自行研制的主要防海盗设备。

近几年来,尽管有多国军舰在亚丁湾和索马里沿岸加强巡逻、编队护航,但是索马里海盗不断创新袭击手段、拓展作战区域、更新武器装备,配置了包括自动步枪、榴弹发射器等致命性武器,袭击、劫持过往船只,严重威胁着船舶与船员的安全。因此,有效防范海盗,除了依靠护航编队作为强大后盾外,关键在于船舶与船员的自我防御。

目前国际海事组织并未规定船舶配备防海盗系统、器械的类型与标准,实践中大多数航运公司是根据《最佳管理措施》关于防海盗器械和装备的建议并结合船舶实际情况自行研制开发并配备防海盗设备和防护装置。

一、《最佳管理措施》建议的防海盗设施

《最佳管理措施》是根据防范海盗袭击的经验而制定的,并将根据海盗袭击方法的改变不断进行修订。其建议船员能利用身边通常能即刻使用的设备,进行力所能及的防海盗准备工作。对经常航行于高风险区域的船舶,建议船东应采取更多的防范措施,配备额外的防范设备和/或人员,以进一步降低海盗袭击的风险。

目前,《最佳管理措施》已于 2016 年 8 月更新至第五版(BMP5),这一文件已成为船东和船长们穿越海盗高危海域的基石。

1.加强值班警戒的设备

(1)确保有足够的双筒望远镜,并考虑配备夜视装置,以供驾驶台值班人员使用。

(2)保持仔细的雷达监视和监视所有航行警告和通信,特别是甚高频和 GMDSS 警报。

(3)考虑使用 CCTV 和固定搜索灯进行更好的监控。

(4)在桥翼上安装防海盗镜,使后部看起来更容易。

图 7-11 值班假人

(5)在船上关键位置放置制作逼真的假人(见图 7-11),可给海盗制造值班人数剧增的假象。

2.保护驾驶台的装置

驾驶台通常是海盗袭击的焦点。在袭击开始阶段,海盗将火力对准驾驶台,迫使船舶停止航行。海盗一旦登船,通常会冲向驾驶台,以便取得控制权。可考虑在驾驶台配备下

列装置：

（1）在驾驶台窗户上安装玻璃防爆膜（见图 7-12），以防船舶遭袭击后玻璃碎片飞溅。

（2）为驾驶室侧窗和后窗以及侧翼门窗装配金属（钢/铝）板，一旦遭受袭击可迅速关闭。

（3）钢线网眼围栏（见图 7-13）可以用来减少 RPG 的影响。

（4）可在驾驶室侧翼平台（通常是敞开的）的后侧放置沙袋墙。

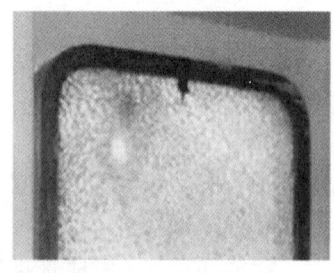

图 7-12　玻璃防爆膜

（5）在通往驾驶台侧翼平台的船舶两侧安装尖削或有刺的铁丝网或路障（见图 7-14）。

图 7-13　钢线网眼围栏

图 7-14　铁丝网或路障

3.防止海盗登船的实物障碍

海盗通常使用梯子和附带绳索的抓钩登上航行中的船舶，因此应设置实物障碍增加其登船难度。在设置任何实物障碍之前，建议进行一次现场勘察，确定哪些区域是利于海盗登船的薄弱区域，以便布置相当长度的障碍来保护船舶。常用的实物障碍是在船舷外侧安装刀片刺栏（见图 7-15）或刀片刺网（见图 7-16）。

图 7-15　安装刀片刺栏

图 7-16　安装刀片刺网

（1）刀片刺网的种类

①未弯曲形，即直线式；

②螺旋形，类似电话线；

③笼形,即链式螺旋形。

(2)配备刀片刺网的建议

①建议船舶使用笼形刀片刺网,因为相互连接的螺旋可以构成最有效的障碍;

②刀片刺网材料应采用高强度钢丝,从而难以使用手工工具切断。推荐使用线圈直径为730~980 mm的笼形刀片刺网;

③刀片刺网应适当地固定在船舷上,建议每隔50 cm间距交替在刀片刺网的上部或下部通过卡箍或钢丝与船体固定。不要在铁丝网整个覆盖范围中留下空隙,以免给海盗可乘之机;

④安装刀片刺网时,必须使用能够保护双手、双臂和面部的个人防护设备;

⑤移除刀片刺网时,应使用铁钩(类似挂肉钩)而不是戴手套直接接触,以免受伤;

⑥建议使用分段较短的刀片刺网(如每段10 m长),因为与沉重而难以搬运的长分段刀片刺网相比,短分段的刀片刺网装卸时更为轻松和安全。

4.水雾和泡沫枪

事实证明,运用水雾系统(见图7-17)和泡沫枪(见图7-18)对阻止或延缓海盗登船颇有成效。水雾系统的运用,不但使海盗小艇难以靠近船舷行驶,而且使海盗登船极为困难。

图7-17 水雾系统　　　　　　　　　　图7-18 泡沫枪

(1)安装建议

①将皮龙和泡沫枪(供水)固定在能覆盖海盗可能入侵路线的位置。有些船舶使用连接玻璃钢(GRP)供水总管的雾喷管,通过雾喷头来产生水幕,从而覆盖更广的区域;

②一旦装配并固定在适当的位置,建议让皮龙和泡沫枪处于就绪状态,仅需远程启动消防泵供水即可;不应使用真正的泡沫(除非船上为防范海盗而准备了额外的泡沫),因为这会较快将泡沫消耗完,导致船舶在需要泡沫灭火时处于危险状态;

③观察水枪和泡沫枪的喷射效果,一旦固定到位,确保能够有效覆盖到薄弱区域。可通过在喷嘴前侧附近位置安装挡板来增强喷水的覆盖范围。

(2)使用建议

①不建议手动操作皮龙和泡沫枪,这可能会使操作者处于高度暴露的位置;

②建议将水加热后用来阻止海盗,对抵御海盗袭击非常有效。

5.防止海盗进入生活区和机器处所的实物障碍

在进入生活区和机器处所的通道处必须采取措施加以控制,以延迟或阻止海盗进入。通常可以安装以下实物障碍

(1)通往驾驶台、生活区和机械处所的门和舱口应适当加固,以防止从外面打开(见图7-19)。

(2)在舷窗和窗户上安装钢条可以防止海盗通过舷窗和窗户进入(见图7-20)。

(3)堵塞或拆除外部楼梯,以防止海盗通过外部楼梯进入驾驶台(见图7-21)。

图 7-19　加固舱门

图 7-20　安装钢条

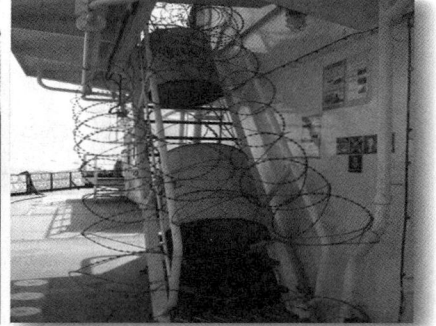

图 7-21　堵塞或拆除外部楼梯

二、船舶应配备的防海盗器材

为了阻止海盗的非法入侵,船舶应配备各种主动式或被动式的防御设备和系统,如线网、刀刺网、电围栏等,在船上配备任何被动式防海盗设备都要以保护船上人员安全为前提,并向船员提供设备的安全使用须知,加强熟练使用设备的训练。船舶应配备以下防海盗器材:

(1)对讲机、强光手电筒、信号发射装置,包括应急火箭及信号发射枪等。

(2)在有条件的情况下,可配发防弹头盔、高性能 Kevlar(凯夫拉)纤维防弹衣、电警棍、手铐,配备供夜间值班瞭望使用的红外线望远镜等夜视光学设备和可使人暂时失明的大功率探照灯,配备可以有效干扰海盗视线的大功率激光手电等。

（3）各航运公司在条件允许的情况下，可为重点航线、重点船舶配备红外线或微光闭路电视监控系统，在驾驶台设立监控中心，在船首、船尾、两舷各设监控摄像头。提高监控和防范能力，为以后的证据和资料收集提供便利。

三、船公司自行研制的主要防海盗设施

1.高压电网

（1）架设位置

在船舷上架设防海盗电网，通常是根据船舶自身的特点，从第一舱后端开始沿舷侧，一直到甲板舷墙，安装一个封闭式的高压电网，高压电线用支架支撑到船舷外30 cm处的位置（见图7-22）。

（2）特点

防海盗电网的运行电压高达5 000 V，能使攀爬货船的海盗即刻晕厥，但不危害其生命。防海盗电网可以直接防范海盗登船，对海盗有震慑作用，缺点是易损坏，安全系数低。

图7-22　架设高压电线

（3）安装与使用方法

①在船舶驶入海盗预警海域前，船员需对防海盗电网进行安装；使用时，船员将电网在甲板左右两舷张开后接通甲板电源；驶离预警海域后，将电网拆除并放入仓库，以保障船舶入港安全。

②用单股钢丝拉电网，这样既在强度上有保证，同时又不会因为钢丝自身太重，经过一定的跨度后，荡到船壳而造成接地。

③利用圆钢、扁铁、角铁和卡码做电网支架，支架一定要结实。

④安装时，在钢丝通过支架上卡码的U形处，套上两层塑料水管，靠塑料水管来绝缘。在支架外端的卡码收紧前，用钢丝收紧器将钢丝收紧，然后再用卸扣将钢丝连起来。

⑤为了防止一处接地造成全部电网失效，两舷的钢丝和船尾的钢丝中间用琵琶头连接，并且在琵琶头上套塑料管，这样两舷的钢丝和船尾的钢丝之间就是绝缘的，给它们分开独立供电。但是为了保证钢丝间不发生短路，为几路钢丝供电的都是同一相电源。

（4）注意事项

①为了防止船员触电，在电网安装好后，先不通电。在海盗实施攻击时，由船长下令给电网供电。

②船长下令给电网供电前，一定要用对讲机通知在现场指挥的船舶保安员，由船舶保安员提醒现场所有人员，以防船员被电网击伤。

③在两舷和船尾处挂上用英文和索马里语写明的"有电，危险"或"高压危险"等警示牌（见图7-23），将海盗拒于舷外。

图7-23　警示牌

④使用电网时不能同时使用高压水枪，以防电网接地失效，同时容易发生触电事故。

⑤不建议在运输碳氢化合物的船上使用通电障碍物，但对于其他船型而言，应视安全

评估结果来确定此做法是否合适和有效。

2.研究制造船用钛雷

钛雷,是一种礼炮,由纸筒、发射药、雷药构成,又称为"声光炸弹"。其中,雷药由高氯酸钾、硫磺、铝粉构成。钛雷弹垂直发射高度在 150 m 左右,猛然爆炸,爆炸声音非常大,有效驱赶半径可达 300 m 左右。

钛雷可以用作船舶防范海盗袭击的非武器性器械,船舶通过施放"钛雷"可以成功地将武装海盗拒之于船舷之外。目前商船上携带的钛雷是经过改造的品种,实现了由原来单一的爆震型向多功能型转变,不仅可以有效阻击海盗的进攻,而且大大增强了船员防抗海盗的信心(见图 7-24)。

图 7-24　船用钛雷发射架

2010 年 11 月,某船在阿拉伯海遭遇海盗袭击,船舶持续对海盗进行抗击,以施放"钛雷"、高压水枪等措施,成功阻止了海盗登船。

3.鳌刺

"鳌刺"通过支架固定在船体上,可以通过握柄旋转控制攻击方向,通过压缩空气或者火药将绳索发射沉入水中,将海盗船的螺旋桨推进器缠绕,还能发射沙包、高尔夫球等物体,打击正面进攻的海盗,从而阻止海盗登船(见图 7-25)。

图 7-25　鳌刺

4.反海盗机器人

反海盗机器人由消防机器人改进而成,配有可昼夜对周围海面进行监视的摄像机,能够及时准确地发现逼近的可疑人员。船员通过控制远程遥控系统,向机器人下达指令,它便能控制高压水枪自动对目标实施攻击。在必要情况下,船员也可手动控制高压水枪的喷射方向。

5.激光装置

激光可以导致攻击者暂时性失明,使袭击者很难近距离发起攻击。也叫激光炫目武器,是一种制式的军用装备。

6.远程声学装置

远程声学装置,可以向攻击者所在方向发射令人难受的噪声。主动发射噪声就是说它超过了人能忍受的频率,从而使得对方感觉心烦气躁。

四、其他自制防海盗工具与设施

1.掩体的制作

在没有舷墙的船舶上,船员可以把船上的废机油桶罐满水并放置在甲板上。当船舶抵抗海盗袭击时,它们可以作为保护船员的盾牌和掩体,以降低海盗火力对船员的杀伤力,提高船员的战斗效能。

船员还可以利用铁板、木粉、导缆孔、缆桩、乒乓球桌等在船舶两舷制作掩体(见图7-26)。

图7-26　掩体

2.其他自制阻止海盗登船的设施

(1)在船尾及船舶两舷编制绳网,可以有效防止海盗攀登上船。

(2)将油桶用绳子悬挂于船舷外侧,当海盗船只靠近时砍断绳子,其功能等同于攻城时的檑木,可有效阻止海盗船靠近攀登(见图7-27)。

(3)制作钩镰枪,用以割断海盗攀登上船的钩绳(见图7-28)。

(4)可考虑给船舷上缘及其他潜在的薄弱结构区域施涂"防攀"润滑油。

图7-27　油桶图

图7-28　钩镰枪

 **第四节**

船舶应对海盗袭击的具体措施

一、可疑船舶的识别和规避

1.可疑船舶的识别

如果对周围船舶是否为海盗船存有怀疑时,应将其视为海盗船,采取相应的防海盗措施。

(1)如果从视觉或雷达上观察到不明意向的小艇从岛礁区或隐蔽区高速冲向本船,应将其视为海盗船。

(2)如果从视觉或雷达上观察到不明意向的小艇从停航状态突然高速或从慢速无规律游弋突然加速冲向本船,应将其视为海盗船。

(3)当船舶航行时,跟随本船的小艇可能会趁大船不留意的瞬间立即向大船靠拢并利用登乘工具登船,小艇也可能调整到大船的速度并跟随大船。当有小艇保持船舶的船速以及与船舶平行的航向时,应将其视为海盗船。

(4)当船舶航行时,在本船采取规避行动后可疑船舶仍然紧随,应将其视为海盗船。

(5)当船舶航行时,如果观察到从一条母船上冲出数条快艇冲向本船,应将其视为海盗船。

(6)在公海,一艘母船和多艘小艇组成的捕鱼船队,为了节省油料,在海上漂航,船上仅有油桶和其他的简单物品,没有其他工具,船上人员都是青壮年,为慎重起见,应该将其视为可疑船舶。

(7)在远海或索马里附近海域,从雷达上观察到远处有单个小船无规则运动或漂泊,应提高警惕,将其视为海盗船。

(8)夜间,如果用视觉或听觉等手段发现不点灯的小船试图接近本船,应将其视为海盗船。

(9)在沿海和港区发现携带大砍刀、枪械的人员,应将其视为嫌疑人员。

(10)在港口附近,如果发现有小船或人员在本船附近窥视、打探,应视为海盗船或嫌疑人员。

2.可疑船舶的规避措施

(1)发现可疑船舶时,应立即报告船长,并按船长指令采取相应的规避措施。

(2)在公海上航行时,当遇有貌似执法船舶要求停船检查时,如不能确定是政府船舶应加速规避,并报告沿岸国主管机关,谨防海盗船假冒执法船。

（3）通过雷达观察到可疑船舶时,应尽可能保持在可疑船的视距之外,条件允许时,至少要保持 10 n mile 之外的距离。

（4）在近岸水域,如果发现可疑船舶从岸边突然冲向本船,则尽可能地驶离海岸。

（5）在海盗袭击高危水域,条件允许时,保持在离岸安全距离航行是一种可以考虑的良好做法。

二、发现海盗和武装劫匪

当 ARPA 雷达捕控到可疑目标回波,并判断向本船快速接近时,应立即采取以下防范措施:

（1）通知船长上驾驶台。

（2）迅速远离可疑目标,以延长目标接近本船的时间,留有更多的时间观察、研判。

（3）保持主/辅机、舵机等正常工作。迅速起动消防泵,使高压水龙带出水。

（4）防海盗值班人员加强警戒,全方位仔细搜寻海面情况,并保持与驾驶台及时联系,随时报告观察到的船舶周围海面情况。

（5）夜间立即开启所有强光探照灯,照亮船舶周围海面,警示可疑目标已被发现,加强警戒。

（6）夜间船舷以内各层甲板应保持黑暗,防止暴露值班人员的位置。

（7）保持雷达连续观察,严密监控可疑目标动态。

（8）观察附近是否有疑似海盗母船,若有,应迅速远离。

（9）观察是否有其他可疑小艇,判断海盗是否采取群狼战术和声东击西战术,防止陷入可疑小艇包围圈。

（10）使用望远镜在驾驶台两翼捕捉跟踪可疑小艇位置。

（11）做好对内外报警准备,C 站调出预先编写好的报警电文,卫星电话调出预先存好的报警号码,VHF 调整到报警频道上（VHF16/8）。

（12）注意周围其他过往船舶动向,防止发生碰撞事故。

三、确认海盗和武装劫匪的企图

当观察到可疑目标继续向本船快速驶近至 10 n mile 时,此时可疑目标意图已清楚,可认定是海盗小艇的追击行动。船舶应采取以下防范措施:

（1）改变航向,尽量摆脱可疑小艇。

（2）立即启动应急预案。全体船员携带防海盗器械迅速到达指定位置,备妥红光降落伞火箭信号、声光弹等。

（3）通过 SSAS、VHF、卫星电话、传真、邮件等各种有效手段,向护航海军、中国海上搜救中心、IMB 海盗报告中心、联合海军和公司保安员报告,争取外部救援,并保持通信畅通。

（4）设置雷达警戒圈,注意捕捉其他可疑海盗小艇。

（5）在驾驶台两翼使用望远镜观察海面,严密监控小艇动向,并及时将小艇动向告知现场指挥人员。

（6）保持高压水龙带出水。

（7）机舱值班人员加强对主机、副机、舵机及消防泵等的巡查，保持正常工作。

（8）夜间应在驾驶台顶开启红色信号灯、白光频闪信号灯等信号灯，做好释放红光火焰等救生信号的准备，以便海军直升机能够快速识别本船。

四、海盗/武装劫匪船舶在我船附近或接触我船

当海盗艇继续逼近到 0.5 n mile 时，此时已进入海盗所经常使用的武器有效射击范围，应迅速进入战斗状态，采取一切有效手段阻止海盗靠近登船（包括但不限于）：

（1）连续拉响汽笛，制造声势，鼓舞士气，威慑海盗。

（2）发射声光弹等，阻吓海盗靠近。

（3）充分利用舷墙或其他掩体，避免成为海盗射击目标。

（4）船长根据海盗艇的动向和意图，指挥现场阻击人员随着海盗艇方位的变化快速移动防卫位置，现场指挥根据船长指令组织人员全力抗击海盗。

（5）当海盗艇强行逼近船边时，迅速采取以下措施（包括但不限于）：

①操纵船舶增加海盗艇贴靠船舶的难度。注意用舵的角度不宜过大，防止前行阻力加大使船速急速下降，反而使海盗艇更快贴近本船，同时注意不要给海盗艇制造下风舷的机会。

②阻击人员在船长的指挥下，准确向海盗艇喷射高压水，投掷火把、煤油弹、石灰粉以及铁块等。

③继续发射声光弹等，坚决阻止海盗登船。

④如海盗抛上绳钩、挂上铁梯时，掩护摘钩人员摘钩。

（6）观察海盗艇的数量、海盗人数、所持武器及其他情况。

五、海盗/武装劫匪开始登船

（1）船舶保安员根据船长的指挥信号及时调兵遣将，全体船员务必齐心协力，当海盗抛挂钩企图强行登船时，船舶应以最大力量、最短时间阻止海盗登船，一旦发现海盗在船体挂上挂钩，负责摘钩人员应立即使用工具砍断、解除海盗的绳子或挂钩。

（2）任何船员都要放低身体，利用地形和就近较好的掩体，机动灵活地进行出击，避免向舷外探头看向海盗船，谨防海盗用枪或其他武器伤害船员。

（3）海盗登船时两手抓梯，用枪射击的可能性不大，主要靠海盗船上其他人的掩护。此时只要及时解除绳子或挂钩，海盗就难以登船。

（4）在整个防海盗过程中，务必确保人身安全，注意防卫和保护，预防海盗的开枪袭击。尽量不要过分伤害海盗，防止报复，以驱赶为目的，一切行动听指挥。

六、海盗/武装劫匪成功登船

1. 阻止海盗进入生活区

（1）一旦数名武装海盗已经上船，船员不要直接与持枪海盗抗衡，应迅速撤离甲板进入生活区。船员回撤后及时清点人数，确认全体船员均已安全撤回。

（2）封闭所有生活区向外通道,关闭安全通道。

（3）立即向公司和国际反海盗中心报警,启动 SSAS 报警,启用 DSC、VHF16 频道、卫星通信等有效手段报警求救,说明船舶所处的紧迫危险,请求提供必要的支援。

（4）充分利用船舶现有的设施及自制器械,阻止海盗进入生活区。如时间和条件允许,可以在通道和楼梯泼洒滑油,尽量拖延时间,以待外部的可能救援。

2.船员撤入安全舱

（1）船长应向公司报告撤入安全舱的决定,紧急情况下,也可撤入安全舱后再报告。

（2）紧急关闭主机、副机、应急发电机、应急照明电源等船上所有动力和电力,确保船舶处于不可操纵状态。

（3）SSAS 和卫星 C 站处于开启和持续报警状态,以利于公司及搜救机构获取船位信息,CCTV 系统处于工作状态。

（4）船员有序撤入安全舱,清点人数,确保全体船员均已撤入安全舱,封闭安全舱门,并立即向公司报告,保持通信畅通。

（5）携带双向无线电话(TWO-WAY RADIO)、对讲机、手电等其他应急器具。

（6）全体船员在安全舱内服从指挥,保持安静,避免暴露目标。

七、海盗/武装劫匪控制船舶/一个或多个船员

近几年来,被海盗绑架或劫持为人质的船员数量逐渐增加,每起劫持或绑架情形各不相同,并没有严格的行为准则。但是,船员可以使用一些推荐的方法以减少劫持的影响,并提高应对和分析海盗劫船事件的能力,以致成功被释放。

（1）船舶保安员应建立暗号(语言或手势),以便当某些人(特别是值班人员)受到劫持或在威胁下通信时能通过暗号使其他船员知晓并及时采取措施。该暗号不应写在纸上,包括船长、驾驶员、值班人员在内的适当人员应熟悉并接受该程序的训练。

（2）一般而言,在被劫持期间以不发生人员伤亡事故的时间越长越好,应注意以下事项:

①保持平静并使他人也这样,除生命受到明显威胁外,不要抵抗武装入侵者,不要做可能被误解为攻击性的动作,不要和海盗争论,不要与海盗讨价还价。

②按照海事惯例确保船舶和人员安全。

③提供合理合作、努力与劫船者建立合理的关系。

④试图确定劫船者的人数。

⑤尽量增加登离船点数量。

⑥尽量确定劫船者的要求以及可能的限期。

⑦如有条件,使用可靠通信设备供谈判人员与劫船者谈话。

⑧除当局有指令外,船长和船员不应试图与劫船者谈判。

（3）如发现劫船者的意图是以本船作为攻击武器,船长、船舶保安员或指派的人员应启动紧急停车程序,设法使本轮处于暂时不可操纵状态,以延长反应时间。必要时,可以使用误操作方式破坏船舶动力设备。

(4)武装海盗登船后如果收获不大,或受到威胁,或担心被认出,或想劫持整个船舶时,可能会加害船员。如海盗已在杀害船员或这种企图十分明显,在别无选择的情况下,必须采取抵抗行动,以保全自己的生命,但应注意把握时机和讲究策略。行动前应尽可能搞清楚海盗的人数、武器以及首领。一旦开始采取抵抗行动,就应毫不犹豫地将行动进行到底,直到制服海盗。

八、作为人质如何自保

◈ 1.保持冷静与观察

面对海盗或武装劫持的紧急情况,首先要做的是保持冷静。恐惧和慌张会影响判断力和行动力,而冷静则能帮助你更好地分析形势和做出决策。仔细观察并记住海盗或武装劫持分子的面部特征、穿着、携带的武器种类和数量等信息。注意周围环境等细节。

◈ 2.避免激怒海盗或武装劫持分子

在海盗或武装劫持分子面前表现出顺从和合作的态度,在可能的情况下,尝试与绑匪建立一种非对抗性的沟通,保持礼貌和合作的态度,避免任何可能激怒他们的行为或言语。不要试图与海盗或武装劫持分子争论或挑衅他们的权威,这可能会加剧紧张局势并增加自己的危险。

◈ 3.保护自己和他人

不要向海盗或武装劫持分子透露过多的个人信息或敏感信息,同时注意保护其他被劫持者的安全,避免因为自己的行为而给他们带来额外的危险。

◈ 4.心理调适与准备

尽管身处困境,也要保持积极的心态和信念。相信自己能够渡过难关,并尽可能寻找可以激励自己的因素。如果被劫持的时间较长,要做好长期应对的准备。保持身体健康、维持基本的生活需求,并尽可能寻找可以娱乐或转移注意力的方式,以缓解心理压力和焦虑情绪。

九、由军事行动参与的情况

当船舶被劫持,海军采取军事行动时,船员应遵循一系列关键原则和行动指南以确保自身安全并最大限度地配合海军的救援行动。

◈ 1.保持冷静,确保自身安全

(1)面对紧急情况,船员应首先保持冷静,避免恐慌情绪的传播,以便能够清晰地思考和行动。

(2)在可能的情况下,船员应尽快转移到船舶上的安全避难所,如驾驶室、机舱等,并关闭所有不必要的舱门和通道,以防止海盗入侵。

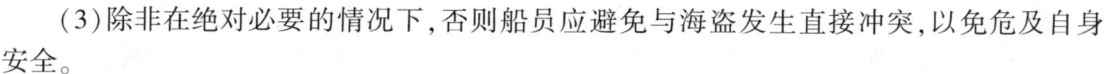

（3）除非在绝对必要的情况下，否则船员应避免与海盗发生直接冲突，以免危及自身安全。

2.保持沟通，配合海军行动

（1）船员应向海军提供关于海盗数量、武器装备、船舶位置及航向等准确信息，以便海军制订有效的救援计划。

（2）一旦海军开始采取军事行动，船员应通过各种通信手段（如无线电、卫星电话等）与海军保持密切联系，及时报告船舶状况、海盗动态及船员安全情况。

（3）在海军登船时，船员应积极配合，提供必要的协助，如开启舱门、指引道路等，以确保海军能够顺利登船并控制局势。

（4）船员应确保船舶上的重要设备和文件（如航海日志、船舶证书等）得到妥善保管，以免在救援过程中遗失或损坏。

3.相互鼓励，配合海军调查

（1）在紧张的救援过程中，船员之间应相互支持、鼓励，共同面对困难。

（2）救援行动结束后，船员可能会面临心理压力和创伤，此时应及时寻求专业心理咨询师的帮助，以缓解心理压力并恢复正常生活。

（3）在救援行动结束后，船员应积极配合相关部门的调查工作，提供有关海盗袭击的详细信息。

（4）船员和相关部门应总结经验教训，分析海盗袭击的原因和防范措施的有效性，以便在未来的航行中更好地保护船舶和船员的安全。

十、海盗/武装劫匪离船

（1）及时清点船员人数，救护伤病员。

（2）全面检查船舶状况和机器设备状况，恢复船舶受损部位和机器设备。如条件许可，尽快恢复正常航行。

（3）妥善保管监控系统以及其他资料，对在事件中损坏的区域或被枪击的地方拍照留存。

（4）在未离开海盗活动高危水域前，按照防海盗应急预案，保持高度警惕，严加戒备防范，防止再次被劫持。

（5）立即向公司保安员、船旗国主管机关及港口国联络点报告事件的全过程，报告内容包括船名、国籍、受劫持位置、人员伤亡或财产损失情况，并对袭击者进行描述。如经要求，该报告可同时递交与事件及处理有关的保安当局。

十一、海盗事件后的程序

1.事件报告

（1）非法事件报告要求

①发生与船舶有关的保安事件,船长或船舶保安员必须在24 h内向公司保安员报告;

②在确认船舶和船员安全后,应立即按IMO标准格式向相关海盗报告中心提交袭击报告,并通过海盗报告中心向相关沿岸国家的安保力量报告;

③如果袭击事件造成船上人员受伤、死亡或船舶严重受损时,船长必须立即向我国海事主管机关报告;

④应当尽快向发生袭击事件的沿岸国主管当局呈交一份全面的事故报告。事件发生在公海时,报告应呈交最近沿岸国主管当局;

⑤尽快向船舶的海事主管机关提交事件的完整报告,包括后续行动的详细情况、可能遇到的困难等;

⑥海盗、武装劫匪的袭击行为未能得逞时,应向搜救协调中心、沿岸国及船旗国主管机关递交报告。

(2)非法事件报告准备

①保存好船舶受到袭击时的证据。完好保存闭路电视录像(CCTV)、图片和其他证据,保护受损或遭受盗取的现场不被破坏;

②向与袭击者有直接接触的船员取证,记录与袭击者接触的经过、袭击者的明显特征等信息;

③制作船上设备和船员个人财务损失的详细清单。

(3)非法事件报告内容

一旦船舶和船员处于安全状态,立即向公司及海上搜救协调中心(RCC)报告。报告内容应包含船舶的识别信息、位置信息、船舶受损信息、船员受伤情况、海盗离船后的去向、海盗人数以及海盗船舶的信息。如果船员擒获了海盗,也应将该信息包含在报告中。

报告应包括以下内容(见表7-2):

①船名、船舶呼号和IMO编号;

②船位(经度/纬度或港口/泊位);

③上一个停靠港和下一个停靠港;

④事件或威胁的性质和情况,以及日期、时间和地点;

⑤被指称犯罪的人数(包括是否是船员、旅客或其他人员);

⑥犯罪人员的详细资料(姓名、国籍等);

⑦被害人的详细情况以及伤害的性质和严重程度;

⑧所使用的危险物质或设备(武器、爆炸物及其他);

⑨把危险物质或设备带入港口设施或船舶的方法(人、行李、船舶用品或其他)以及所述设备/物件隐藏之处或使用之处,采取什么保安措施;

⑩防止类似事件再次发生的建议措施;

⑪其他有关的详细情况。

表 7-2 保安事件/非法行为报告

填表日期: 年 月 日		
船舶或港口区域说明	船名:	船旗国:
	船舶呼号:	IMO 编号:
	船位:	经度/纬度或港口/泊位:
	上一个停靠港:	下一个停靠港:
	船舶保安员:	港口设施保安员:
保安事件或威胁	情况:	日期:
		时间:
	性质:	地点:
被指称犯罪的人数(包括是否是船员、旅客或其他人员)	船员人数:	乘客人数:
	其他人员的人数:	
犯罪人员的详细资料	姓名:	出生日期:
	国籍:	出生地点:
被害人的详细情况	姓名:	出生日期:
	国籍:	出生地点:
	伤害的性质:	严重程度:
所使用的危险物质或设备	武器:	
	爆炸物:	
	其他:	
把危险物质或设备带入港口设施或船舶的方法(人、行李、船舶用品或其他)以及所述设备/物件隐藏之处或适用之处,采取什么保安措施		
防止类似事件的再次发生的建议措施		
其他有关的详细情况		
备注:(写不下的项目可另附页)		
船舶保安员(签名):	船长(签名):	

2.配合事件调查

在没有证据支持的情况下,包括受事件影响的证人的陈述,嫌犯不太可能被起诉。为使调查当局有机会逮捕肇事者,以正确的方式保存证据是很重要的。公司、船长和船员应参照 IMO 关于保存和收集证据和其他行业指南的准则。

（1）收集证据

①如果可能的话，保留犯罪现场所有证据；

②避免污染或干扰所有可能的证据，如有疑问，请勿触摸留置物品；

③不要清理或冲洗案发区域，不要扔掉任何东西；

④记录船员的初步陈述；

⑤从多个角度拍摄犯罪现场的照片；

⑥保护 VDR 以备将来的证据；

⑦列出所携带物品的清单（如手机号码）。

（2）配合调查

①船长应充分理解沿海国主管当局的相关要求，协助做好事件调查工作；

②允许沿岸国海岸警卫队人员登船录取船员口供，进行法定调查；

③应要求向调查人员提供闭路电视录像、图片等相关证据复制品；

④船舶所有人或船长、船舶保安员和公司保安员应当安排事后情况说明会，以从袭击事件中吸取教训并找出需改善之处。说明会应安排所有船员参加，在事件发生后立即召开。

3.安抚船员

（1）在受到海盗或武装强盗的攻击或遭遇类似的状况之后，船员有可能受到心理创伤。在船员寻求帮助的情况下，船舶所有人应该咨询专业人员后给出建议。

（2）在船舶受袭或被解救后，船长应在第一时间听取所有船员的情况汇报，减少船员精神创伤的危害。船长应咨询专业人士，帮助船员正确对待事件经历。

十二、成功案例

1.A 船抗击海盗事件经过

某日 0545 时，黎明时分的亚丁湾风平浪静，A 船正满怀信心地前往海军护航编队集合点航行。

0615 时左右，值班大副从望远镜里发现位于 A 船左前方 6 n mile 处，一艘海盗艇正以 20 kn 的航速快速冲向 A 船。"不好，海盗来了！"船长立即启动防海盗应急预案，组织船员做好战斗准备。13 min 后，海盗艇接近 A 船左前方约 0.5 n mile 处，艇上 5 名海盗手持霰弹枪和登船铁梯，正虎视眈眈地盯着 A 船，一场与海盗面对面的战斗即将展开。

2 min 后，海盗向右舷 7 舱靠拢，并在离船舷 30~40 m 处鸣枪开火，强行攻船。A 船全体船员在船长的指挥下进行了英勇的抗击。他们使用消防皮龙、燃烧瓶、火把等自制武器奋力打击海盗。海盗在火力的掩护下，迅速将铁梯挂上了船舷，形势顿时变得危急万分。

此时此刻，早已守候在甲板上的大副和实习三管轮同时奋不顾身地冲向前去，硬是在黑洞洞的枪口下，冒着横飞乱窜的子弹，以迅雷不及掩耳之势奋力掀起铁梯，扔进了大海，转瞬之间便挫败了海盗挂梯登船的企图。

此后，海盗们又先后发起了 3 次疯狂进攻，都被英勇的 A 船船员击败，在海盗第 4 次准备攻船时,海军护航编队的直升机赶来支援了,海盗仓惶逃走。

2.A 船抗击海盗的成功经验

从这场战斗中可以看出,A 船战前的严格管理和周密严谨的保安防范体系的建立,再加上船员们的训练有素、勇敢和高昂的情绪是赢得这场胜利的重要原因。A 船长期以来科学而严谨的管理最终为这场较量奠定了胜利的基石。在这场 1 h 的较量中,几乎所有的关键环节都在船员们的事先防范之中,以至于海盗们无论使出怎样的招数也难以找到破绽和漏洞。这充分说明,平时一丝不苟的管理成果,在抗击海盗的关键时刻就能转化为强大的战斗力,其成功的经验主要体现在以下几个方面:

(1)准备充分是制胜的基础

A 船平时十分重视做好防抗海盗的各项准备工作,"三个不放松"是他们做好防抗海盗准备工作的重点,即对船员进行保安意识教育不放松、防抗海盗的基本知识和战术训练不放松、加入海军舰艇编队护航知识和紧急情况求援知识及相关注意事项的培训不放松。

(2)"三个到位"增强了船员在应对海盗袭击时敢打必胜的信心

A 船在平时的船舶保安管理工作中,反复强调保安的重要性和关联性,使船员始终绷紧航行安全这根弦,在船员头脑中牢牢树立起海盗是可防可抗、不可怕的观念。A 船能够按计划做到"三个到位",即对船舶机械设备完好率检查落实到位、防抗海盗设施设备数量和质量落实到位、各类防抗海盗的武器装备放置到位,确保了在关键时刻、不同方位都能够保证随时随手使用,赢得了抗击时间。

(3)加强瞭望、及时发现海盗行踪并准确判明海盗的企图是制胜的前提

A 船在及时发现海盗情况方面,通过雷达回波,望远镜瞭望,改变自身船舶航向、航速等方法判断可疑船只,在发现和准确判明海盗后,沉着应对,冷静对待。当他们发现并判明海盗船攻击意图后,立即启动应急预案,布置抗击任务,全船进入防海盗"一级战备",并不停地鸣响汽笛,向海盗船发出警告,同时,呼叫海军护航编队支援。

(4)严密组织,是制胜的重要保证

A 船之所以能够取得抗击海盗的胜利,离不开周密的计划和严密的组织。他们在准确摸清海盗攻击的特点,判明海盗攻击船体的方位的基础上,能够在海盗发起攻击的关键时刻实施正确的指挥,科学组织调动抗击力量,不给海盗以可乘之机。

(5)精神的力量,是制胜的源泉

全体船员在反海盗劫持的战斗中之所以能够英勇顽强、坚决抵抗,特别是两名船员在受伤的情况下仍然能够坚持战斗,不下火线,究其根本原因,是他们心中根植了一种强大的忠于职守、临危不惧、英勇不屈的精神。就是在这种精神的鼓舞下,船员们极大地增强了战胜海盗的信心,提升了战斗力。

 **第五节**

武装护航与私人武装保安

护航包括海军护航和私人海上保安护航两种形式。海军护航最早起源于美国海军以打击恐怖主义为由进驻亚丁湾水域,后来随着欧盟海军、俄罗斯海军、中国护航编队以及日本海军和韩国海军等的加入,逐渐形成了制度化的海军护航。私人海上保安护航来源于船舶对海上安保的需要,一些商船选择私人海上保安公司进行护航,此种形式也逐步得到了IMO 的认可。本节将简单介绍欧盟海军护航组织与申请程序、中国海军护航的组织与申请程序以及私人海上保安护航的相关知识。

一、苏禄-西里伯斯海域海军护航

1.《关于在沙巴东部的苏禄-西里伯斯海域绑架船员的指南》

《关于在沙巴东部的苏禄-西里伯斯海域绑架船员的指南》的重点是在苏禄-西里伯斯海域和沙巴东部海域绑架船员以勒索赎金的事件。它根据从过去的事件中收集到的信息提供指导和分析,以帮助航运业和船舶提高他们的态势意识,避免此类事件。本指南补充了《亚洲打击海盗和武装抢劫船只区域指南》(ReCAAP)中所载的一般指南。

苏禄-西里伯斯海域覆盖了菲律宾、马来西亚和印度尼西亚的边界地区。它位于战略位置,大多数国际航运都经过其海上航道。仅在西布图通道,平均每年就有 14 000 艘船通过。2016 年之前,总部设在菲律宾南部的伊斯兰极端组织阿布沙耶夫组织(ASG)在该地区发生了绑架以勒索赎金的事件。

考虑持续存在的威胁绑架船员和暴力性质的武装劫持,2016 年 7 月 14 日,印度尼西亚、马来西亚和菲律宾签署了三边合作安排(TCA),以解决共同关注的海洋领域的安全问题。三国同意鼓励实施海上巡逻的标准操作程序(SOP)、关于信息和情报共享的操作准则以及联合通信计划。三个国家在塔拉坎(印度尼西亚)、塔武(马来西亚)和邦高(菲律宾)建立了海上指挥中心(MCCs)。这些中心是各自国家的业务指挥和监测站。

根据 TCA,菲律宾和马来西亚在海事威胁区域(AMI)内建立了包括共同海域的过境走廊。过境走廊作为商船通行的安全区域,由三国巡逻。

2.苏禄-西里伯斯海域海军护航报告

根据菲律宾和马来西亚发出的《航海通告》(NOTAMs)的规定,鼓励商船通过指定的过境走廊和海上航道。

(1)所有过境该区域的船只,须在到达指定的共同关注海域前至少 24 h,向列举下列联系方式的中心报告,并提供完整的船舶路线资料:

①在过境菲律宾的责任区域时：

- National Coast Watch Centre（NCWC）

  Phone：+63（2）241-2937（Direct）　+63（2）241-3104（Ext 302）

  E-mail：fusioncenter@ ncwc.gov.ph

- Coast Guard Command Centre，Philippine Coast Guard

  Phone：+63（917）7243682　+63（2）5273877

  E-mail：pcgcomcen@ coastguard. gov.ph

- Maritime Research Information Centre（MRIC）

  Phone：+63（917）7085248　+63（2）8431833

  E-mail：mric@ nav.ph

- Naval Operation Centre（NOC），Philippine Navy

  Phone：+63（917）8512708　+63（2）5244981

  E-mail：noc@ nav.ph

  hpn.noc@ navy.mil.ph

- Naval Forces Western Mindanao Operations Centre

  Phone：+63（917）6860681

  E-mail：nfwm.nfoc@ navy.mil.ph

  nfoc.wm@ gmail.com

②在过境马来西亚的责任区域时：

- Centre（MCC），Tawau

  Phone：+6089 775600/+6089 779777/ +6089 982623（5：00 pm-8：00 am）

  E-mail：mcctawau2@ gmail.com

- Eastern Sabah Security Command（ESSCOM）

  Phone：+6089 863181/ 016

  E-mail：bilikgerakan_esscom@ jpm. gov.my

- Marine Department Malaysia，Sabah Region

  Phone：+6088 401111

  E-mail：aisjlsbh@ marine.gov.my

③在过境印度尼西亚的责任区域时：

- Maritime Command Centre（MCC），Tarakan

  Phone：+625513806288/+625513806289

  E-mail：mcctarakan2@ gmail.com

  E-mail：mcc_tarakan@ tnial.mid.id

（2）船舶在进入共同关注的海域时，应遵守下列报告程序，在第16频道与监测站建立语音无线电联系：

SECURITY, SECURITY... THIS IS（NAME OF VESSEL）.

I AM ENTERING（NAME OF SEA LANE, EX：SIBUTU PASSAGE, ALICE CHANNEL, ETC.）

WITH A SPEED OF _____ AND COURSE _____.

PRESENT POSITION：（LATITUDE/LONGITUDE）OR AT AVICINITY（NEAREST POINT OF REFERENCE）

STATUS：（I.E. UNDERWAY，ALL IS WELL，UNDER ATTACKOR IN DISTRESS）

IF UNDER ATTACK，REQUEST IMMEDIATE ASSISTANCE/RESCUE.

所有船舶每小时或必要时进入共同关注的海域时,必须提交位置报告(POSREP)和情况报告(现场)。

二、西非几内亚湾海域海军护航

1.MDAT-GoG 护航航路

船舶抵达尼日利亚海盗高风险水域时,尽可能聘用护航艇护航;进出拉各斯港和科托努港可从距岸210~270 n mile 起提供护航,为船舶从南面进出拉各斯、科托努等港的护航航路。

2.MDAT-GoG 动态报告

MDAT-GoG 作为商船及其 CSO 的主要联络点,能够提供商船与区域内的军事力量的联络,并能够及时提供区域的风险信息和航行警告。MDAT-GoG 负责管理自愿报告计划,根据该计划,鼓励所有使用 VRA 的船只告知 MDAT-GoG 他们的行动,因为这对提高军事态势感知能力和反应能力至关重要。这些报告包括:

（1）初始报告

TO：watchkeepers@ mdat-gog.org

SUBJECT：initial report

- Ship Name
- Flag
- Call Sign and IMO Number
- INMARSAT Telephone Number
- MMSI Number
- Time
- Position
- Course
- Speed
- Maximum Speed
- Free board
- Cargo
- Destination and estimated time of arrival
- Name and contact details of the CSO
- Nationality of Master and crew

- Will Security Services be used

（2）每日动态报告

TO：watchkeepers@ mdat-gog.org

SUBJECT：Daily position report

- Ship Name
- Ship's Call Sign and IMO Number
- Time of Reporting UTC
- Ship's Position
- Ship's Course and Speed
- Any other important information *
- Date/time leaving VRA if applicable

（3）终止报告

TO：watchkeepers@ mdat-gog.org

SUBJECT：Final report

- Ship's name
- Ship's Call Sign and IMO Number
- Time of Reporting UTC
- Port or anchorage position when leaving the voluntary reporting area

三、西印度洋亚丁湾海域海军护航

1.中国海军护航

（1）中国海军护航简介

应索马里政府的邀请,根据联合国 1846 号决议,参照有关国家做法,2008 年 12 月 20 日,我国政府正式决定在索马里海域开展海军护航行动。这一行动体现了我国海洋强国和大国担当的理念,不仅展示了中国海军的远洋作战能力,也体现了中国在国际社会中的责任与担当。2008 年 12 月 26 日 13 时 45 分许,由"武汉"号和"海口"号导弹驱逐舰、"微山湖"号综合补给舰、两架舰载直升机和部分特战队员组成的中国人民解放军海军舰艇编队从海南三亚启航,赴亚丁湾、索马里海域的执行护航任务。他们的任务是保护中国航经亚丁湾、索马里海域的船舶和人员的安全,保护世界粮食计划署等国际组织运送人道主义物资船舶的安全。这是中国首次使用军事力量赴海外维护国家战略利益,也是中国军队首次组织海上作战力量赴海外履行国际人道主义义务,充分体现了一个负责任大国的责任与担当。

（2）中国海军护航申请

航经亚丁湾、索马里海域的商船、渔船可以通过中国船东协会向我国海军护航编队申请海军护航。根据交通运输部 2008 年 12 月 24 日发布的"关于中国船舶在亚丁湾和索马里海域申请护航有关事项的公告"和有关要求,受交通运输部水运司委托,中国船东协会负责收集汇总护航申请并向有关部门统一办理申请提交工作,为各航运公司方便、快捷、准确递交船舶护航申请。

自 2008 年 12 月 31 日起,中国船东协会正式接受 2009 年 1 月 6 日进入亚丁湾和索马里海域通过报告线船舶的护航申请,以后以此类推。西行报告线为东经 57°线、东行报告线为出红海北纬 15°线。所有需要中国海军护航的中国船舶或外籍中资船舶,都应向中国船东协会提出申请,由中国船东协会将申请保护商船的情况上报给中国反海盗中心,再通过中国反海盗中心与中国海上搜救中心联合办公,由它们将商船有关信息提供给护航的海军,而这些信息通常需要提前 7 天告知海军。

中国海军护航申请程序如下:

(1)申请护航的单位以传真方式向中国船东协会秘书处备案。备案应提供单位名称、联系方式,包括联系人、电话、传真、电子邮箱和通信地址。集团公司的下属企业由集团公司统一向中国船东协会秘书处备案。中国船东协会秘书处只受理已履行备案手续企业的护航申请。

(2)申请时,请登录中国船东协会网站 http://www.csoa.cn,下载"申请护航船舶报告单(电子版)"(ACCESS 格式)。

(3)按照"申请护航船舶报告单(电子版)"(见表 7-3、表 7-4)所列内容,参照填写说明(点击所填栏目即可获得)(见表 7-5)逐项填写,并分别于船舶抵达报告线 7、5、3、2、1 天前,以电子邮件方式发送至中国船东协会护航专用邮箱:escort@csoa.cn 进行申报。

(4)中国船东协会每日 10:00 截止收取申报文件,汇总当日"申请护航船舶报告单"后上报交通运输部。

(5)中国船东协会获得交通运输部批准后,将结果及时反馈申请人。

(6)申请人在接到反馈信息后应及时做出护航方式的选择,并报中国船东协会秘书处。被护航的申请人及船长应服从军方的指挥,并保持船岸通信处于即用状态。

(7)中国船东协会联系方式:

电话:+86-21-65978793;+86-21-65975671

传真:+86-21-65975095

中国船东协会每个月会在网站上公布护航班期表供船舶参考。

表 7-3　中国海军护航申请表(英文版)

Direction (west or eastbound)							
Ship's Name		Ship' Flag Nation			IMO		
		Kind of Vessel			MMSI		
Ship's Owner (Company) and Method of Contact(phone number/E-mail address)		Cargo (if loaded)			International Call Sign		
Basic Particulars	Gross Tonnage	LOA	Mean Draft	Free Board	Economical Speed	Max. Speed	Situation of Loading
Ship Captain's Name and Country							
Contact Details	INM-C			Crew's number and Nationality (should be separated according to different country)			
	INM-FBB						
	Others						
	E-mail address						
Person of Contact of Ship's Owner (Company) and Contact Detail:							
Last port of Call/Country			Next port of Call/Country				
ETA Rendezvous Point A (14-50N,053-50E) if Westbound ETA Rendezvous Point B (11-52N 044-12E) if Eastbound							
Place for helicopter landing or wheeling. And size of the Place.							
Remarks	1.Is there a citadel available on board. If yes, indicate location and Methods of Contact. 2. Is there security person on board? How many persons? Nationality?						

表 7-4　中国海军护航申请表(中文版)

类别		航行方向		东行护航		申请护航方式	伴随护航
船名	中文			船籍		IMO	
	英文			种类		MMSI	
船东(公司)联系电话				物资		呼号	
船舶基本性能	吨位	长度	平均吃水	干舷高度	经济航速	最大航速	装载状态
船长姓名(国籍)							
联系方式	C 站			船员人数(各自国籍)			
	F 站						
	其他						
	邮箱						
船东公司联系人:							
上一停靠港口				下一停靠港口			
预达会合点时间及时区							
直升机停机坪位置或可悬停位置及平台尺寸							
备注	1.安全舱位置及联系方式? 2. 有无武装保安?人数?携带武器及弹药数量多少?						

表 7-5　中国海军护航船舶报告单填写说明

序号	项目	填写说明
1	填报日期	必填项,YYYY-MM-DD 格式,要求日期和第 44 项的"报告日"日期一致
2	预计(　)天抵达	必填项,数值格式,原则上按照 7/5/3/2/1 数字填写,如早于 7 天,按实际天数填写
3	船舶中文名称	必填项,如没有,填:0,注意:不要在船名后填写"轮"或"号"
4	船舶英文名称	必填项,大写
5	船舶国籍	必填项,中文填写
6	船舶注册港	必填项,中文填写

续表

序号	项目	填写说明
7	船舶种类	集装箱船/散货船/油船/杂货船/LPG/LNG/滚装船/特种船/客船/其他,按菜单选择
8	船舶呼号	必填项,大写
9	MMSI	必填项
10	平均吃水	必填项,计量单位:m
11	IMO 编号	必填项
12	干舷高度	必填项,计量单位:m
13	载重吨	必填项,计量单位:t
14	经济航速	必填项,计量单位:knots
15	船舶长度	必填项,计量单位:m
16	最大航速	必填项,计量单位:knots
17	GMDSS C 站型号	必填项,如没有,填:0
18	GMDSS C 站号码	必填项,如没有,填:0
19	保安报警系统(SSAS)型号	必填项,如没有,填:0
20	保安报警系统(SSAS)号码	必填项,如没有,填:0
21	B/M 站(语音/传真)号码	必填项,如没有,填:0
22	F 站(语音/传真)号码	必填项,如没有,填:0
23	MiniM(语音/传真)号码	必填项,如没有,填:0
24	其他联系方式	必填项,如没有,填:0
25	船员总数	必填项,数值格式
26	旅客人数	必填项,数值格式,如没有,填:0
27	船长姓名	必填项,中国人名填汉字
28	船长国籍	必填项
29	船员国籍(注明各国籍人员人数)	必填项,如:中国/3,印度/15 30
30	旅客国籍(注明各国籍人员人数)	必填项,如:中国/3,印度/15,如没有,填:0
31	装载状态	满载/半载/空载,按菜单选择
32	货物种类	必填项,可以概括写,如空载,填:0
33	主要货物名称	必填项,可以概括写,如空载,填:0
34	货物数量	数值格式,计量单位:t/m³/TEU,按菜单选择
35	上一停靠港及国家	必填项,如:上海/中国
36	下一停靠港及国家	必填项,如:上海/中国

续表

序号	项目	填写说明
37	目的港及国家	必填项,如:上海/中国
38	船东(公司)名称及地址	必填项,船东为船舶实际运营人
39	船东(公司)联系人姓名及联系方式	必填项
40	船东(公司)值班电话及传真号码	必填项
41	船舶 E-mail 地址	尽量填全,如没有,填:0
42	申请护航理由	必填项,可概括叙述船舶抗海盗能力
43	注(如需护航小分队上船,说明直升机停机坪或可悬停位置)	必填项,不需要小分队上船,填:0
44	报告日	必填项,报告日格式:YYYY-MM-DD
45	正午(船钟 1200 时)船位	填报告日船位,如:1530N 05800E
46	报告日	自动生成,不用填写
47	正午(船钟 1201 时)时区号	东时区用"+",如:+4
48	航向	东行/西行,按菜单选择
49	航速	必填项,数值格式,计量单位:Knots
50	预计抵达报告线的时区	东时区用"+",如:+4
51	预计抵达报告线的时间	必填项,东/西报告线,按菜单选择;时间格式为 YYYY-MM-DD HH:MM:SS,精确到:MM,SS 可以不填
52	预计报告日次日正午船位及时区	必填项,如:1530N 05800E +4
53	报告当日正午船位距报告线距离	必填项,计量单位:n mile
54	备注:	

2.欧盟海军护航

(1)欧盟海军护航简介

欧盟海军在迪拜设立欧盟海上保安中心——非洲之角(MSCHOA),负责经过亚丁湾、索马里海域的商船与欧盟海军之间的联系,协调商船护航编队的沟通。所有拟使用 IRTC 参与海军护航编队的船舶必须向 MSCHOA 登记,只有登记过的船舶才能享用欧盟海军的护航服务。

MSCHOA 会根据船舶的航速、船舶类型、东行还是西行进行编队,船舶需根据自己的实际情况选择编队,在指定的时间到达汇合点(见表7-6)。

表 7-6　欧盟海军护航安排

Speedon Group	Eastbound Point "A"		Westbound Point "B"	
10 kts	01:00Z	04:00LT	15:00Z	18:00LT
12 kts	05:30Z	08:30LT	21:00Z	00:01LT
14 kts	08:30Z	11:30LT	01:00Z	04:00LT
16 kts	11:00Z	14:00LT	05:30Z	08:30LT
18 kts	13:00Z	16:00LT	07:00Z	10:00LT

需要注意的是,参加欧盟海军护航编队的船舶并不是时刻都有军舰紧跟商船编队,海军会在附近海域巡航,商船需全程守听 VHF16 和 08 频道,执行 BMP5 的防海盗措施,一旦进入 IRTC,不准随意停车等待,也不需要等待其他船舶。位于 IRTC 的 47°E 和 49°E 之间海域是海盗风险最高的海域,海盗多选取夜间或黄昏、黎明时刻对商船进行攻击,这个区域也是欧盟海军护航的重点区域。

目前,除了欧盟海军能为船舶提供护航之外,俄罗斯、日本、韩国等海军的护航也已经常态化。中国船东协会近年来常从 http://www.mschoa.org/网站转载关于日本、韩国、印度和俄罗斯海军的护航编队信息供申请护航的船舶参考。船舶也可以直接登录 http://www.mschoa.org/网站查看相关信息。

需要相关信息的船舶请自行与相关国家的海军联系,联系方式如下:

①日本
- E-mail:INFO-PIRACY@ mlit.go.jp
- Tel:+81-3-5253-8932
- Fax:+81-3-5253-1643

②韩国
- INMARSAT No.:1-870-773-110-437
- E-mail:bluesea22@ navy.mil.kr

③印度
- E-mail:dgcommcentre-dgs@ nic.in;dgcommcentre@ vsnl.net
- Tel:91-22-22614646
- Fax:91-22-22613636

④俄罗斯
- E-mail:smb@ msecurity.ru;isps@ msecurity.ruor
- Fax:+7(499)642-83-28

(2)MSCHOA 注册

欧盟海事安全中心——非洲之角(MSCHOA)是欧盟海军在索马里海盗区设立的协调中心,MSCHOA 鼓励所有相关船只在进入高风险地区(HRA)之前向其登记,参加护航编队的船舶或使用 MSTC 的船舶必须要登记。海上安全走廊(MSCT)是指 UKHO 出版的 Q6099 所标注的海事安全走廊,此走廊是海军集中关注和监视船舶安全的一条已建立的军事走廊。海图 Q6099 和国际推荐安全走廊(IRTC)显示了海上安全推荐走廊,包括:

- The Internationally Recommended Transit Corridor(IRTC)
- The BAMTSS and the TSS West of the Hanish Islands
- A two-way route directly connecting the IRTC and the BAMTSS

船舶在进入报告区之前需向 MSCHOA 注册船舶动态,发送电子邮件并附上 Excel 表格《Vessel Registration Form 3.0》进行离线注册:

TO:postmaster@ mschoa.org

SUBJECT:MSCHOA Vessel Registration

ATTACHMENT:Vessel Registration Form 3.0

Vessel Details

- Ship Name
- Flag State
- IMO Number
- MMSI Number
- Call Sign
- Ship's Master
- Primary E-mail
- Secondary E-mail
- Ship contact number
- Ship contact email
- Owner name
- Operator name
- Operator address
- DPA name
- DPA telephone
- DPA email

Movement Details

- Entry Point to MSCHOA vessel registration area (78°E/10°S/23°N/Suez/Port)
- Entry Date/Time to MSCHOA vessel registration area (DD/MM/YYYY) (HH) (MM)
- Exit Point from MSCHOA vessel registration area(78°E/10°S/23°N/Suez/Port)
- Exit Date/Time to MSCHOA vessel registration area (DD/MM/YYYY) (HH) (MM)
- Do you intend to transit the IRTC?
- ETA to IRTC (times are in UTC/ Zulu time)
- Direction (East/West)
- Do you intend to join a group transit?
- Do you intend to join a National Convoy?
- Which National Convoy are you joining?
- Crew numbers and nationalities
- Draught

- Freeboard of lowest accessible deck in Metres(M)
- Planned Transit Speed
- Vessel's Maximum Speed
- Cargo (Crude Oil/Clean Oil/Arms/ Chemicals/ Gas/Passengers/Bulk Cargo/Containers/Fishing/Ballast/ Others … Please Specify)
- Hazardous cargo
- Next Port of Call
- Last Port of Call
- Number of Armed Security personnel on board?
- Nationality of armed security team?

国际推荐安全走廊(IRTC)东西长 492 n mile,单向通道宽 5 n mile,双向通道之间设置 2 n mile的分隔带。东行通道起自 45°E 和 11°53′N 与 11°48′N 之间,终点在 53°E 和 14°23′N 与 14°18′N 之间,西行通道起自 53°E 和 14°30′N 与 14°25′N 之间,终点在 45°E 和 12°00′N 与 11°55′N 之间。

(3)UKMTO 动态报告

英国海上贸易行动组织(UKMTO)作为商船及其 CSO 的主要联络点,能够提供商船与区域内的军事力量的联络,并能够及时提供区域的风险信息和航行警告。船舶向 UKMTO 的 watch keepers@ ukmto.org 邮箱发送的动态报告主要包括初始报告[船舶进入自愿报告区(VRA)后]、每日动态报告(每 24 h 更新船位、航向和航速)、终止报告[离开自愿报告区(VRA)或者抵达港口后]和必要时的其他报告。

①初始报告

TO:watchkeepers@ ukmto.org

SUBJECT:initial report

- Ship name
- Flag
- IMO number
- Inmarsat telephone number
- Time and position/course/passage speed
- Free board
- Cargo
- Destination and estimated time of arrival
- Name and contact details of company security officer
- Nationality of master and crew
- Armed/unarmed security team embarked

②每日动态报告

TO:watchkeepers@ ukmto.org

SUBJECT:Daily position report

- Ship Name

- Ship Call Sign and IMO Number
- Time of Report in UTC
- Ship Position
- Ship Course and Speed
- Any other important information *
- ETA point A/BIRTC(if applicable)

③终止报告

TO:watchkeepers@ ukmto.org

SUBJECT:Final report

- Ship Name
- Ship Call Sign and IMO Number
- Time of Report in UTC
- Port or position when leaving the voluntary reporting area

四、私人武装保安

　　雇佣私人海上保安公司(PMSC)为船舶护航,能够为船舶提供有效的安全防护,特别是在可能需要和当地执法机构、海军和海岸警卫队进行联系的情况下,因此,雇佣私人海上保安公司护航也是当下不少船东的选择。对于雇佣海上私人保安公司护航,船旗国主管机关通常会有商船雇佣私人海上保安公司护航的指导性建议的通函。船旗国相关通函的内容包括:船旗国对船舶雇佣私人海上保安公司的政策、航行计划与安全评估的要求、如何选择私人海上保安公司、船长的绝对权力、关于武器的储存与保管要求、武器使用的原则、船员与负有保安职责人员的培训、私人海上保安人员与武器的上下船、保安等级的设定、港口和沿岸国政府的要求、船舶与 MSCHOA 等相关组织的联系等。船舶保安员需要仔细研读通函的相关内容,尤其要注意一些船旗国不允许船舶雇佣私人海上保安公司护航,有些船舶保险合同也会有相关的条款。

　　船舶在雇佣私人海上保安公司护航时要综合考虑预定航次所面临的风险和风险评估结果、航次计划的要求、船舶的速度、干舷高度、海军护航的情况、港口与沿岸国的政策、船舶保险的要求、私人海上保安公司的资质和服务水平等。建议航运公司选择雇佣符合ISO28007-1:2005 标准(《私人海上保安公司为船舶提供私人武装保安人员的指南》)的私人海上保安公司,雇佣合同必须在船东和 PMSC 之间签署,在签订雇佣合同的同时,要明确私人海上保安员上下船的程序,并确保船长的绝对权力。船舶雇佣私人海上保安公司护航必须向船旗国政府提供工作报告并征得主管机关的同意。私人海上保安人员使用武器必须符合船旗国和公司的相关要求。PMSC 需提供负责的、具有资质的保安人员,这些保安人员必须要遵守相关的规定。船员禁止使用私人海上保安人员所携带的武器。

　　在决定雇佣私人海上保安公司护航之后,船舶保安员应仔细研究雇佣合同,加强与船东和 PMSC 之间的联系,准备好相关的材料,做好私人海上保安人员上船前的准备。私人海上保安人员上船之后,船舶保安员应积极与他们进行沟通,加强合作,就安全护卫工作做好计划与部署。

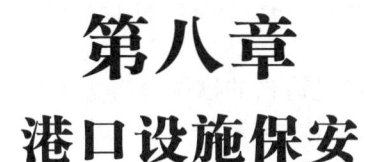

第八章
港口设施保安

 第一节

港口设施保安基本知识

一、港口设施保安员及其基本职责

应为每个港口设施指定一名港口设施保安员。可指定一人为一个或数个港口设施的港口设施保安员。应为港口设施保安员提供必要的支持,以便履行 SOLAS 公约第Ⅺ-2 章和 ISPS 规则要求其承担的职责和责任。

港口设施保安员的职责和责任包括但不限于以下内容:

(1)结合相关的港口设施保安评估对港口设施进行初次全面保安检验;

(2)确保制订和维护"港口设施保安计划";

(3)实施和执行"港口设施保安计划";

(4)对港口设施进行定期保安检查,确保适当保安措施的连续性;

(5)就"港口设施保安计划"的修改酌情提出建议并进行修改,以纠正缺陷并结合港口设施的有关改变对该计划进行更新;

(6)增强港口设施人员的保安意识和警惕性;

(7)确保负责港口设施保安的人员获得充分的培训;

(8)向有关当局报告危及港口设施保安的事件并保持记录;

(9)与相关公司和船舶保安员协调实施"港口设施保安计划";

(10)在适当时与提供保安服务的机构协调;

(11)确保负责港口设施保安的人员符合标准;

(12)确保正确操作、测试、校准和保养保安设备(如有);

(13)在接到请求时,协助船舶保安员确认要求登船人员的身份。

港口设施保安员通常不应负责对那些试图登船人员的身份进行确认,但在某些特殊情

况下,如果接到船舶保安员的请求时,港口设施保安员应予以协助。

二、港口设施保安等级及要求

港口设施须遵从其所在领土的缔约国政府规定的保安等级。在港口设施执行保安措施和程序时,应最大限度地减少对乘客、船舶、船上人员和来访者、货物和服务的干扰或延误。

1.当处于保安等级 1 时,应通过适当的措施并考虑 ISPS 规则 B 部分提供的指导,在所有港口设施内开展以下活动,以确定并采取针对保安事件的防范措施:

(1)确保履行港口设施的所有保安职责;

(2)对进入港口设施加以控制;

(3)监控港口设施,包括锚泊和靠泊区域;

(4)监控限制区域,确保只有经过授权的人员才能进入;

(5)监督货物装卸;

(6)监督船舶备品装卸;

(7)确保随时可进行保安通信。

2.当处于保安等级 2 时,应考虑 ISPS 规则 B 部分提供的指导,对上述所列的每项活动实施"港口设施保安计划"中规定的附加保护性措施。

3.当处于保安等级 3 时,应考虑 ISPS 规则 B 部分提供的指导,对上述所列的每项活动实施"港口设施保安计划"中规定的进一步特殊保护性措施。

4.此外,当处于保安等级 3 时,还要求港口设施对其所在领土缔约国政府规定的任何保安指令做出反应并予以实施。

5.当港口设施保安员被告知船舶在符合 SOLAS 公约第 XI-2 章或 ISPS 规则 A 部分的要求方面或在实施"船舶保安计划"所列的适当措施和程序方面遇到困难时,以及在处于保安等级 3 的情况下,遵从其所在领土的缔约国政府发出的保安指令有困难时,港口设施保安员和船舶保安员应进行联络并协调适当的行动。

6.当港口设施保安员被告知船舶所处的保安等级高于港口设施的保安等级时,应将此事报告主管当局,如有必要,应与船舶保安员取得联系并协调适当的行动。

 第二节

港口设施保安计划

港口设施保安计划,是指港口设施经营人或者管理人根据保安评估报告为确保采取旨在保护港口设施和港口设施内的船舶、人员、货物、货物运输单元和船上物料免受保安事件威胁的措施而制订的计划。

一、港口设施保安计划的基本要求

1.制订港口设施保安计划是港口设施保安员的职责。虽然港口设施保安员无须亲自承担所有与其岗位相关的职责,但具体保安员对确保妥善履行这些职责负有最终责任。

2.一个有效港口设施保安计划的制订应依赖于对港口设施保安的所有相关问题进行全面的评估,特别是应对具体港口的物理和操作性特点给予全面考虑。应在港口设施保安评估的基础上,为每个港口设施制订适合于船/港界面的港口设施保安计划,并予以维护。

3.港口设施保安计划应针对 ISPS 规则所定义的三个保安等级做出规定。

4.经认可的保安组织可以为某一具体港口设施制订港口设施保安计划。

5.港口设施保安计划应经港口设施所在领土的缔约国政府批准。

6.每个港口设施保安计划均应根据其所覆盖的港口设施的具体情况不同而不同。

7.港口设施保安评估应已经确定港口设施及其潜在风险的具体特征,并已表明是否需要指定港口设施保安员和制订港口设施保安计划。

8.港口设施保安计划的制订要求将上述具体特征和其他地方或国家保安方面的考虑都纳入港口设施保安计划中,建立适当的保安措施从而最大限度地减少破坏保安情况的发生和潜在风险的后果。

9.缔约国政府可以对港口设施保安计划的制订及其内容提出建议。

10.缔约国政府应制订评估港口设施保安计划连续有效性的程序,并可要求在其最初批准前或批准后对港口设施保安计划进行修订。

11.港口设施保安计划应做出规定,对保安事件和威胁、审查、审核、培训、演练和演习的记录予以保存,作为符合要求的证明。

12.港口设施保安计划应包含关于在船上或船舶附近或在港口设施使用武器可能会产生特别和严重的安全风险的具体指导,特别是在载运危险品或有害物质的船上使用。

二、港口设施保安计划的要求与内容

1.港口设施保安计划的要求

所有港口设施保安计划应:

(1)详述港口设施的保安组织;

(2)该组织与其他有关当局的联系和必要的通信系统,以使该组织及其与其他方面(包括在港船舶)的联系能有效地持续运行;

(3)详述将要落实的保安等级 1 的基本措施,包括操作性和物理性措施;

(4)详述能使港口设施的保安等级迅速提升至保安等级 2,以及在必要时升至保安等级 3 的附加保安措施;

(5)规定对港口设施保安计划的经常性审查或审核,以及对其修正以反映所取得的经验和环境的变化;

(6)向缔约国政府的适当联络点报告的程序。

■ 2.港口设施保安计划的语言和内容

港口设施保安计划应以该港口设施的工作语言写成。该计划应至少涉及以下内容：

（1）防止将企图用于攻击人员、船舶或港口的武器或任何其他危险物质和装置擅自带入港口设施或擅自带上船的措施；

（2）防止擅自进入港口设施、停泊于该设施的船舶和该设施内的限制区域的措施；

（3）对保安威胁或保安状况破坏做出反应的程序，包括维持港口设施或船/港界面的关键操作的规定；

（4）对港口设施所在领土的缔约国政府在保安等级 3 时可能发出的任何指令做出反应的程序；

（5）在保安状况受到威胁或破坏的情况下撤离人员的程序；

（6）负有保安责任的港口设施人员和设施内参与保安事务的其他人员的职责；

（7）与船舶保安活动进行配合的程序；

（8）定期审查和更新计划的程序；

（9）报告保安事件的程序；

（10）指定港口设施保安员，包括 24 h 联系细节；

（11）保证该计划内所含信息的安全性的措施；

（12）在港口设施内确保有效保护货物和货物装卸设备的措施；

（13）审核港口设施保安计划的程序；

（14）该港口设施船舶上的保安警报系统被启动后做出反应的程序；

（15）便利船上人员的登岸假或船员更换以及包括海员福利和劳工组织的代表在内的来访者上船的程序。

三、港口设施保安计划的实施

1.对港口设施保安计划中规定的保安活动开展内部审核或对计划的实施进行评估的人员，应独立于所审核的活动，除非出于港口设施的大小和性质方面的原因这样做不可行。

2.港口设施保安计划可与港口保安计划或任何其他港口应急计划相结合，或成为其一部分。

3.港口设施所在领土的缔约国政府应决定，对港口设施保安计划的哪些改变在其批准对计划的相关修正前不得实施。

4.港口设施保安计划可以用电子格式保存。在此情况下，应通过程序加以保护，防止其被擅自删除、破坏或修改。

5.应防止擅自接触或泄露港口设施保安计划。

 第三节

港口设施保安等级及要求

一、各保安等级下港口设施的基本保安措施

根据 ISPS 规则 B 部分的规定,港口设施保安计划应针对 ISPS 规则所定义的三个保安等级做出规定。以下部分具体涉及了在各保安等级可采取的保安措施,包括:

(1)进入港口设施;

(2)港口设施内的限制区域;

(3)货物装卸;

(4)船舶物料交付;

(5)非随身行李装卸;

(6)监控港口设施保安。

二、进入港口设施

1.控制进入港口设施的保安操作

(1)港口设施保安计划应建立涉及港口设施安全评估所确定的所有进入港口方式的保安措施。对于各种进入港口的方式,港口设施保安计划中应指明针对各保安等级应采取的限制或禁止措施的适当位置。港口设施保安计划应为各保安等级确定将采用的限制或禁止措施的类型以及实施方式。

(2)港口设施保安计划应为各保安等级规定允许进入港口设施和在港口设施内停留而不受查问的身份查验方式,其中可包括制定一个适当的通行证系统,对港口设施人员和来访者分别发放永久通行证和临时通行证。在实际可行时,任何此种港口设施身份查验系统均应与经常使用该设施的船舶所应用的系统相协调。乘客应能够通过登船卡、船票等证明其身份,但是除非在受到监控的情况下,否则乘客不得进入限制区域。港口设施保安计划应做出规定,确保身份查验系统得以定期更新,并对不守程序者采取惩戒措施。

(3)对于在要求时不愿或不能证明其身份和/或确认其来访目的的人员,应拒绝其进入港口设施,并应视情向港口设施保安员和负责保安的国家或地方当局报告该企图进入港口设施的情况。

(4)港口设施保安计划应确定需要对人员、个人物品和车辆进行搜查的位置。对此种位置应设置遮盖物,从而不管天气情况如何,都可以根据港口设施保安计划规定的频次连续工作。搜查完毕后,人员、行李和车辆应直接进入受限制的舱室、登乘站或车辆装载区。

(5)港口设施保安计划还应规定地点,将已接受检查和尚未接受检查的人员及其物品

隔离开,如果可能,还应将上船和下船的乘客、船舶人员及其物品隔离开,以确保未经检查的人员不能和被检查过的人员接触。

(6)港口设施保安计划应规定采取任何对进入港口设施进行控制的频次,特别是当这些措施为随机或偶尔应用时。

2.各保安等级下控制进入港口设施的措施

(1)保安等级1时应采取的保安措施

①根据缔约国政府批准的标准,在限制区域周围使用围栏或其他屏障;

②核查试图进入港口设施的所有与船舶有关人员的身份,包括乘客、船舶人员和来访者,通过检查其上船指令、客票、登船卡和工作指令等确认其登船理由;

③检查试图进入港口设施的与船舶有关的人员所使用的车辆;

④核实港口设施人员、港口设施内的雇员的身份及其车辆;

⑤对于那些非港口设施雇员或不在港口设施内工作的人员,如果不能确定其身份,则限制其进入;

⑥检查人员、个人物品、车辆和车上物品;

⑦确定应永久关闭和加固的不常使用的港口设施进入点。

(2)保安等级2时应采取的保安措施

①指派额外的人员守卫进入点并对周围屏障加以巡逻;

②限制通往港口设施的进入点数目,确定需要关闭的入口和将其充分关牢的方式;

③提供阻止通过其他入口的方式,例如,可以设置保安屏障;

④增加对人员、个人物品和车辆的检查频次;

⑤允许那些不能提供正当理由的人员进入港口设施;以及

⑥使用巡逻艇加强水上保安。

(3)保安等级3时应采取的保安措施

在保安等级3,港口设施应服从那些对保安事件或其威胁做出反应的机构的指令。港口设施保安计划应详细说明在与反应机构和港口设施内船舶密切合作中可由港口设施采取的保安措施,其中可包括:

①停止进入全部或部分港口设施;

②只允许对保安事件或其威胁进行反应的人员进入;

③全部或部分港口设施内禁止行人和车辆往来;

④加强港口设施内的保安巡逻,如适合;

⑤停止全部或部分港口设施内的港口作业;

⑥指挥全部或部分港口设施内的车辆往来;

⑦从全部或部分港口设施撤离。

三、港口设施内的限制区域

1.限制区域

港口设施保安计划应确定将在港口设施内设立的限制区域,明确其范围、限制时间和为控制进入这些区域和控制区域内的活动将采取的保安措施。这里还应包括,在适当的情境下,确保在设立临时性的限制区域之前和之后对其加以保安清理的措施。

(1)设立限制区域的目的:

①保护乘客、船舶人员、港口设施人员和来访者,包括那些与船舶有关的来访者;

②保护港口设施;

③保护作用和服务于港口设施的船舶;

④保护港口设施内的保安敏感位置和区域;

⑤保护保安和警戒设备和系统;

⑥保护货物和船舶物料免受破坏。

(2)港口设施保安计划应确保所有限制区域有明确建立的保安措施,以控制:

①人员的进入;

②车辆的进入、停泊和装卸;

③货物和船舶物料的移动和储存;

④非随身行李和个人物品。

(3)港口设施保安计划规定对所有限制区域应清楚地予以标出,指示进入此区域是受限制的,擅自在该区域内出现是违反保安规定的。如果安装了自动闯入探测装置,应向能够对警报做出反应的控制中心报警。

(4)限制区域可以包括:

①紧靠船舶的海岸和水域;

②上下船区域、乘客和船舶人员停留和行进区域,包括搜查站;

③货物和船舶物料的装卸及存储区域;

④保安敏感信息,包括货物单证的存放位置;

⑤危险品和有害物质存放区域;

⑥船舶交通管理系统控制室,导航设备和港口控制建筑,包括保安和警戒控制室;

⑦保安和监控设备的存放和装设区域;

⑧重要的电力、无线电和电信、水和其他公用设施;

⑨港口设施内应限制船舶、车辆和人员进入的其他位置。

经有关当局同意,保安措施还可以扩大到限制未经允许进入能观察到港口设施的建筑。

2.各保安等级下适用于港口设施限制区域的保安措施

(1)保安等级1时应采取的保安措施

①在限制区域周围设置临时或永久的屏障,其标准应得到缔约国政府的接受;

②入口在使用时能由保安守卫来控制,在不使用时能有效锁闭或隔断;

③提供必须出示的用以证明持证人有权进入限制区域的通行证;

④对准予进入限制区域的车辆予以明确标识;

⑤提供守卫和巡逻;

⑥提供自动闯入探测装置,或警戒设备或系统以探查擅自进入限制区域或在限制区域内的行动;

⑦控制正在使用港口设施的船舶附近的船舶移动。

(2)保安等级2时应采取的保安措施

①加强限制区域周围的屏障和围栏的有效性,包括采用巡逻或自动闯入探测装置;

②减少限制区域的入口数量,对仍开放的入口加强控制;

③限制在停泊船舶附近停车;

④进一步限制进入限制区域,以及在限制区域内的移动和存储;

⑤使用连续监控和记录警戒系统;

⑥增加巡逻的频次,包括在限制区域周围或内部的水上巡逻;

⑦在邻接限制区域外设立限制区并限制进入该区域;

⑧限制其他未经允许的艇筏进入使用港口设施的船舶附近的水域。

(3)保安等级3时应采取的保安措施

在保安等级3,港口设施应服从那些对保安事件或其威胁做出反应的机构的指令。港口设施保安计划应详细说明在与反应机构和港口设施内船舶密切合作中可由港口设施采取的保安措施,其中包括:

①在港口设施内靠近保安事件发生地附近或在确信的保安威胁位置设立附加的限制区域,并禁止入内;

②作为搜查全部或部分港口设施的一部分,准备对限制区域进行搜查。

四、监控港口设施保安

1.监控港口设施的方法

(1)港口设施保安组织应能在任何时候(包括夜间和能见度有限期间)都能监控港口设施及其附近的陆上和水上的通道、港口设施内的限制区域、港口设施内的船舶和船舶周围区域。

此种监控可包括使用:

①照明;

②保安守卫,包括步行、车辆和水上巡逻;

③自动闯入探测装置和监控设备。

(2)如使用自动闯入探测装置,该装置应能在不断有人职守或监控的位置启动声响和/或视觉警报。

(3)港口设施保安计划应规定各保安等级所需的程序和设备以及确保监控设备能够持续运行的方式,包括对气候条件或电力中断的可能影响的考虑。

2.各保安等级下监控港口设施的保安措施

(1)保安等级1时应采取的保安措施

在保安等级1,港口设施保安计划应规定将采取的保安措施,可能包括照明、保安守卫或使用保安或警戒设备等,以使港口设施保安人员能够:

①观察到整个港口设施区域,包括岸上和水上入口;

②观察到进入点、屏障和限制区域;

③使港口设施保安人员能监控使用港口设施的船舶附近的区域和活动,包括增加船舶自身提供的照明。

(2)保安等级2时应采取的保安措施

①增加照明和监控设备的覆盖范围,包括提供额外的照明和警戒覆盖范围;

②增加步行、车辆或水上巡逻的频次;

③指派额外的保安人员监控和巡逻。

(3)保安等级3时应采取的保安措施

在保安等级3,港口设施应服从对保安事件或其威胁进行反应的机构发出的指令。港口设施保安计划应详细列出在与反应机构和港口设施内船舶密切合作中可由港口设施采取的保安措施,其中包括:

①打开所有照亮港口设施或港口设施附近的照明;

②打开所有能够记录港口设施内活动或港口设施附近活动的警戒设备;

③最大限度地延长此类警戒设备的连续记录时间。

五、货物装卸

1.货物装卸保安措施的作用

(1)防止破坏船舶;

(2)防止非预期运输的货物被港口设施接收或在港口设施内存放。

2.保安措施要求

(1)保安措施应包括在港口设施进入点的清单控制程序;

(2)在港口设施内的货物应能够被辨认出已经过检查并被接受装船或在限制区域临时储存等待装船;

(3)还可以限制没有确切装船日期的货物进入港口设施。

3.各保安等级下货物装卸的保安措施

(1)保安等级1时应采取的保安措施

①在货物装卸作业之前和期间对货物、货物运输单元和货物存放区进行常规检查;

②进行检查,以确保进入港口设施的货物符合交付清单或类似的货物单证;

③搜查车辆;

④检查封条或其他用于防止在进入港口设施和在港口设施内存放期间被破坏的方法;

⑤可以通过目视和物理检查、使用扫描/探测设备、机械装置或警犬等方式对货物进行检查;

⑥如果有定期或重复的货物流动,公司保安员或船舶保安员可同港口设施协商,与托运人或其他负责货物方协议安排异地检查、封箱、排期和提供单证等。该安排应通知并取得港口设施保安员的同意。

(2)保安等级2时应采取的保安措施

①详细检查港口设施内的货物、货物运输单元和货物存放区;

②视情进行强化检查,以确保只有单证上的货物才能进入港口设施、临时储存及随后装船;

③加强对车辆的搜查;

④增加检查封条或其他防止破坏措施的频次和细节;

⑤可以通过增加对港口设施内货物、货物运输单元和货物存放区检查(目视和物理检查)的频次和细节,增加使用扫描/探测设备、机械装置或警犬的频次,以及在已达成的协议或程序之外,与托运人或其他负责方协调加强保安措施等一些或所有方法对货物做详细检查。

(3)保安等级3时应采取的保安措施

在保安等级3,港口设施应服从对保安事件或其威胁进行反应的机构发出的指令。港口设施保安计划应详细列出在与反应机构和港口设施内船舶密切合作中可由港口设施采取的保安措施,其中可包括:

①限制或停止所有或部分港口设施内或具体船舶的货物移动或作业;

②核对港口设施内的危险品和有害物质的清单及其位置。

六、船舶物料交付

1.船舶物料交付保安措施的作用

(1)确保检查船舶物料和包装的完整性;

(2)防止船舶物料未经检查而被接收;

(3)防止破坏;

(4)防止船舶物料未经预定而被接收;

(5)确保对交付车辆进行搜查;

(6)确保在港口设施内护卫交付车辆。

对于经常使用港口设施的船舶,可以建立包括船舶、供应商和港口设施在内的关于通知和交付时间及其单证的程序。应始终有某种确认方式,确认准备交付的物料附有船舶预订该物料的证明。

2.各保安等级下船舶物料交付的保安措施

(1)保安等级1时应采取的保安措施

①检查船舶物料；

②提前通知物料的内容、司机的细节和车辆登记号；

③检查交付物料的车辆；

④可以通过目视和物理检查、使用扫描/探测设备、机械设备或警犬等一些或所有方法检查船舶物料。

(2)保安等级2时应采取的保安措施

①详细检查船舶物料；

②详细搜查交付车辆；

③与船舶人员协调在进入港口设施前按交付清单核对物料；

④在港口设施内护卫交付物料的车辆；

⑤可以通过增加对交付的车辆检查的频次和细节,增加使用扫描/探测设备、机械设备或警犬的频次,以及限制或禁止在一定时间内不会离开港口设施的物料进入港口设施等一些或所有方法对船舶物料做详细检查。

(3)保安等级3时应采取的保安措施

在保安等级3,港口设施应服从对保安事件或其威胁进行反应的机构发出的指令。港口设施保安计划应详细列出在与反应机构和港口设施内船舶密切合作中可由港口设施采取的保安措施,其中可包括准备在全部或部分港口设施内限制或停止船舶物料交付。

七、非随身行李的装卸

1.非随身行李

非随身行李,即在检查或搜查点的乘客和船舶人员未随身携带的任何行李,包括个人物品。

2.非随身行李的保安措施要求

港口设施保安计划应规定对非随身行李应采取的保安措施,确保:

(1)在进入港口设施之前以及根据储存安排,在从港口设施移送到船上之前,对其予以标明并受到适当的扫描,包括搜查。

(2)在两者都配备了适当设备的情况下没有必要对此种行李分别进行港口设施和船舶扫描,扫描的责任应归港口设施。与船舶密切合作非常重要,应采取措施确保非随身行李在扫描后装卸时的保安。

3.各保安等级下非随身行李的保安措施

(1)保安等级1时应采取的保安措施

在保安等级1,港口设施保安计划应规定在装卸非随身行李时将采取的保安措施,以确保部分乃至100%的随身行李受到扫描或搜查,其中可包括使用X射线透视。

(2)保安等级2时应采取的保安措施

在保安等级2,港口设施保安计划应规定在装卸非随身行李时将采取的附加保安措施,包括对所有行李进行 100% 的 X 射线透视。

(3)保安等级 3 时应采取的保安措施

在保安等级 3,港口设施应服从对保安事件或其威胁进行反应的机构发出的指令。港口设施保安计划应详细列出在与反应机构和港口设施内船舶密切合作中可由港口设施采取的保安措施,其中可包括:

①对此类行李进行更充分的扫描,例如用 X 射线从至少两个不同角度透视;

②准备限制或停止非随身行李的装卸;

③拒绝接受非随身行李进入港口设施。

第四节

公司和船舶保安员与港口保安员的联系

一、公司的责任

1.公司应确保在任何时候船上有资料可供缔约国政府正式授权的官员使用,使其能确定:

(1)谁负责指派船员或当前以任何职能身份在船上受雇或工作的其他人员,例如船舶管理公司、配员机构、承包商、特许经营者(如零售商店、娱乐场等);

(2)谁负责决定船舶的使用,包括期租租船人或光租租船人或任何其他具备此种能力的实体;

(3)如果船舶按租船合同的条款使用,则谁是租船(期租或程租)合同的各方,以及他们的联系细节。

2.公司有义务在情况发生改变时,对这些信息做出更新,并使其保持最新状态。

3.这些信息应用英文、法文或西班牙文写成。

二、控制和符合措施

◆ 1.对在港船舶的控制

(1)适用 SOLAS 公约第 XI-2 章的每一艘船在另一缔约国政府的港口内时,均应受到该国政府正式授权官员的监督。除非有"明显理由"确信船舶不符合 SOLAS 公约第 XI-2 章或 ISPS 规则 A 部分的要求,此种控制应限于验证船上携有根据 ISPS 规则 A 部分规定签发的有效"国际船舶保安证书"或有效"临时国际船舶保安证书"。该证书如有效,则应予承认。

(2)"明显理由"包括:

①在审查证书时取得的关于证书无效或已过期的证据;

②关于要求的保安设备、文件或安排存在严重缺陷的证据或可靠信息;

③收到了报告或申诉,根据正式授权官员的职业判断,报告和申诉包含了明确指出船舶不符合第Ⅺ-2章和本规则A部分的要求的可靠信息;

④正式授权官员通过职业判断取得的关于船长或船舶人员不熟悉关键的船上保安程序或不能开展与船舶保安有关的演练或未履行该程序或演练的证据或发现;

⑤正式授权官员通过职业判断取得的关于船舶人员中的关键成员不能与任何其他船舶人员中负有船上保安责任的关键成员建立正常通信的证据或发现;

⑥关于船舶在某一港口设施或从另一船舶接纳人员上船、装载了物料或货物,而该港口设施或其他船舶违反了SOLAS公约第Ⅺ-2章或ISPS规则A部分,且该船舶没有填写《保安声明》,也没有采取适当的、特别的或附加的措施或没有维持适当的船上保安程序的证据或可靠信息;

⑦关于船舶在某一港口设施或从另一渠道(例如另一船舶或直升机转送)接纳人员上船、装载了物料或货物,而该港口设施或其他渠道不要求符合SOLAS公约第Ⅺ-2章或ISPS规则A部分,且该船舶没有采取适当的、特别的或附加的措施或没有维持适当的船上保安程序的证据或可靠信息;

⑧如果船舶持有后来连续签发的《临时国际船舶保安证书》,并且根据正式授权官员的职业判断,如果船舶或公司申请此种证书的目的之一是在超出最初临时证书期间之外躲避完全符合SOLAS公约第Ⅺ-2章或ISPS规则A部分的要求。

(3)如有此类明显理由,或未能按要求出示有效证书时,缔约国政府正式授权的官员应对船舶采取如下任何一项或几项监督措施。所采取的任何此类措施必须是适度的,并考虑ISPS规则B部分提供的指导。

监督措施包括:检查船舶、延误船舶、滞留船舶、限制操作(包括限制在港内移动),或将船舶驱逐出港。此类控制措施还可辅以其他较轻的行政或纠正措施,或由其他较轻的行政或纠正措施代替。

如果导致船舶被滞留的设备项目缺陷或文件无效无法在受检查的港口予以纠正,缔约国政府可以允许船舶驶往另一港口,条件是要满足港口国与主管机关或船长之间达成的协议。

2.对拟进入另一缔约国港口船舶的监督

(1)本船如收到沿岸国政府发布的有关保安等级的信息并被告知保持警觉,在注意到的可能影响该区域海上保安的任何信息后应立即向其主管机关和附近任何沿岸国报告。

(2)为了避免对船舶采取监督措施或步骤,缔约国政府可要求拟进入其港口的船舶在进港之前向该缔约国政府正式授权的官员提供以下信息,以确保其符合SOLAS公约第Ⅺ-2章或ISPS规则A部分的要求:

①船舶具有有效证书,及证书签发机关名称;

②船舶当前营运所处的保安等级;

③在本船所停靠的前10个港口设施内,在其曾进行船/港界面活动的任何港口内时,其营运所处的保安等级;

④在本船所停靠的前10个港口设施内,在其曾进行船/港界面活动的任何港口内时,所采取的任何特别或附加保安措施;

⑤在本船所停靠的前10个港口设施内,船舶在任何船对船活动中维持了适当的船舶保安程序;

⑥与保安有关的其他实际信息(但非船舶保安计划的细节),如:

a.《连续概要记录》中包含的信息;

b.进行报告时的船位;

c.船舶预计抵达港口时间;

d.船员名单;

e.船上货物的整体描述;

f.乘客名单等。

船长可以拒绝提供该信息,但须明白不提供该信息可能导致拒绝该船进港。

(3)该船所拟进入港口的缔约国政府正式授权的官员在收到上述信息后,如有"明显理由"确信该船不符合 SOLAS 公约第Ⅺ-2 章或 ISPS 规则 A 部分的要求,应与该船及其主管机关或在该船与其主管机关之间建立通信联系,以纠正不符合的情况。如果上述通信未能解决问题,或该官员有其他"明显理由"确信该船不符合 SOLAS 公约第Ⅺ-2 章或 ISPS 规则 A 部分的要求,该官员可对该船采取如下步骤:

①要求纠正不符合的情况;

②要求该船驶往该缔约国政府领海或内陆水域中的一个指定位置;

③如果该船在所拟进入港口的缔约国政府的领海内,对该船进行检查;

④拒绝该船进港。

缔约国政府在开始采取任何此类步骤之前,应将其意图通知该船。收到此信息后,船长可以撤销其进入该港的意图。在这种情况下,本条不再适用。

📦 3.附加规定

(1)如果采取了某种监督措施或步骤,缔约国政府正式授权的官员应随即通知主管机关,说明已采取的控制措施或步骤及其原因。如已采取任何此类监督措施或步骤,采取监督措施的缔约国政府还应通知向有关船舶签发证书的被认可保安组织和 IMO。

(2)如果拒绝船舶进入港口或船舶被驱逐出港,港口国当局应将有关事实通报该船已知的随后各停靠港口的国家当局以及任何其他有关沿岸国,并应考虑本组织制定的指南。应确保此类通知的保密性和安全性。

(3)只有在缔约国政府正式授权的官员有"明显理由"确信船舶对人员、船舶或其他财产的保安或安全构成紧迫威胁,并且没有其他适当方式来消除该威胁的情况下,才可拒绝船舶进入港口或将船舶驱逐出港。

(4)在导致采取监督措施或步骤的不符合情况得到纠正并使缔约国政府许可时,监督措施或步骤即应停止,并应考虑船舶或主管机关所建议的行动(如有)。

(5)缔约国政府在行使监督或步骤时,应尽一切可能避免船舶被不当扣留或船期被不当延误。如果船舶被不当扣留或船期被不当延误,船舶有权就其所受任何损失或损害取得赔偿。同时,不得阻止出于紧急或人道主义原因和出于保安目的而在必要时登船。

三、历史记录

1.船舶应保存缔约国政府可能要求拟进入其港口的船舶在进港之前向该缔约国政府正式授权的官员所提供的其停靠的前 10 个港口设施的信息。

2.进港前保安信息报告中要求船舶提供最近 10 次挂靠港口设施期间所采取的任何特别或附加措施的记录包括,但不限于:

(1)在挂靠一个非缔约国境内的港口设施期间所采取措施的记录,特别是那些通常都由位于缔约国境内的港口设施提供的措施。

(2)与港口设施或与其他船舶签署的任何"保安声明"。

3.进港前保安信息报告中要求船舶提供的最近 10 次挂靠港口设施期间进行的船对船活动时维持的适当的保安程序。通常将不要求包括引航员、海关人员、移民局人员或保安官员登离船的记录,也不包括船舶在港口设施中的燃油操作、驳运操作、装载物料和卸载垃圾的记录,因为这些活动通常在"港口设施保安计划"的负责范围之内。

可能提交信息的实例包括:

(1)在与悬挂非缔约国船旗的船舶进行船到船活动时所采取措施的记录,特别是那些通常都由悬挂缔约国船旗的船舶提供的措施。

(2)在与悬挂缔约国船旗但不要求符合 SOLAS 公约第Ⅺ-2 章或 ISPS 规则 A 部分规定的船舶进行船到船活动时所采取措施的记录,例如根据其他规定为该船签发的任何保安证书的复印件。

(3)如果船上有从海上搭救的人员或捞起的货物,关于此种人员或货物的所有已知信息,包括其身份(如果知道的话)以及为确立其保安状况代表船舶进行的任何核查的结果。SOLAS 公约第Ⅺ-2 章或 ISPS 规则 A 部分的初衷并非延误或阻止将海上遇难人员送至安全地点。SOLAS 公约第Ⅺ-2 章或 ISPS 规则 A 部分的唯一出发点是向国家提供足够的适当信息以维护其保安的完整性。

四、联系与报告

1.船长或船舶保安员可就船舶保安的任何问题向船旗国、港口国或沿岸国联络点或公司保安员要求咨询或协助。

2.船长或船舶保安员应向船旗国、港口国或沿岸国联络点报告关于其他船舶、动向或通信的任何保安问题。

3.如发生与本船有关的保安事件,船长或船舶保安员应立即向公司保安员和船旗国、港口国或沿岸国联络点提交一份报告,如无法与有关联络点联系,可要求公司保安员转交此报告。

4.在港内,如可行,船长或船舶保安员可向港口设施保安当局提交该报告。

5.缔约国联络点的联系方式,将根据 IMO 提供的资料及时提供给船舶并保持更新。

6.如果港口设施缔约国政府认为必要或船舶认为必要,应填写"保安声明"。

第九章
船舶保安设备和系统的操作、测试和校准

SOLAS 公约第 XI-2 章要求船舶必须配备船舶保安警报系统,是继 GMDSS 和船舶自动识别系统之后,IMO 对航行船舶远距离识别及远距离跟踪监控提出的新要求。除了船舶保安警报系统之外,ISPS 规则 A 部分及 SOLAS 公约第 XI-2 章对船舶应配备何种保安设备未做明确规定,但是 ISPS 规则 B 部分提到了自动闯入探测装置、警戒与监控设备、扫描/探测设备、连续监视警戒设备、X 射线透视设备、炸弹探测设备等几种保安设备。除了船舶保安警报系统必须在规定的期间之内强制配备外,其他保安设备的配备由缔约国主管机关授权的主管当局确定。

第一节

船舶保安设备和系统及其局限性

一、船舶保安警报系统（SSAS）

根据 SOLAS 公约 XI-2 章第 6 条及 IMO 海上安全委员会 MSC.136(76)决议和 MSC.147(77)决议的规定,所有国际航行船舶必须配备船舶保安警报系统(Ship Security Alert System, SSAS),以便在遭遇劫持或武装攻击时启动该系统,及时向主管当局(在此情况下可包括公司)发送船对岸保安警报。

该系统至少包括 2 个启动点,其中 1 个在驾驶台,并且这些启动点都能发射船舶保安警报。该系统允许使用隐蔽启动点向有关当局报警,但不在船上拉响警报,也不向任何他船发送保安警报(见图 9-1)。

船舶保安警报系统应不低于 IMO 通过的性能标准:

①在缺少船舶主电源的情况下,船舶保安警报系统仍然能够工作;

②启动点应该能在驾驶台和其他位置被使用,无须移动铅封或打

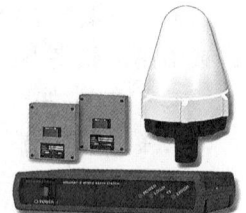

图 9-1　船舶保安警报
系统(SSAS)

开盖子、封条,就可启动任一调节装置;

③启动点应该能够让一个无线电通信系统开始运转;

④船舶保安警报系统的启动不应该削弱 GMDSS 装置的功能;

⑤船舶保安警报的发送应该包含一个依据 GMDSS 遇险程序产生的代码、船舶识别号及船舶的位置;

⑥船舶保安警报系统应该能够被测试。

二、船舶自动识别系统（AIS）

船舶自动识别系统(Automatic Identification System,AIS)是一种船舶导航设备。AIS 的使用不仅能增强船舶间避免碰撞的措施,还可以加强 ARPA 雷达、船舶交通管理系统、船舶报告的功能,有效地协助船舶跟踪和避让目标,达到改进海事通信的功能并提供一种船舶进行语音和文本通信的方法,增强了船舶的全局意识。AIS 的配置为船舶航行安全和航行管理提供了一种新型有效的手段,AIS 也是船舶必不可少的保安设备(见图 9-2)。

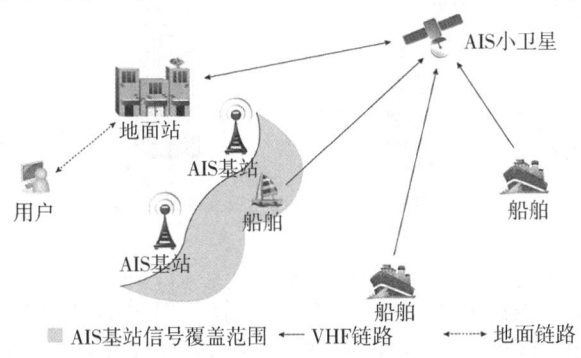

图 9-2　船舶自动识别系统(AIS)

AIS 又称全球无线电应答器系统,它主要是在 2 个专用的 VHF 频道上工作,在无法使用这些频道的地区,AIS 可以借助来自岸基设备的信息自动切换到指定的其他频道上。

AIS 可以连续地发送、接收并显示如下 3 种信息:

①船舶静态信息,如船名、呼号、船舶尺度等;

②船舶动态信息,如船位、航向、航速等;

③船舶航次信息,如船舶吃水、货载情况、目的港等。

通过 AIS,岸基 VTS 可以了解船舶完整的交通动态,监控和跟踪这些船舶,并与其交换数据。

根据 IMO A.1106(29)船载 AIS 操作使用指南,船舶在航行或锚泊时,AIS 应始终保持运行状态。如果船长认为 AIS 的连续运行可能危及船舶安全或保安,或在即将发生保安事件的情况下,船舶可以关闭 AIS 设备。如果船舶航行在强制船舶报告区域,船长应向主管当局报告船舶关闭船载 AIS 行为的理由。AIS 关闭的日期、地点和时间应记录在船舶的航海日志中,同时写明这样做的原因;而且一旦危险源消失,船长应立即重启 AIS 设备。在 AIS 设备关闭时,船舶相关数据和航次信息将会被保存。AIS 设备在通过打开设备电源重启后,船舶数据将在 2 min 的初始化完成后进行传输。船舶在港停泊期间,AIS 设备的操作使用应符合港口要求。

实务中,常见的船舶主动关闭 AIS 的情形是在船舶途经容易遭遇海盗的水域时,为防止船舶的识别信息、位置和航线被海盗所知晓而主动关闭船载 AIS 设备。

三、远程识别和跟踪系统(LRIT)

远程信息和跟踪系统(LRIT)是在 IMO 的领导下,作为一种加强海事保安的手段,通过提供船舶身份和当前位置信息,使缔约国政府能够评估一艘船在其海岸附近的保安风险,并在必要时做出反应。一个强有力的国际海上远程识别和跟踪体制是海上保安的重要和不可分割的组成部分(见图 9-3)。

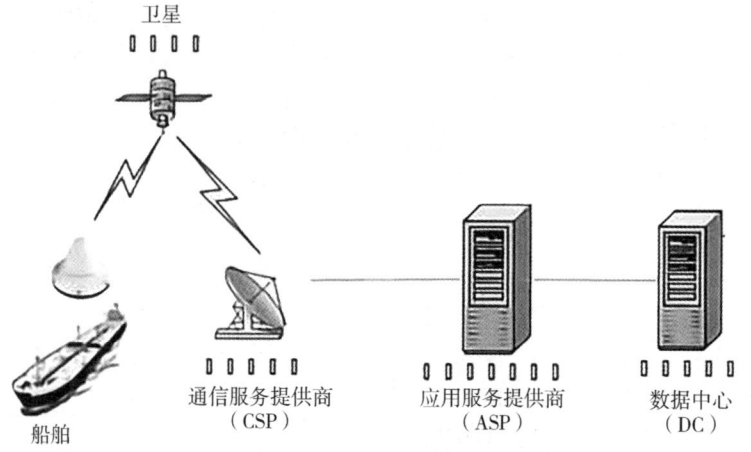

图 9-3　远程识别和跟踪系统(LRIT)

LRIT 系统包括船载 LRIT 信息传输设备、通信服务提供商、应用服务提供商、LRIT 数据中心,包括任何相关的船舶监控系统、LRIT 数据分发计划和国际 LRIT 数据交换。LRIT 系统的性能的某些方面是由 LRIT 的协调员代表所有的 SOLAS 缔约国查看或审核。

与 AIS 不同,LRIT 通信是被编址的(也就是说,它是信息的安全点对点传输),而不是广播。LRIT 信息被提供给各国政府,在 SOLAS 公约和搜索、救援服务中,通过使用国际 LRIT 数据交换系统的国家、区域和合作 LRIT 数据中心的系统获得信息。为了满足安全或其他方面的需要,政府随时可能决定不向另一个合同政府提供船舶的 LRIT 信息。

每一届政府都应向其所选择的 LRIT 数据中心提供一份有权悬挂其旗帜的船舶名单,以及其他重要的细节,并应及时更新,而不应不适当地推迟,如更改发生时的清单。船舶只应将 LRIT 信息传输到其管理所选定的 LRIT 数据中心。

在特殊情况下,在最短的时间内,如果 LRIT 在使用时被船长认为危及船舶的安全或保安,就可以关闭 LRIT 系统。在这样的情况下,要求船长在不延误的情况下通知管理部门,并将发生的原因和关闭持续时间记录下来。

四、自动闯入探测装置

自动闯入探测装置是指自动感知危险情况发生的设备,它通常是安装在船上所需要防范的场所内(如船上的限制区域),主要由传感器和前置信号处理器组成,并可在保持连续值守和监控场所提供视觉或声响警报。

自动闯入探测装置有很多种类,如红外入侵探测装置、振动传感电缆、电子围栏、激光对射、张力铁线防越探测网、静电探测网、微波探测器、光纤防越栅栏、视频运动探测与跟踪系统等。从使用量上看,红外入侵探测装置所占比例最大,其主要优点为安装简便、价格便宜。以下主要介绍两种红外入侵探测装置。

◻ 1.被动红外入侵探测装置

被动红外入侵探测装置是指当被探测目标侵入并在所防范的区域内移动时,引起该区域红外辐射的变化,能够感知这个红外辐射的变化并进入报警状态的装置(见图9-4)。

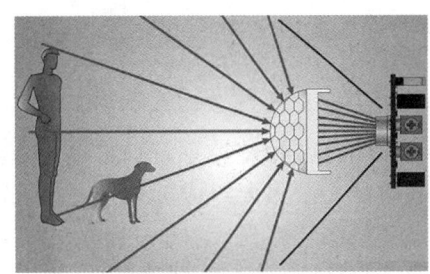

图9-4　被动红外入侵探测装置

（1）特点

被动红外入侵探测装置隐蔽性好,无须照明,昼夜均可使用;仪器不发射能量,功率低,使用寿命长。

（2）局限性

①防范区域内的背景要求是静止的物体,因此,该装置最好安装在货舱、船员舱室等室内;

②因较强的气流变化容易引起误报警,所以该装置的正前方不应有温度易发生变化的物体,如暖气、冷冻设备的散热器等,也应避开空气调节孔及管道;

③因红外辐射的穿透性能较差,所以该探测装置的前方不应有障碍物,否则会造成"死区",引起漏报警;

④被动红外入侵探测装置安装时不应正对着外部窗户,避免受到阳光或强发射光的照射,引起误报警;

⑤被动红外入侵该探测装置应安装在不易振动的物体上。安装物体振动会导致探测装置振动,相当于背景辐射发生变化,会引起误报警。

◻ 2.主动红外入侵探测装置

主动红外入侵探测装置由主动红外发射机和主动红外接收机组成,当发射机与接收机之间的红外光束被完全遮断或按给定百分比遮断时能产生报警状态的装置(见图9-5)。

（1）特点

主动红外入侵探测装置组成警戒的红外光束不可见,隐蔽性强;采用调制光技术,抗干扰能力强,稳定性好。

（2）局限性

①在主动红外入侵探测探测装置的防范区域内,不得有障碍物;

②在室外使用该探测装置时,必须注意清除防范区域内的干扰物;

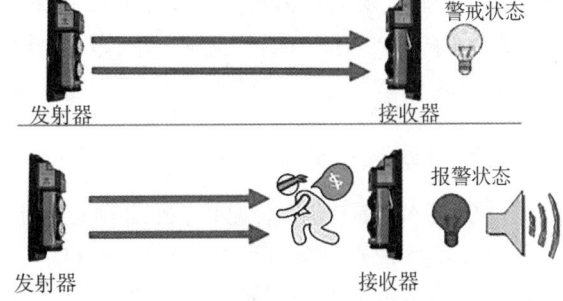

图9-5　主动红外入侵探测装置

③由于受天气情况影响,在室外使用时,其控制距离将缩短;

④必须经常检查镜头并消除镜头面上的灰尘或污垢,否则将影响主动红外入侵探测装置的控制距离;

⑤在室外使用主动红外入侵探测装置时应采用截止滤光片,使其不受太阳光辐射影响,确保正常工作。

五、电视监控系统

闭路电视监控系统(CCTV)是安全技术防范体系中的一个重要组成部分,是一种先进的、防范能力极强的综合系统,它可以通过遥控摄像机及其辅助设备(镜头、云台等)直接观看被监视场所的一切情况;同时,电视监控系统还可以与保安报警系统等其他安全技术防范体系联动运行,使其防范能力更加强大(见图9-6)。

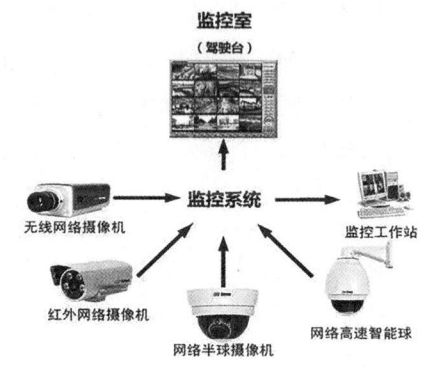

图9-6　闭路电视监控系统(CCTV)

在船舶上使用该系统,通常可将电视监控系统中的摄像头安放在两翼甲板,通过摄像头将被监控场所的图像信息及时传送到驾驶台的保安中心,船舶保安员通过监视器就可看到防范区域的活动情况,同时可以通过录像设备记录下来,作为日后处理某些事件的依据。

六、防爆保安检查设备

防爆保安检查设备是用来对各种爆炸装置、枪支、弹药、凶器等危险、违禁物品进行探测的技术装置。它主要包括:

1.金属探测器

金属探测器利用电磁感应的原理,利用有交流电通过的线圈,产生迅速变化的磁场。这个磁场能在金属物体内部感生涡电流。涡电流又会产生磁场,倒过来影响原来的磁场,引发探测器发出鸣声。金属探测器的精确性和可靠性取决于电磁发射器频率的稳定性,一般使用80～800 kHz的工作频率。工作频率越低,对铁的检测性能越好;工作频率越高,对高碳钢的检测性能越好。金属探测器的灵敏度随着检测范围的增大而降低,感应信号大小取决于金属粒子尺寸和导电性能(见图9-7)。

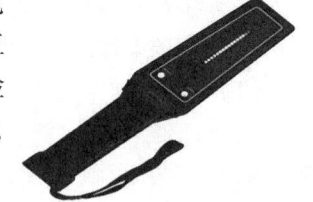

图9-7　金属探测器

2.X射线透视设备

行李进入X射线检查通道,将阻挡包裹检测传感器,检测信号被送往系统控制部分,产生X射线触发信号,触发X射线的射线源发射X射线束。X射线束穿过输送带上的被检物品,X射线被被检物品吸收,最后轰击安装在通道内的半导体探测器。半导体探测器把X射线转变为信号,这些很弱的信号被放大,并送到信号处理机箱做进一步处理,这些信号处理后会通过显示屏显示出来。无论包有几层,X射线都能穿透,一层层地将包内的物品显示出来(见图9-8)。

经过 X 射线检测后,行李内的物品会在显示器中显示出大致的形状,并显示成黄色、绿色、黑色等。显示成黄色的物品是安全的,一般是有机物,如塑料、食品等;而显示成绿色、黑色的物品需要注意,如果绿色或黑色物体比较多,或呈匕首、刀子形状,就应打开行李检查。

图9-8 X 射线透视设备

3.炸弹探测设备

炸弹探测设备是一种专门用于探测爆炸物的装置(见图9-9)。

七、船舶保安照明系统

船舶保安计划中通常将本船照明系统的名称、型号、安装位置、用途在保安设备部分做出详细的说明。常见的保安照明系统包括船首照明灯、船尾照明灯、舷外照明灯、驾驶台左右搜索灯、外走廊照明灯等。

每季度应对所有保安照明设备进行检查、试验,保持最佳工作状态。灯具活动部位的润滑保养由水手长负责,电器部分检查由电机员负责。检查灯具、电源工作良好,活动部分充分地润滑且做到防锈、水密,检查备件是否齐备。检查情况应填写"保安照明设备检查表"。

图9-9 炸弹探测设备

第二节

船舶保安设备和系统操作程序

一、船舶保安警报系统的使用

 1.工作要求

(1)船舶保安警报系统启动后,应:

①开始向主管机关指定的主管当局(在此情况下可能包括公司)发送船对岸保安警报,确定船舶身份、船位并指出该船的保安状况受到威胁或已受到危害。

②不向任何其他船舶发送船舶保安警报。

③不在船上发出任何警报。

④在关闭和/或复位前持续发送船舶保安警报。

（2）收到船舶保安警报通知的行动

①如果主管机关收到船舶保安警报通知,该主管机关应立即通知船舶当时正在航行位置附近的国家。

②如果一缔约国政府收到非悬挂其船旗的船舶的保安警报通知,该缔约国政府应立即通知有关主管机关,并在合适时通知船舶正在航行位置附近的国家。

2.船舶保安警报系统及其启动点的设置

（1）船舶保安警报系统应能够从驾驶室和至少一个其他位置启动,并不低于 IMO 规定的性能标准。所有驾驶员均应熟悉驾驶台的报警点位置并了解使用方法;保安员房间报警点位置只能由船长和船舶保安员了解。这些位置不能被未授权的外部人员发现。

（2）船舶保安警报系统启动点的设计应能防止误发船舶保安警报。

（3）只要符合 SOLAS 公约第 XI-2 章的所有要求,可以通过使用为符合第 SOLAS 公约第 IV 章要求而安装的无线电设备来符合船舶保安警报系统的要求。

3.系统的启动

（1）船舶保安员和船长负责启动船舶保安警报系统。

（2）船长、船舶保安员应保证轮机长和驾驶员知道船上报警点的位置,启动保安警报系统的程序,在什么情形下或什么时候他们被授权启动船舶保安警报系统。

（3）遇有下列情况应启动船舶保安警报系统:

①当船舶受到严重的恐怖威胁和/或紧急、严重的保安破坏,也包括船长认为迫切需要救助或其他必要的情况时;

②当船舶发生保安事件影响到船舶正常指挥时,所有驾驶员或船员在接到船长或资历较老的驾驶员的指令后都可以启动船舶保安报警系统;

③当发生保安事件船舶失控时,船舶保安员、轮机长和驾驶员接到船长的命令或船舶保安员的命令时。

4.系统的操作程序

船舶保安警报系统的操作程序应包括:试验、启动、解除、恢复并限制误报警事件等程序。

（1）船舶保安警报系统的日常传送试验程序

①最初的装机测试以后,日常的传送试验应每年进行 1 次。公司保安员要得到船旗国有关机构的允许,再和船长约定好,在指定的时间进行试验;

②公司保安员组织船舶保安警报系统的日常传送测试,整个测试要和船长或船舶保安员保持电话联系;

③船长和公司保安员确定船舶保安警报系统测试的目的和时间;

④测试过程中,在驾驶台报警点发射报警信号。当公司保安员接到报警信号,要确认其正确性,包括对船舶身份、警报状况和警报内容进行核准,确定是船舶保安报警测试;

⑤测试完后,船长要确定船舶保安报警系统已复位。公司保安员要确认收到的测试信息,把结果告知船长;

⑥其他报警点也应按(2)~(5)的步骤进行适当的测试；

⑦船长和公司保安员双方确认,所有警报点测试完毕,船舶保安报警系统已被复位。那么,再收到从船上发出的、事先未做通知的报警,应当作真正的警报来对待。

(2)预防误报警的程序

①公司保安员负责任命有能力的人员担任船舶保安员,负责处理船舶报警事宜,公司保安员还有责任防止船舶在操作时出现误报警事件；

②隐蔽警报按钮的保护盖子要盖好,防止不小心误发警报。因为船舶保安警报系统被激活时不响警铃,也没有任何显示,所以很有必要控制和防止"误报警"的发出。如果条件允许,在发送报警信号之前或之后,船长或船舶保安员要用电话通知公司保安员,是真警报。

(3)收到报警时的处置程序

①当公司保安员接到船舶保安报警信息时,应采取下列步骤：

a.检查船位、路径、货物、乘员、上一港、目的地等；评定船舶保安事件发生的可能性,分析是否是"误报警"；

b.联系船旗国当局海事搜救协调中心和其他有关单位,提供船舶信息以寻求下一步行动；

c.对有关的保安主管当局或船旗国当局的指示,公司保安员将用术语与船长联系或用术语电传给船上,以确认船上的形势；

d.若船上没有保安事件,而船舶发送误报警信号,在接收电话呼叫或电传信息时,船长应立即用电话澄清船舶情况；如确认是误报警,将船舶保安报警复原/复位,并用允许的术语码将船舶保安报警设备误报警的原因用电话或书信方式报告给公司保安员；一经船舶的错误报警被确定和改正,公司保安员就要报告给船旗国指定的责任机构,或有关方以取消由于船舶误报警而采取的行动；

e.若船舶保安警报系统已经由于船舶保安事件而运作,在收到电话呼叫或电传时,船长既不要用不正确术语来回答,也不要理睬电话呼叫或信息；

f.若用术语电话呼叫或从船上发出的信息1 h 没有反应,或不正确的术语已经接收,公司保安员将认为船舶保安警报系统与船舶保安事件相连并已经动作；

g.当确认船舶真报警时,公司保安员应代表公司报告相关海事局,报告应包括：报警船舶的名称、方位,以便通知相应的沿岸国家或地区,公司和相关海事局这种通信联络应该被延续到境况转为正常。

②当主管机关收到船舶保安警报通知时,主管机关应立即通知船舶当时所在位置附近的国家。

5.系统的维护、保养、检查和测试

(1)船舶保安员负责保存系统的技术说明书以及操作程序,使用中发现问题应及时通知公司主管部门安排修理。

(2)船舶保安警报系统由船舶保安员负责日常维护、保养、检查、测试,并填写"船舶保安设备使用记录"。

（3）船舶保安警报系统的内部线路的测试和外观检查包括天线安装情况和电源连接供电检查，每月进行 1 次，测试日期和测试结果记录在"船舶保安设备检查单"里。

二、船舶自动识别系统的使用管理

（1）AIS 的显示及控制单元应安装在驾驶室便于航行值班人员操作观察的位置。

（2）AIS 天线安装、电源使用、数据信息采集、接口等要求除满足国际海事组织公约要求外，还应满足有关当局及运河主管部门的使用要求。

（3）AIS 安装检验要求。根据中国船级社要求，下列送审图纸及资料应一式三份送中国船级社（CCS）审查，批准后一份供 CCS 存档，一份给现场验船师，一份退还送审单位。

①AIS 布置图，应包括：AIS 设备安装位置；AIS 收发天线及内置和外置的 GNSS 天线位置，GNSS 天线相对于艏艉及左右舷舷侧的位置距离应在图纸上清楚标明。

②AIS 系统图，至少应包括：AIS 设备各组成部分及外接设备连接的原理框图；连接线路及其接口的型号、规格；主电源、应急电源的供电线路。

（4）AIS 设备安装后，船长应组织有关船员学习 AIS 使用规定和注意事项。船长、驾驶员、无线电电子员必须了解和熟悉该设备的性能、结构、操作规程和试验方法。

（5）AIS 设备由船长、驾驶员负责使用，日常管理工作由二副负责。修理保养由无线电电子员负责；并要建立台账，做好维护保养、修理和测试等记录。

（6）AIS 设备由二副每个月检验测试 1 次（各型号的设备操作程序及检验测试方法参照技术说明书），并根据保安体系文件要求做好记录。

三、船舶保安设备操作、测试和校准的必要性

1.船舶保安设备操作、测试和校准是履行 ISPS 规则的法定要求

ISPS 规则 A 部分规定保安计划中应包含确保检查、测试、校准和保养船上装备的任何保安设备程序的内容。

2.船舶保安设备操作、测试和校准是履行船舶保安职责的要求

ISPS 规则 A 部分规定船舶保安员的职责包括确保正确操作、测试、校准和保养保安设备。

3.船舶保安设备操作、测试和校准是开展船舶保安培训、演习和演练的要求

ISPS 规则 A 部分规定船上应定期开展保安设备和系统及其操作、测试、校准和海上维护的培训、演习和演练。通过培训，船员能正确使用各种保安设备和系统，根据已熟悉的应急程序采取有效措施，有效地控制保安威胁局面，把保安事件数量和损害降到最低。

船舶保安警报系统和船舶自动识别系统作为 SOLAS 公约强制要求配备的船舶保安设备，在应对船舶保安威胁或保安事件中发挥着重要作用。这些设备一旦在日常操作、测试其功能及设定中做不到位，很可能导致在使用过程中出现信息不准或误报警，影响船舶正常使用。因此，船舶保安员与负有指定保安职责的船员应意识到使用船舶保安设备的注意事项，按照船舶保安计划和设备使用说明书的要求定期开展测试工作，确保船舶和人员安全。

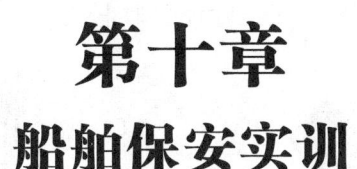

第十章
船舶保安实训

科目一

船舶保安控制

一、非侵犯性检查

非侵犯性检查是为了防范或制止危害船舶安全的行为,保障船员、旅客和财产安全而采取的一项预防措施。非侵犯性检查通常包括以下几种:

1.身份证检查

合法有效的身份证件是证明登船人员身份的最直接的证据。船员,特别是负责在舷梯口值班的船员应对来船人员进行证件检查,必要时可以要求在船舶附近的可疑人员出示身份证件,目的是了解当事人的身份,并通过对证件真伪的判定,确定当事人的可疑程度以及可能对船舶带来的潜在威胁。

(1)身份证件的种类

①居民身份证;

②护照与签证;

③其他身份证件,包括海员证、军官证以及所属单位签署的工作证。

(2)证件检查的注意事项

①观察证件照片与本人的相符程度;

②注意证件内容是否简明而详尽,是否有防伪标志,做工精细与否,是否有复印迹象;

③边查边问,同时注意被查者的反应;

④保持适当安全距离,并做好安全防范;

⑤可通过其他已被确认身份的人员进一步验证被查者身份;

⑥需要时报请负责的高级船员或船长,必要时通过港方人员或代理确认。

2.磁性金属探测器近身检查

检查员手持一种金属探测器,贴近旅客身体搜索全身上下前后(见图10-1)。仪器遇到手表、衣袋内的钥匙、小刀、纪念章等金属物后,即会发出特殊声音,旅客则需要从衣袋内取出全部金属物再进行检查,直到检查员消除怀疑为止。

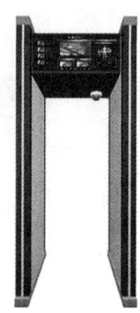

图 10-1 磁性金属探测器和安检门

使用磁性金属探测器对来访人员进行检查的方法(见图10-2):

(1)将磁性金属探测器设置在工作状态;

(2)被检查人员在指定位置直立,双手伸平;

(3)检查人员手持磁性金属探测器贴近被检查人员,从上到下、从前到后全身搜索;

(4)磁性金属探测器发出报警声音后,提醒被检查人员进行自检取出金属物件;

(5)重新进行探测检查,直到检查员消除怀疑为止。

图 10-2 使用磁性金属探测器对来访人员进行检查

3.安检门检查

安检门是一种门式检查装置,所有拟进港登船人员需从门框内通过,如果身上携带金物装置就会发出信号。随后,检查员会对有可疑的人再做搜身检查(见图10-1)。

4.物品检查

(1)物品检查主要是对箱包等行李物品的检查,实践中通常的做法与所应坚持的原则包括以下几种:

①人、包分离,控制被检查人员的物品;

②查验物品的步骤应遵循一看、二听、三闻、四摸、五拆包的原则;

③对需要开箱检查的物品,应礼貌地要求登轮者自行打开检查;

④发现违禁品,立即控制被检行李或包裹,同时报告船舶保安员并采取进一步保安措施。

(2)登船行李、包裹检查的注意事项:

①任何此类搜查应充分尊重人权和保护基本的人格尊严;

②已检查的人员和财物应该与未检查的人员和财物分隔开;

③坚持轻拿、轻放、顺序查验的文明检查原则;

④发现违禁品,立即控制,同时报告船舶保安员。

二、搜身

1.搜身的概念

搜身是指在制服和缉捕了犯罪分子或犯罪嫌疑人的前提下,对其人身进行的搜索和检查。搜身通常由享有执法权利的机关、部门行使,并必须符合法定的条件和程序。

各国法律均明确规定严禁非法搜身。其目的是保护公民的合法权益和人格尊严,但并不排斥对事实的调查,关键在于搜身行为的合法性。例如,机场对乘客人身和行李的检查。

2.搜身的目的

(1)为了查明和清除可能隐藏在犯罪嫌疑人身上的各种凶器;

(2)为了查获犯罪嫌疑人携带的罪证;

(3)为了探明旅客是否携带枪支、弹药、凶器、易爆易燃物品、剧毒品,以及其他威胁飞机、船舶安全的危险物品。

3.搜身方式

对拟登船人员以及航行中已登船的可疑人进行搜身,必须坚持安全有效的原则。常见的搜身方式有以下三种:

(1)展背靠墙搜身法

展背靠墙搜身法是利用墙壁或其他支撑物来完成的,让可疑人员靠在墙边,双腿尽可能叉开,低头朝下,用双手指尖触墙,搜查者从后面自上而下摸索其全身的方法(见图10-3)。

(2)俯卧式搜身法

俯卧式搜身法要求可疑人员面部向下卧倒,双手交叉置于脑后,搜查者揪住可疑人的头发和交叉在头后的手指,用一只膝盖置于其髋部再进行搜身(见图10-4)。

(3)下跪式搜身法

下跪式搜身法要求可疑人员跪在地上,手指交叉置于头后,搜查者擒住可疑人交叉双手的小指与头发,一只膝盖放在犯罪嫌疑人的背后,用另一只手进行搜身(见图10-5)。

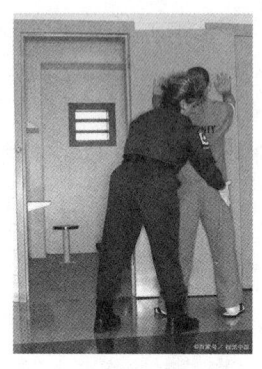

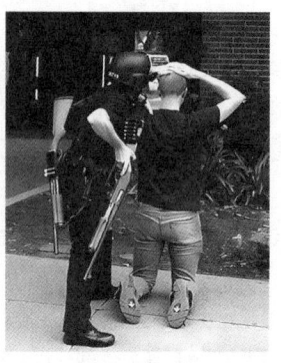

图 10-3　展背靠墙搜身法　　　图 10-4　俯卧式搜身法　　　图 10-5　下跪式搜身法

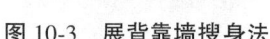 4.搜身时应注意的问题

（1）搜身时必须保持高度的警惕；

（2）应采取正确的搜身方法：搜身时，不能让可疑人员原地站立，应命令其靠住物体。在没有倚靠物时，应采用下跪式搜身法；

（3）对可疑人员应进行全面搜身：一般按从上到下、从前至后的步骤进行，不能只搜上身，不搜下身；

（4）搜身一般要求用手挤压、触摸翻动；

（5）搜身必须认真、彻底、不留任何凶器，不能搜出一件凶器就放弃进行全面搜身；

（6）搜身时要注意凶器隐藏部位，尤其应注意帽子、衣领、护腕、腋下、小腿内侧等可能隐藏凶器的部位。

 科目二

船舶保安设备

船舶所配备的船舶保安设备应处于随时可用状态，保证本船保安报警系统及其配备符合 SOLAS 修正案 XI-2 章第 6 条的要求。船舶所有保安设备应严格按照其使用说明书的要求或常规要求进行检查、保养、校准和测试（包括船舶保安警报系统的测试）。一旦发现某个设备或系统失效或故障，应立即向船舶保安员或船长报告，组织船员及时进行修理，如无法解决，应立即向公司保安员报告，公司应尽早安排修理或更换。

一、钢盔、防弹衣和盾牌的使用

■ 1.钢盔

使用方法：调整好可调节衬圈的大小，戴好钢盔，拉紧钢盔的下颌带子（见图 10-6）。

2.防弹衣

使用方法:分清防弹衣的正面和背面,撕开防弹衣穿上,拉紧贴实(见图10-7)。

3.盾牌

盾牌是一种重要的防御工具,正确的使用方法可以有效提高安全性。船舶配备的防海盗用的盾牌,如果需要对抗武装海盗,需要有足够的厚度和保护面积。船上也可以自制盾牌,防弹盾牌的钢板厚度应在1.5~3 cm。为了方便使用,可以装上轮子(见图10-8)。

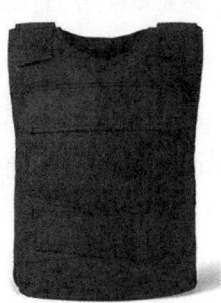

图10-6　钢盔　　　　　图10-7　防弹衣　　　　　图10-8　盾牌

二、信号弹、远距离声光炸弹的使用

1.信号弹

船舶驾驶台配有火箭降落伞信号弹,用于船舶遇险报警使用。在遭遇海盗等武装袭击的时候,也可使用信号弹对其发出警告和进行防御(见图10-9)。

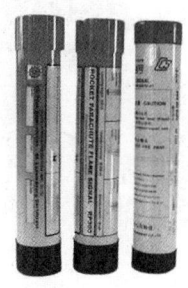

图10-9　信号弹

2.声光炸弹(钛雷)

声光炸弹(钛雷)可以用作船舶防范海盗袭击的非武器性器械,船舶通过施放"钛雷"可以成功地将武装海盗拒之于船舷之外。目前商船上携带的钛雷是经过改造的品种,实现了由原来单一的爆震型向多功能型转变,可以有效阻击海盗的进攻(见图10-10)。

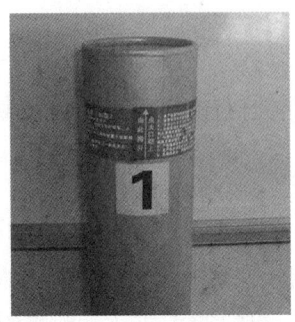

图 10-10　声光炸弹(钛雷)及发射架

声光炸弹(钛雷)的使用方法:

(1)将产品弹体上端弹体盖打开。

(2)将导火索轻轻牵出,脱掉红色护线套,人应位于炮筒反方向位置。

(3)将产品弹体点火口向上轻轻放置于发射架炮筒中。

(4)头部偏离炮筒口,距炮筒口 1 m 处点火,点燃导火索后,人即离开。

三、手铐、电警棍的使用

◈ 1.手铐

手铐是一种束缚犯人双手的刑具,它是警务单位、个别大型厂矿企业内部保卫部门以及军事单位等在执法或管理过程中使用的工具,用于约束已被控制、制服和擒获的犯罪分子或犯罪嫌疑人,是限制其身体活动能力的一种强制性手段,也是防止犯罪分子逃跑或反抗等不法行为的有效方法(见图 10-11)。

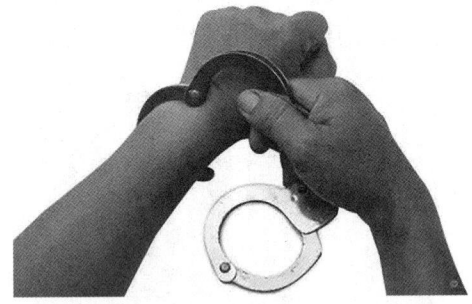

图 10-11　手铐

戴上手铐和打开手铐的方法:

(1)开口上铐:将手铐锁梁打开,右手持铐,令歹徒把手伸出,将固定环套于歹徒的腕部,左手迅速关闭活动环。此种上铐一般是对服从的歹徒采用的技术。

(2)压腕上铐:压腕上铐不打开活动环,将活动环外部贴靠在歹徒手腕处用力下压或将活动环对准歹徒的手腕处用力磕压。由于力的作用,促使活动环惯性环绕一周,即可迅速铐住。用同样方法铐住另一只手腕。此种方法一般用于抓捕歹徒现场或歹徒拒捕反抗时使用。

(3)打开手铐:钥匙孔内有保险扣,开启时,将钥匙插入钥匙孔内沿顺时针拧 45°位置。

2.电警棍

电警棍是警用装备的一种,它能瞬间产生高压脉冲,可击晕所接触生物或导致其休克,从而达到防身目的。在国内,电警棍属于违禁物品,禁止生产、销售和持有。不过民用防身器材有类似设计,通常设计成棍状,类似电筒(俗称电棒),二者原理类似但外形不同(见图10-12)。

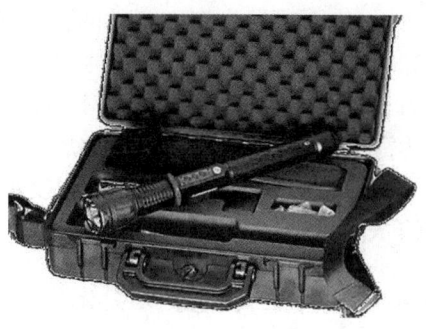

图 10-12　电警棍

电警棍的使用:

(1)电击

一般右手握住电警棍手柄,并将保险套套在腕上,防止歹徒抢夺或用力过猛甩出,用大拇指按动手柄处的电击按钮,此时,顶端触头和金属放电条间即有跳动的蓝色电弧产生,将触点及金属放电条触及人体皮肤,被击者就会产生剧烈的麻木酸痛感,使其产生心理紧张和畏惧感,迫其就范。但电击对方一经触及对方皮肤,应立即收回电警棍,不可较长时间将触点接触皮肤,否则会影响电警棍的威力。

(2)注意事项

①电警棍以电击人体四肢为宜,电击时间一般不超过 3 s;

②不要电击人体头部、心脏等重要脏器部位;

③电警棍使用前应进行性能检查,看看是否充好电,各开关是否失灵;

④不要打击坚硬物体,以防棍体折断;

⑤电警棍用所配专用充电器充电,切忌将电池极性接反或充电时间过长。

 科目三

评估船舶保安风险及采取对应保安措施

一、船舶航经海盗多发区域

受国际政治经济环境的综合影响,自 2008 年以来,在亚丁湾、索马里海域商船遭遇海盗劫持并勒索赎金的事件骤然增多,海盗这一古老的犯罪行为呈现出愈演愈烈之势,严重威胁着船舶、财产和船上人员的安全,给全球航运经济发展带来了重大损失,引起了国际社会的高度关注。船长和船员应对海盗袭击船舶惯用的方法与伎俩有所了解,以便及时启动应急方案予以抵抗。实践中,海盗可能会伪装成渔船,采用欺骗、诱导、声东击西等方式要求船舶救助或请求船舶购买新鲜的海鱼等,采用"子母船"配合强攻船舶也是海盗惯用的登船方式。

根据 2023 年全球报告海盗事件的沿岸国分布统计,2023 年发生的海盗事件主要分布在亚洲、非洲、南美洲的 25 个国家和地区,范围比较广泛。东南亚地区最多,达 67 起,约占全年总数的 55.8%,为该地区 2018 年以来最高值;非洲次之,发生 26 起,约占 21.7%;南美洲 19 起,约占 15.8%;海盗事件数量位居前 5 且不少于 5 起的国家和地区(括号内数字为海盗事件数量)依次为新加坡海峡(37)、印度尼西亚(18)、秘鲁(14)、菲律宾(9)、加纳(6),占全年总数的 70.0%。

1.海盗袭击的主要特点及变化

(1)亚丁湾海盗死灰复燃

亚丁湾,位于印度洋西北部,是连接红海与印度洋的咽喉要道,也是全球最繁忙的海上贸易航线之一,是苏伊士运河—红海—亚丁湾—印度洋航线的关键组成部分。其地理位置极其重要,是中东地区石油输出至欧洲、亚洲和美国的重要通道,因此每年有大量的油船、货船和其他类型船舶穿梭其间。由于其战略地位和航运的密集性,亚丁湾成为海盗活动的重灾区。

亚丁湾地区 2014 年之前发生海盗事件年均 100 起,2014—2016 年年均 30 起,2017 年、2018 年年均不到 10 起,2019—2021 年该地区无海盗事件。2023 年 12 月 14 日,索马里海盗在博沙索以东700 n mile 水域劫持一艘在航的大灵便型散货船,这是 2019 年以来唯一一起索马里海盗事件,也是 2017 年以来被索马里海盗成功劫持的第一艘船舶。2024 年上半年该区域报告了 8 起事件,其中包括 3 起劫持事件。

虽然亚丁湾索马里海盗袭击的直接威胁似乎有所下降,随着 2021 年 9 月国际组织对该地区高风险区域的进一步修订和减少,国际海事局要求船长继续保持警惕,特别是在靠近索马里海岸过境时。

(2)几内亚湾海盗愈发猖獗

几内亚湾位于非洲西部和中部海岸线内,绵延超 6 000 n mile,贯穿 20 多个非洲国家,是非洲最大海湾和西非贸易与能源中心,拥有优越的航运条件和丰富的石油资源。拥有多个天然深水良港,是全球最繁忙的航线之一。随着油价复苏和港口能力提升,几内亚湾丰富的石油资源吸引大量油轮穿梭,为海盗提供了可乘之机。尼日利亚、安哥拉等国为主要石油出口国,依赖海运将石油运往北美和亚太等地,加剧了海盗活动的风险。

2010 年以来该地区海盗作案数量快速攀升,作案手法较为暴力,不顾及人命、随意开枪,劫持船舶转卖货物,作案海域集中在沿岸地区,尼日利亚外海是重灾区。从 2019 年至今,绝大多数劫持事件均发生在几内亚湾。2023 全年共 4 起劫持案件,其中有 3 起发生在几内亚湾。国际海事局建议船舶在这些高风险水域提高警惕,采取额外措施。在该水域,绑架勒索是船员们面临的最大威胁。

（3）东南亚海盗日益活跃

东南亚地区由众多岛屿、半岛及沿岸国家构成，拥有错综复杂的海岸线，是连接太平洋与印度洋的关键枢纽。其海域广阔，水道交错，不仅承载着全球贸易的重要航线，也因其独特的地理位置成为海盗活动的频发地带。特别是马六甲海峡、新加坡海峡、菲律宾、印尼群岛周边水域，这些区域因航运繁忙、航道狭窄且监管难度大，为海盗提供了可乘之机。海盗活动在东南亚地区屡见不鲜，其犯罪成本低廉，利用高密度的航运流量与相对薄弱的海上安保措施，成功地对过往商船实施袭击。这些行为不仅严重干扰了正常的国际航运秩序，还对该地区乃至全球的经济贸易活动构成了巨大威胁。

东南亚海域 2022 年共发生海盗事件 58 起，占全球海盗事件的 50.43%，2023 年共发生海盗事件 67 起，占全球海盗事件的 55.83%。发生在新加坡海峡、马六甲海峡、印度尼西亚，以及菲律宾的海盗事件占东南亚海盗事件的 95.5%。其中，新加坡海峡连续 3 年都是海盗数量最多的国家，印度尼西亚是第二多的国家，且 2023 年反弹增幅达 80%。印度尼西亚勿拉湾港和杜迈港 2 个港口的海盗事件占印度尼西亚海盗事件的 2/3。菲律宾 2023 年发生海盗事件 9 起，其中 8 起集中在马尼拉港。

该地区海盗暴力化倾向加剧、集团化发展趋势明显，至少有 3 个团伙常年盘踞新加坡海峡和南海。从偷盗和抢劫为主发展为绑架、杀人，2017 年枪杀 2 名越南人。

◼ 2.海盗防范建议

尽管索马里、几内亚湾等地区的海盗活动有所收敛，但仍具备袭击能力，其他地区（如新加坡海峡等）的海盗事件数量有大幅增加的趋势。因此，全球的海盗风险仍广泛存在，海盗对船舶、船员的安全威胁不容忽视，各相关方应加强防范，尤其要及早发现、准确预判海盗风险，以提升船舶安全。

◼ 3.海盗袭击的一般规律

（1）容易遭受海盗袭击的船舶：

①船员少；

②低航速；

③低干舷；

④疏于防范；

⑤防范措施不足；

⑥应急反应迟缓；

⑦主机故障漂航等。

（2）海盗袭击难以得逞的情况：

①速度在 18 kn 及以上的船舶很少被成功劫持过；

②干舷超过 8 m 时更能够成功防范海盗登船；

③海浪达到 3 m 或以上（海面风力达 15 m/s），海盗袭击将非常困难；

④海盗在 30~45 min 之内未能登船时，一般会放弃；

⑤如果坚持得到军队或保安力量的支援,海盗一般会放弃袭击行为;

⑥事先制订了应急计划并进行了训练,并有效使用了反制措施。

4.船舶航次海盗威胁风险评估建议

(1)船舶所有人应对海盗威胁进行风险评估,确定限制船舶进入的区域和需要购买海盗险的区域。

(2)船舶经营人应严格遵守与船舶所有人的约定,合理安排船舶的营运。

(3)船舶管理人应针对海盗威胁风险,制定并部署相应的防范措施。

(4)船舶应针对海盗威胁风险,根据本船实际情况,制定并落实防海盗措施及海盗袭击事件应急处置预案。

(5)风险评估应考虑的因素包括,但不限于:

①本航次航行区域的海盗特点和袭击习惯,包括袭击区域、规律,袭击目的、方式;

②航区内的气象海况;

③船速、船舶干舷;

④承运货物的种类;

⑤确保安全航行的关键性设备的工作状态,包括主机、辅机、舵机和锅炉等;

⑥消防泵和应急消防泵等设备;

⑦通信设备的工作状态;

⑧航线的可选择性;

⑨通过海盗活动高危区域的时间;

⑩防海盗设备、器材的配备,包括船员个人防护设备;

⑪船员对于应急和防海盗设备使用的熟练程度;

⑫外部支援的可得性和及时性,比如军舰护航;

⑬租船合同、航次运输合同和委托管理协议中与防海盗相关的约定条款;

⑭船员、船舶和货物的保险;

⑮公司承受海盗风险的程度。

5.航次计划和防范措施的制订建议

(1)制订航次计划时应综合考虑气象、海况、航速和船舶干舷等因素。

①当时海况:海盗通常通过小艇开展海盗袭击,中等或以上的海况将限制海盗的活动,据不完全统计,海浪达到3 m或以上时(风力达到15 m/s),海盗袭击将非常困难。

②船舶速度:速度大于18 kn的船舶更有机会摆脱海盗追踪和阻止海盗登船。

③船舶干舷:海盗通常从船舶干舷较低点登船,特别是船尾处。目前的海盗袭击案例表明,干舷超过8 m时更能够成功防范海盗登船。

(2)考虑因合理绕航和避免在高风险区锚泊而需保持航行状态的因素,应增加燃油、淡水和物料储备。

(3)合理选择通过海盗袭击高危区域的时间。不同区域海盗袭击的时间不同,武装海盗选择白天作案的可能性比较大,但并不是所有海盗袭击事件都发生在白天,尤其是在有

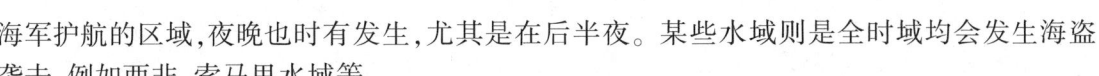

海军护航的区域,夜晚也时有发生,尤其是在后半夜。某些水域则是全时域均会发生海盗袭击,例如西非、索马里水域等。

（4）了解遭遇海盗袭击时的各种报警方式和报警途径。海盗袭击或劫持商船过程中往往在高频公用频道上进行长时间干扰,以阻止军舰接收商船发出的呼救信号和阻止军舰与商船之间的通话。因此,提前做好充分准备,了解各种报警方式和途径对有效报警有着积极意义,可避免单一报警形式的局限性。

（5）根据航线上不同区域的具体情况,提前收集海盗信息,针对性地评估船舶薄弱点,制定相应的应急预案,准备好防护措施,比如安装刀片刺网、装设高压电网、封控加固生活区、预备好安全舱和雇佣随船保安人员等,并进行针对性的演练,增加船员防海盗的自信心。

6.船舶防海盗的应对措施

（1）进入该水域前的准备与动员,启动船舶保安计划中的防海盗预案

①各种防海盗设备的检查、测试、布置与配备;

②人员分组及应急预案的落实。

（2）航行在该水域时的防范

①加强航行值班瞭望警戒;

②做好保安巡视与监控;

③防海盗设备实际安装到位;

④船舶的灯光控制与使用;

⑤通信的畅通与保持、报警的准备;

⑥参加护航编队,保持与护航编队的良好沟通;

⑦安全舱的准备。

案例:"LV"轮亚丁湾勇阻海盗登船

🧊 1.遭遇海盗袭击的基本情况

9月12日,2万多吨级多用途船"LV"轮航行在亚丁湾。突然发现有一只快艇以25 kn左右的速度从左前方与该轮航向垂直方向行驶并高速开来,越过船头。该轮在距小艇3 n mile外已将其锁定在雷达上,驾驶台立即启动消防泵,前后左右11根皮龙出水。同时,拉响警报,广播全体船员于左舷甲板紧急集合。

船长采取左满舵转向防止其靠近,但快艇(艇内有海盗8人,2人各手持1支冲锋枪,1人开艇,另2人携带挂钩梯)速度太快,很快绕到"LV"轮左舷No.3舱附近,企图强行登船,船员紧跟随用皮龙水枪喷射,海盗立即用枪向船员扫射。2名海盗在开枪向船员射击的同时,其中的一名海盗协助另一名海盗将挂钩甩到船舷上挂住。水手长临危不惧,第一个冲在前面摘掉挂钩,其他船员分别用三角木、木条、啤酒瓶(船上分别在左右舷主甲板、船艉甲板提前准备300多根三角木、木条,100多个啤酒瓶)连续不断往海盗身上砸。驾驶台防盗人员对空发射火焰降落伞信号("LV"轮有一部分过期火焰信号,三副拿出来防盗备用),以求援助。驾驶员用VHF16、10频道与联合军舰联系,寻求支援。

海盗估计能在高频里听到,恼羞成怒,立即向驾驶台和船舷连开6枪,而后快速绕到左舷No.4舱。在开枪射击的同时又将钩挂住,其他船员用三角木、木条、啤酒瓶猛力往下砸的同时,水手长又迅速将挂钩摘掉。海盗见难以得逞,遂向No.3、No.2舱机动,边开枪、边挂钩。挂钩、脱钩、挂钩、脱钩,又连续3次被水手长摘掉,船员们用三角木、木条、啤酒瓶猛力砸,致使2名海盗受伤。

之后,海盗迅速转向船尾袭击,"LV"轮船员已在艉甲板严阵以待。海盗见该轮船员士气旺盛、反击有力和视死如归的精神,又听到他们一直联系呼叫联军军舰,才被迫放弃劫船计划,驶离距该轮1.5海里处守候。船员前后与海盗激战了约25分钟,"LV"轮全体船员冒着生命危险,面对海盗连发10多枪的巨大威胁,临危不惧,胆大心细,利用船舷作为掩护连续不断地向海盗投掷三角木、木条、啤酒瓶,成功地阻止了海盗5次挂钩登船。

船时1836又发现两条高速快艇从左边横穿船头(估计是同伙过来报复),并开枪射击船头。船长左满舵转向避绕,两快艇距该轮2.5 n mile处与之相持并驶。驾驶员又用VHF16、10频道向联合军舰紧急求援。船长绕向避让,船时1910联合军舰直升机到达"LV"轮,在该轮上空盘旋,并沿海面搜索,海盗艇才驶离远去。之后联合军舰直升机在该轮上空盘旋两圈后,于船时1930离开。"LV"轮在与海盗的阻击过程中无一人员伤亡,此后该轮全体船员分两班继续实施防范,于9月14日船时0325安全离开东经57°驶入印度洋航行。

🧊 2.船舶防范措施

(1)全船生活区左右两侧的通道门保持畅通(其他的封闭),随时保证船员在紧急情况下能快速进出。

（2）在船左右舷主甲板、艉甲板沿边线备足大量用于打击海盗用的三角木、木条、啤酒瓶、铁制品等，做到海盗来时，随处可捡，捡起能打。

（3）在船左右舷主甲板各备妥4根皮龙，艉甲板备妥3根皮龙，三台主消防泵处于随时可启用状态（阀门开好后由驾驶台控制），一有情况，驾驶台立即启动任一台主消防泵。

（4）进入海盗区域附近时，在确保正常航行的情况下，停止一切维保工作，全船齐上阵，除当值人员外，其余全部编入防海盗班，分两班防守，每班6 h进行轮换，分三组分别在左右舷甲板、艉甲板值守（晚间，轮班休息的船员，在餐厅休息，遇有情况，立即行动，配合值班人员共同驱赶海盗），明确各小组负责人，配备对讲机，保持24 h畅通。值班期间，密切注视周围海域小船情况，如有发现，及时报告驾驶台，情况紧急时，均能及时行动。

（5）合理部署兵力。防海盗值班人员编班时，不分甲板部、轮机部，全船统一编班（组），根据船员的体力、年龄、胆量、能力素质进行编班（组），确保海盗如果从各方同时攻击或转移方向袭击时，各方都具有打击能力。

（6）在重点时段、重点部位上实施重点防范。根据海盗活动的规律看，多数在1700—2000LT和0500—0800LT（海盗认为这期间是船舶防范最薄弱的时候，如船员吃饭时容易出现防范的空档）这一时段对船舶实施袭击，主要袭击船舶的薄弱部位（左右舷NO2-4舱部位，因这些部位干舷较低，是海盗最易登船的部位）。在这时间段上，全船出动组织防范，在船舶左右舷NO2-4舱部位，重点部署，重点防范。

（7）驾驶台值班人员要加强瞭望，保持雷达观测、经常改变雷达量程，密切注意周围小船的动态，及时锁定目标，加强与防海盗值班人员的通信联络，及时给防海盗值班小组长通报发现的情况；情况紧急时，立即拉响警报（拉响汽笛或利用广播）通知全体人员到应急地点集合，全船共同驱赶海盗。

（8）报务员提前存储了国际反海盗中心、公司应急电话号码，发生险情时，根据船长的指令立即报警，启动SSAS、EPIRB报警；驾驶员及时用VHF16、10频道向联合军舰求援。

（9）船长24 h坐阵驾驶台指挥，无异常情况在驾驶台休息。出现险情时，及时指挥水手操舵和给船舶保安员指挥信号，船舶保安员根据船长的指挥信号及时调兵遣将，以最快速度、最大力量、最短时间阻击海盗登船。轮机长及时下机舱根据主机的负荷（因大舵角转向避让海盗小艇的需要），随时调整主机的转速，确保主机在安全运转的前提下开到最大的转速。

（10）全体船员随时处于临战状态，做到一声令下，不论何时、何地、穿何种服装，迅速到应急地点集合，突出一个"快"字。

3.经验总结

（1）船员的心态是制约和影响事态发展的关键。面对持枪凶狠的海盗是坐以待毙，还是采取措施积极面对是两种截然不同的生命结果，此时船员的命运更多取决于船员对问题的认识态度。

（2）船员有无克服困难的信心和勇气，来源于船员之间是否合心、合力。

（3）全体船员齐心协力是阻止海盗登船的动力基础，指挥果断、有力，船员敢打善拼是阻止海盗登船的根本保证。

（4）必须调动一切积极因素、采取一切可能办法阻止海盗登船，决不能有等、靠思想。同时，一旦发现有海盗小艇袭击本船时，除了及时采取各种自救的自卫防范措施外，还应及时呼叫联合海军请求援助，因为联军不一定就在附近，就是直升机过来也有一定的时间，如果在这段时间内一旦自卫失败让海盗登了船，等于被控制了船舶，那时即使有援兵来救，可能也是徒劳的。

（5）保持"四机一炉"的正常运转也是确保胜利的关键，在此之前一定要认真仔细地保养好主机，保证主机处在100%的正常状态，以便关键时刻能及时加速摆脱险境。

二、船舶挂靠偷渡多发港口

偷渡和人口走私活动的方式经历了一个不断变化的过程：从单人、无协助、藏在货轮上，发展到今天有组织的偷渡活动。这些演变促使偷渡所使用的方法和技术也发生了改变，而不幸的是，人作为"货物"所面临的死亡危险越来越大，给航运带来的风险也越来越大。

1.偷渡的主要特点

（1）偷渡人员具有明显的区域性。
（2）藏匿于集装箱内偷渡是惯用的方法。
（3）组织偷渡的集团一般在国内有组织者、运送者，国外有接应人员。
（4）通过制作假护照等证件，组织偷渡人员从口岸偷渡出境。
（5）偷渡人员多数来自经济欠发达的国家和地区。

2.偷渡的主要原因

（1）贫富差别，发展中国家经济发展水平低、生活条件差、就业压力大等原因，助长了某些人想偷渡到国外、打工赚钱的想法。

（2）一些移民国家的移民政策存在漏洞，以接受"难民"的申请，容留偷渡人员或给予居留权，客观上等于鼓励偷渡活动。

（3）组织偷渡获利颇丰，案发量刑偏轻，风险较小，使偷渡集团甘冒风险。偷渡和人口走私组织在港口和相关联系中建立一个组织架构，植根于港口之中，比如，港口警察、装卸工人、船舶雇佣的当地保安人员、集装箱和铅封检查人员等，把偷渡人员作为一种特殊的"货物"，实施偷渡活动。

通常一个典型的偷渡者可能有如下特征：
①男性；
②5~35岁；
③经济窘迫；
④可能有某种身份证件但没有护照；
⑤携带大量的水、食品；
⑥携带有到达偷渡目的国后的联系信息；

⑦购买偷渡机会(比如,向专门贩运人口组织、入境值守人员、船上的船员等);

⑧已经尝试多次;

⑨非暴力性(如被抓获,马上会再次尝试,因而无须暴力)。

3.偷渡活动中所使用的方法和伎俩

偷渡者使用许多方法和伎俩登船,包括通过受控或未受控的船舶登船点、藏匿在集装箱或货物内等。偷渡者利用最多的登船点包括:

(1)舷梯,是为装卸工、船员、政府官员和访客提供的合法登船通道。然而,它也经常为偷渡客提供便利,在装卸工的帮助下,他们可以装成装卸工(着制服,持有仿造或真的装卸工人证件)、临时工等合法身份的人员,经由舷梯进入船舶。

(2)未能完全收回的引航员登船梯或其他工作梯,为乘小船或游泳而来的偷渡者提供机会。一些游泳的偷渡者会使用"偷渡竿",这根竹竿的顶端装有一个金属钩,能够用来钩住船舷边沿,从而爬上船舶。船舶周边水域,无论是通过梯子或其他方式,除去通过藏在货物或集装箱内进船的方法外,是偷渡者进入船舶的最主要通道。另外,偷渡者也会利用补给船或加油船进入目标船舶的周边水域。

(3)缆绳和锚链是偷渡者进入船舶的又一途径。在夜间,没有受到监控的缆绳,特别是对那些处于低潮而载货重的船舶(使得船舶与泊位的相对位置降低),给偷渡者徒手由码头爬上船舶提供了机会。锚链,特别是链孔盖没有采用保安措施的锚链,是抛锚期间偷渡者进入船舶的主要通道。

以下是一些常见的用于偷渡客藏身的处所:

①货物舱/室内的通风口和供电线、水管通过的狭小空隙;

②成捆的缆绳下面或中间、其他的未采取保安措施的储藏柜等设备下面或中间;

③舱内集装箱的上面或中间,包括堆高 4 个或 5 个的集装箱的间隙;

④在未采取保安措施的集装箱里面,或上面开口的集装箱中(得揭开外面的包装布);

⑤在主甲板的集装箱上面或中间,藏在未采取保安措施的设备间或起重机室;

⑥在救生艇里面,或通过舱室的烟囱里;

⑦在发动机室、驾驶舱、工程和其他的物件柜中;

⑧在未采取保安措施的船员休息室、医疗室和船员/引航员工作室;

⑨储衣柜、食品保藏区和其他平常的空间。

另外,偷渡分子在散杂货、包装货物间以及通过集装箱和相关设备藏身的主要方法还有:

(1)通常在货物包装站内人员的帮助下,偷渡者藏身于货盘中,如水果、蔬菜箱等。如从包装好的货盘中抽出几个箱子来腾出一个空间。偷渡者藏在这个空间中,用周围的箱子进行伪装。常人看来,它就是一货盘正常的水果。由于空间狭小,偷渡者只能随身携带有限的水和食品。

(2)空集装箱/拖车和敞口集装箱经常是偷渡者藏身的目标。空集装箱/拖车可以为偷渡者提供充足的空间及空气。因为空箱子中没有货物,且一般在港口不上锁(容易进出),不会引起过多注意。敞口集装箱是用于装运某些杂货或大件货的,比如,大型发电机、机器等,它们需要用常规集装箱不适用的起重机搬运。但是,偷渡者可以轻易将帆布顶拉开,割开绑绳进入后,再将绳子重新绑固。同时,这些集装箱通常被放置在甲板上(而不是放在封闭的货舱里),帆布上的孔能够保证新鲜空气进入。

4.船舶防偷渡的应对措施

(1)靠泊前的准备与人员安排,启动船舶保安计划中的防偷渡预案
①告知全体船员港口保安风险特征,重点布置防偷渡工作;
②安排人员进行保安巡逻,尤其是在夜间。
(2)靠泊期间的应对措施
①梯口值班人员对登船人员严格检查核实登记;
②来访人员须由船员陪同前往指定地点;
③对各种非常规登船通道的监控;
④开展不定时保安巡逻;
⑤限制区域和通道的控制;
⑥保持与港口设施保安员的通信畅通;
⑦离港前应做好"地毯式"全船搜索。

案例:某轮发生一起非同寻常的潜船偷渡事件

1.事件经过

2015年1月,某轮分别从国内上海、天津、大连装化工品、钢管和三合板等货物,分别在危地马拉、厄瓜多尔、多米尼加和波多黎各四个不同国家和地区的港口卸货,其中多米尼加山托港4 866 t货物,波多黎各港(美国托管地)2 600 t货物。

3月11日07:00,某轮抵达多米尼加山托港,船舶按照船舶保安计划要求采取了一系列的保安措施,还与港口当局签订了保安声明和保安协议。

3月14日14:40,该轮上引水离港前,港方10多名保安人员与船舶船员协同进行防偷引渡检查,先后在大舱的货物中查获了13名企图潜船的"偷渡者"。检查结束后,港口保安人员向该轮船长出具了"船上没有再发现偷渡人员"的书面证明,但又在证明材料上加上了"因船舶未雇请港口保安人员而不可能保证船舶再没有潜在偷渡人员"的批注。该轮在代理的安排和催促下离港开航。

3月16日08:00,该轮抵波多黎各(美属)圣胡安港准备上引水靠港前,该轮发现2舱甲板上有2名潜船"偷渡者",船长立即派船员对"偷渡者"进行了控制并进行了询问,并将情况马上报告了公司主管部门,同时将船舶和"偷渡者"的详细情况向波多黎各圣胡安港代理等进行了汇报。

3月16日12:30,该轮靠泊后,当局海岸警卫队按照航行船舶靠泊美国港口的有关规

定,将该轮列入保安高风险船舶并采取一系列的附加保安措施。海岸警卫队即派了 2 艘小艇停泊在该轮舷外水域 100 m 左右对该轮进行保安监控,还派了一架直升机不定期地在该轮上空盘旋巡视,海岸警卫队队员和港口当局人员约 10 余人立即登船将所有船员集中在餐厅进行核查,然后带领大副对全船进行了长达五个半小时的搜查,在大舱内又发现了 3 名潜船“偷渡者”。于是,港口当局开始向船长指控船舶有引渡的嫌疑,港口执法人员听完船长的陈述,对偷渡分子进行了调查取证,证实 5 名“偷渡者”确系从多米尼加山托港潜船偷渡的事实。船舶办理完相关入境手续后,港口当局将 5 名“偷渡者”带下了船。同时规定船舶除 1 名驾驶员可以到甲板值班外,其余船员只能在生活区内,禁止到甲板上从事一切活动,更不准下地。代理说船舶已被海岸警卫队置于保安控制状态。

3 月 16 日 16:00,港口当局要求船舶派船员并在港口保安人员的监督下开舱卸货,但刚卸了两吊货后,又将码头上的货物吊回了大舱,同时马上停止卸货。据代理讲,其原因是海岸警卫队怀疑洒漏在钢管和三合板等货物上的元明粉是“白粉”或有毒物质。港口当局还派了 6 名检验员(其中有 3 人头戴防毒面具)对 5 个大舱进行了长达六个半小时的检查,还对船长和部分船员分别进行了询问。

3 月 16 日 22:30,检验员带走了一些白色的粉末回去化验,并要求船舶立即关闭大舱,锁紧道门,停止卸货。据代理讲,港口官员说化验结果需要 2~3 天才能出来,在化验结果未出来之前,不得安排船舶卸货。当晚,港口当局向船长递交了港长令和附加文书,要求船长在上面签字,这是一个法规性的文件,规定了船舶在港的保安要求,例如若船员违反了规定的条款,船舶将会受到罚款或对当事人进行监禁等,其附件是雇请当地保安人员的有关费用标准,船长请示公司应急处置小组后同意签署。于是,港口当局派了 8 名保安人员负责船舶的保安工作。

3 月 17 日 13:25,二副在梯口当班时发现 5 舱前道门外面的水密门在动,怀疑其中有人,便立即告诉在码头值班的港口保安人员,几乎同时,3 名“偷渡者”从道门下冲出来后向船尾外舷方向飞跑,在当班二副和 1 名水手的追赶下“偷渡者”跳入水中游到了船首码头,其中 2 名“偷渡者”被港方在码头执行保安任务的人员当场抓获并控制,另一名钻进了放置在码头集装箱群的间隙中,也被港口保安人员包围抓获。

因此,港口当局更是怀疑船员参与了引渡人员非法入境,海岸警卫队队员和港口当局共 10 余人又立即上船将全体船员集中到餐厅进行核对船员名单和海员证,并以强硬的态度质问船长,指控船上发生的潜船偷渡者是船员所为,要求船长制定应对船上可能还有潜船“偷渡者”的控制措施,即港口要求的保安计划;同时对船长和部分船员进行了分开讯问,笔录口供,核对船的口供是否一致。船长怀疑有被诬陷的可能性,要求陪同海岸警卫队员对现场进行实地勘查。船长实地勘查发现此道门距离梯口约 10 m,道门内有两双胶鞋和一些食物,道门的铜锁无损坏的痕迹,但道门用于锁闭的鼻子被损坏是新裂痕,而且这个道门曾多次被打开检查,船长怀疑是否为港口保安人员所为。

在公司应急工作小组的指导下,船长不卑不亢,有理有节,以守为功,及时向海岸警卫队员和港口当局的人员陈述了自己的意见:一是这个道门经过几次保安检查,而且船舶在该港口靠港后海岸警卫队员也检查过,均未发现有“偷渡者”;二是该轮的船员除当班驾驶员可以到甲板巡逻外,其余的船员只能在生活区内,而且还有港口当局的保安人员看守,根本没有到现场打开道门的可能性;三是当班二副发现后即通知港口当局在码头的保安人员,更应排除船员参与或引渡的怀疑;四是要求在代理和船员的陪同下对3名偷渡人员的身份进行识别。同时,船长还向海岸警卫队和港口当局递交了船长声明。

在事实面前,海岸警卫队员和港口当局的相关人员态度明显好转,因此,消除了海岸警卫队员和港口当局对船员参与引渡的怀疑。在船长的强烈要求下,海岸警卫队员和港口当局再次安排10余人在该轮大副、水手长和2名水手的陪同下对大舱经过长达4个多小时的搜查,没有查出潜船"偷渡者"。

3月18日08:00,港口安排该轮开始卸货。19日上午海岸警卫对该轮进行了PSC检查,结果是无缺陷获得了通过。检查官员竖起双拇指向船长表示非常满意,这为船舶顺利离港打造了一个良好的基础。

3月19日15:30,该轮卸货完毕,代理告诉船长,如果货物化验结果出来后证实没有问题,而且由保赔协会对偷渡者罚款(一个偷渡者罚款3 300美元)及所产生的相关保安费用提供担保后可安排开航。

3月19日17:00,该轮还没有离港的消息,船长询问代理原来是货物检验员向海岸警卫队提供了一份没有明确肯定货物不是"白粉"或"有毒物质"的检验报告,因此,海岸警卫队因怕承担责任而整整开了5个小时的会议却议而不决。公司因担心该轮在此是非之地难免会节外生枝,通过与代理和港口当局进行协调和沟通,争取安排船舶尽快离港;同时与保险公司联系承诺担保事宜,直到22:25时,海岸警卫队终于同意该轮离港,但在船舶未离港前还要实施保安监控。因港口当局有关机构人员已下班,代理无法办理船舶离港的相关手续。

3月20日09:00,代理办理完船舶相关离港手续,带领移民局上船核查人员并安排该轮中午12:00前开航。为确保船舶安全顺利离港,公司要求船长通过代理与海岸警卫队和港口当局磋商,允许船舶每班安排4人到甲板协同港口保安人员一起负责保安巡逻,11:12时,该轮在船岸员工的共同努力下终于顺利离开了波多黎各(美国托管地)圣胡安港。

🔲 2.船舶防发生偷渡事件的主要措施

各航运公司和船舶管理公司按照ISPS规则的要求和船舶保安计划,结合公司船舶实际制定防偷渡工作程序,制定相应的防范措施。公司保安员和机关职能部门对靠泊港口偷渡现象严重的船舶给予必需的跟踪指导,要求按照船舶防偷渡划分区域,明确责任,分工包干,责任到人,实行"人防、技防和物防相结合"并指导船舶加强防范。

主要有以下措施:

(1)严格登船通道控制。提前做好登船通道的控制、锁闭。做好登船人员的登记、询问以及清点在船外来人员人数等工作。对无关人员拒绝上船,特别是在船舶离港开航前上下人员多而且也较乱的情况下,做到加强梯口值班检查监控,保持梯口24 h不能离人。

(2)详细检查证件行李。每名登船人员(访客)都要有登船许可证,任何没有登船许可证的人员都不准登船。

(3)安排船员加强值班。安排防偷渡值班人员对船头、船尾和周围进行巡逻监控,最好是1名在船首系缆处、1名在船尾系缆处,分别对船头、船尾和左右两舷进行目视监控,预防偷渡人员从首尾和外舷登船潜船。

（4）绝不允许强行登船。如果情况允许，人员上下不频繁时可升起舷梯，当有来访者时先确认来访者身份和意图后，再放下舷梯允许其登船。

（5）认真组织离港检查。在离港前，要提前组织全体船员对货物进行防偷渡大搜查，特别是对装载货物的货舱要重点搜查，注意对货物内部的空隙部位进行检查，不留死角。每搜查完一个货舱要进行封锁做记号（用封条）和派专人看守，查完一个货舱再搜查下一个货舱。加强对克令塔内部和顶部进行搜查。救生艇内、甲板绑扎物内、甲板货内、甲板大件底下等要全部搜查到位。在离港前，要按责任分工制度，每个船员对各自的责任区域进行检查，特别对隐蔽位置细心搜查。最后船舶保安员要组织有关人员对全船进行复查，确认无问题后，方可开航。

（6）做好调查取证工作。值班人员应随身携带相机或可以拍照的手机，以随时进行拍照记录企图登船潜船的"偷渡者"或非法行为。

三、船舶挂靠毒品走私多发港口

世界各地的物产和工业发展程度存在很大的差异，很多国家为了保护国内产业或者某些法律上的要求，会限制部分产品出口或者进口，这就会造成需求和价格上的差异，进而带来利益上的巨大空间，非法走私也就应运而生。走私的物品和方式很多，对船舶来讲，走私毒品是危害性极大的一种违法犯罪活动。

根据有关报告显示，主要的非法药品/毒品生产和/或中转国有阿富汗、巴哈马、玻利维亚、巴西、缅甸、哥伦比亚、多米尼加共和国、厄瓜多尔、危地马拉、海地、印度、牙买加、老挝、墨西哥、尼日利亚、巴基斯坦、巴拿马、巴拉圭、秘鲁和委内瑞拉等。

1.毒品的概念

根据《中华人民共和国刑法》第 357 条的规定："毒品是指鸦片、海洛因、甲基苯丙胺（冰毒）、吗啡、大麻、可卡因以及国家规定管制的其他能够使人形成瘾癖的麻醉药品和精神药品。"

2.毒品的特征

毒品具有依赖性、耐受性、非法性和危害性。

3.毒品的分类

按照国际标准（来源及其对中枢神经系统的作用），将毒品分为三大类：
（1）麻醉品，包括鸦片类、大麻类和古柯类；
（2）精神药物，包括兴奋剂、抑制剂和致幻剂；
（3）其他，包括烟草、酒、挥发性有机溶剂等。
世界卫生组织将当成毒品使用的物质分成 8 大类：吗啡类、巴比妥类、酒精类、可卡因类、印度大麻类、苯丙胺类、柯特类和致幻剂类。
目前毒品种类已达到 200 多种。最为常见的有鸦片、吗啡、大麻、海洛因、可卡因、冰毒等种类。

4.通过船舶进行的毒品走私

通过商船、船员或运毒者进行毒品走私,是船长、船员和航运公司要面临的特殊考验。尽管通过这种方式走私的毒品数量不及通过集装箱和货物进行走私的数量,但是一旦执法机构在船上截获毒品,则后果严重。船舶可能会被政府滞留、扣押或重新审查。此外,在遭到船员质询时,运毒者可能会变得暴虐而成为亡命徒。

将毒品藏匿在集装箱船、散货船或散杂货船上的方法有上百种。货舱、通风管道、电线或水管等的槽隙、绳索库和储藏箱、发动机房、住宿舱、供应间、救生艇等,都为藏匿装有毒品的箱子或袋子提供了大量空间。所以,有效的船舶保安措施就是拒绝所有违禁品和未经授权人员的进出。

有两种类型的运毒者有很多途径进出船舶,会对船员构成潜在的实际威胁。第一种是偷渡者,他们与港口腐败官员或当地黑手党(蛇头)达成协定:在被送上船偷渡出境的同时,走私少量毒品(通常是2~5 kg)。这种运毒者属于"一次性单程"的非专业走私者,一般没有武器装备。第二种是职业运毒者,他们属于某国际贩毒组织,进行多次往返走私,熟悉船舶保安措施和船舶设计及结构,可能配备武器(如刀、手枪等)。

运毒者可以沿缆绳、引航员梯、软梯或锚链攀登上船,或假冒码头搬运工登上舷梯,或藏入集装箱或货物内部和底架,或装香蕉、菠萝等货物的箱子的货盘下。登上船舶甲板的贩毒者会藏入未做防护的集装箱、开着的货物间、通风管道、吊车通道区、没锁的储物间内,或在集装箱间空隙的里边、船上部下部或其他未受到监控的区域。

另外,有组织的走私集团会利用水下电焊将大批量的毒品焊在船底,或者通过正常的普通货物贸易运输来夹带大量毒品等方式走私毒品,船方很难防范。

5.船舶防走私的应对措施

(1)靠泊前的准备与人员安排,启动船舶保安计划中反毒品走私预案

①保安员向全体船员发布港口保安等级及保安风险表现形式,明确港口装卸货期间重点在于防范毒品走私;

②安排人员加强保安巡逻,尤其是在夜间。

(2)靠泊期间的应对措施

①梯口值班人员对登船人员严格检查核实登记,尤其是对行李、包裹、物料等保安检查;

②来访人员须由船员陪同前往指定地点;

③对各种非常规登船通道的监控;

④开展不定时保安巡逻;

⑤限制区域和通道的控制;

⑥保持与港口设施保安员的联络;

⑦核对装箱与清单的一致性,并检查集装箱铅封的完整性;

⑧离港前应做好"地毯式"全船搜索,必要时,联系港口设施保安员协助安排船体水下检查。

案例:6.7 万 t 大豆中寻出约 215 kg 毒品

2021 年 4 月 6 日,青岛海关缉私局接到海关总署缉私局通报的线索称,有一艘外籍船舶可能藏有大量毒品,正驶往青岛港。接到此线索后,青岛海关缉私局立即联合青岛市公安局禁毒支队,成立专案组开展案件侦办工作。专案组经向船公司以及海事等部门对涉案船舶基本情况进行核查,迅速掌握该船的相关信息。

这条船是一条 10 万 t 级的散货船,船长 229 m,船上有 21 名船员。船员来自不同的国家,有土耳其的、印度的、菲律宾的,非常复杂。

该船是从南美某港装运了巴西大豆运往青岛。大豆超过了 6.7 万 t,分别装在这 7 个大货舱里面,也就是一个货舱将近装了 1 万 t 大豆。

4 月 8 日凌晨,涉案船舶进入青岛海域。为了防止该船在航行途中出现抛接货物等情况,专案组组织力量,在海上与空中对其进行立体监控。海上监控组是分成两个小组:一个是无人机组,另一个是海上化装船,形成了一个海天立体监控的态势。在两岸也布置了 4 个陆上机动堵截组,也是为了应对这种突发情况。

涉案船舶进入青岛海域后,海上监控组第一时间锁定了目标,密切监控该船及周围船舶,同时引导 4 个由缉私、禁毒民警组成的堵截组,随着该船行驶轨迹的变化不断调整岸上堵截位置。数小时后,涉案船舶停靠在青岛胶州湾锚地。

因为新冠疫情期间船舶抵港以后是在锚地实行检疫,根据计划,船舶查缉组就随检疫船迅速登船,上船以后实行了一个突查。

登船后,缉私民警第一时间将 21 名船员进行了控制,然后从船首锚链舱开始,对驾驶室、机舱、船员舱室等重点部位进行了仔细搜查。然而,除了 7 个装满大豆的货舱外,均未发现可疑物品。缉私局民警就把目光锁定在这 7 个货舱里面,因为这 7 个货舱满载大豆,下面到底是什么情况无法判断。但是情报指向并没有说在大豆里面能有这些东西。

7 个货舱装载了超过 6.7 万 t 大豆,平均每个货舱装了近 1 万 t 货物,从中发现藏匿的可疑物品如同大海捞针。船舶靠泊后,缉私民警在船监督卸货。10 日下午,当第 7 货舱里的大豆卸到将近一半时,缉私民警发现了货舱里的可疑物品。

在第 7 货舱舱梯的第二个台阶上,发现了 2 个可疑旅行包。在舱梯旁边大豆堆里面还有 5 包,怀疑这 5 包是从舱梯第二个台阶滑落下来的。经现场初步检测,这些包裹里的可疑物品均为毒品可卡因。这些毒品的查获,验证了专案组对该船藏毒方式的最初判断,也坚定了他们对所有货舱一查到底的决心。

一名海关缉私民警下到舱壁的第二个平台,将平台上的两个可疑包裹推到下面的货舱里,以便于将所有可疑包裹集中后提取到货船甲板上。随后,这名缉私民警下到随时都有被滑落大豆埋没危险的货舱里。因为舱内大豆卸到一半的时候,形成一个巨大的漏斗状的坡面,周边的大豆不断地往下滑落,和雪崩之前的状态非常相像。所以说下去提取物品确实有很大的危险性。因为大豆坡面大,缉私民警只能趴在大豆上移动 7 个包裹。检查发现,包裹有不同程度的破损,难以承受绳索的拉力,所以专案组决定采取抓斗提取的方式。但因为脚下无法支撑,体力耗费很大,经过多次尝试,缉私民警始终无法将包裹放入抓斗内。随后,甲板人员放下绳索,系在缉私民警身上,用力拉紧,协力将每个重约 30 kg 的可疑包裹提举到抓斗里,成功提取到甲板上(见图 10-13)。

图 10-13　第 7 货舱内发现可疑包裹

接下来,相邻的第 6 货舱在卸载大豆距舱底约 9 m 时,缉私民警又发现 2 个固定在壁梯平台上的双肩背包。这 2 包可疑物品和前面略有不同的是,它有一个绳子固定在舱梯上。前面那 7 包没有固定,所以有 5 包是随着卸大豆滑落下来的。这 2 包是固定在上面的,后来缉私民警也是下去以后把这 2 包提取上来。

办案人员对 9 个可疑包裹搜查发现,里面共有经过塑封的可疑物品 215 块,净重 215.37 kg,经鉴定,全部为毒品可卡因。

四、船舶挂靠恐怖行为多发港口

如今的世界格局正在发生巨变,政局不稳和社会动荡的情况层出不穷,由于武力不平衡的情况时常存在,也给恐怖行为提供了更大的活动空间,恐怖主义组织发起的对船舶和港口的袭击与日俱增。此外,小型船舶也通常被用作发动恐怖袭击的主要平台。更值得关注的是,恐怖分子企图控制海运载体,将其作为运输大规模杀伤性武器的工具。另外,恐怖分子可以控制一艘大型油船或货船,并撞向液体天然气船、液体石油船的油舱或海港船坞中的燃气管道等,都会对临近海港的主要城市造成大量人员伤亡。

1.恐怖主义行为的概念

凡以无辜者作为目标,用非正常的暴力手段或以暴力相威胁,伤害其自由和生命,造成恐怖效果,以达到某种政治或社会要求的行为均是恐怖主义行为。

2.恐怖主义的特点

(1)恐怖主义行为具有政治性;

（2）恐怖主义采用的是非正常的暴力手段；

（3）打击对象为无辜者；

（4）新型恐怖主义具有国际性、灵活机动、手段先进、高智能化、隐蔽性强及背景复杂等特点。

3.恐怖主义的类别

按恐怖主义行为的性质划分，主要包括政府行为的恐怖主义和非政府行为的恐怖主义。后者的表现形式更为复杂，其又包括以下几种：

（1）以民族、种族、宗教为背景的恐怖主义；

（2）黑社会、黑手党、国际贩毒集团搞的恐怖主义；

（3）邪教性质的恐怖主义。

4.联合国安理会的行动

联合国安理会第 1373 号决议（2001）呼吁所有国家，以一切手段打击恐怖主义行为对国际和平与安全造成的威胁，找出办法加紧、加速交流行动情报，尤其是下列情报：

（1）恐怖主义分子或网络的行动或移动；

（2）伪造或变造的旅行证件；

（3）贩运军火、爆炸物或敏感材料；

（4）恐怖主义集团使用通信技术；

（5）恐怖主义集团拥有大规模毁灭性武器所造成的威胁。

5.恐怖分子选择的目标船舶和港口

恐怖主义组织发起的对船舶和港口的袭击与日俱增，此外，小型船舶也通常被用作发动恐怖袭击的主要平台。更值得关注的是，恐怖分子企图控制海运载体，将其作为运输大规模杀伤性武器的工具。

根据很多案例研究、恐怖事件和其他信息，船舶、货物和集装箱已被恐怖分子广泛利用，作为运送恐怖分子、武器和资源的载体。恐怖分子通过货船和集装箱四处流动，并前往对此毫无察觉的美国港口。

6.船舶防恐怖行为的应对措施

（1）靠泊前的准备与人员安排，启动船舶保安计划中的反恐预案：

①保安员在进港前向全体船员发布恐怖风险信息，明确本航次靠泊时保安重点在于防范恐怖袭击；

②重点介绍恐怖事件表现形式和防范要求；

③安排人员加强保安巡视，做到早发现、早报告。

（2）靠泊期间的应对措施

①保安员积极与港口设施保安员联系，及时收集有关恐怖活动的各种信息并进行分析；

②坚决执行船长关于关闭和开放船舶通道的指令并确认执行状态;

③加强巡视,尤其关注船舶周边水面上小船的动态,严控人员登船,必要时停止人员上下;

④保持保安通信畅通;

⑤做好人员紧急情况下撤离船舶的预案。

五、针对保安风险船舶应采取的预防措施

1.提前谋划,采取针对性的防范措施。

船舶应根据计划靠泊港口的实际情况,提前谋划和制定防范意外保安事件的预案,并提前采取针对性的举措,尤其是针对海盗、偷渡、走私和恐怖行为。航次伊始,船长应及时向船东、管理公司和/或租借公司索取预计靠港的资料,或查阅《进港指南》等资料,了解航次拟靠泊港口的保安状况,了解靠泊港口是否发生过类似事件,并根据船舶具体情况进行保安评估,提前做好防护措施。例如:货舱通风道在装货后可能无法进入,应提前在通风窗口焊接铁栅栏;物料间门除挂锁外,通过适当改装,必须使用专用工具才能打开;在合适港口,备妥足够的挂锁或其他合适的材料;抵港前,对理货间、娱乐室、公共卫生间等部位的天花板上,可粘贴纸张等,做好记号,防止人员进入。

2.控制通道,所有仓库和物料间锁闭。

船舶抵港靠泊后,尽可能保留一个登船通道。像滚装船、半潜船等船型由于存在多个通道或整个甲板都敞开,人员可以随意上下,给船舶值班人员登记和核查人数增加了难度。为了准确掌握上下船人员的数量,随着ISPS规则的有效实施,船舶应按照ISPS规则及“船舶保安计划”的要求,通过与港方的沟通协商,对船舶停靠码头期间只保留一个通道,并与港口设施保安签订“保安声明”,明确各自的保安责任。船舶实行通道限制后,对外来登船人员的控制和统计更加方便,有效地将无关人员拒绝在船舷之外,达到了防线前移的目的。对船上所有仓库、物料间、设备间应保持有效锁闭,钥匙应由专人负责保管。

3.梯口加强值班,严格控制和检查登船人员。

船舶靠泊后,梯口必须保持24 h不间断值守,对登船人员进行认真仔细的检查和登记。船舶应加强对梯口值班人员的培训,确保其熟悉对登船人员进行检查的要领和技巧。仔细核实登船人员所持证件的签发机关、有效期、照片,值班人员一定要了解登船人员的登船目的。按照“船舶保安计划”的要求,严格检查其随身携带的行李,以防止携带违禁品。为了使登船人员能配合检查,船员坚持做到表情和蔼,态度坚决,即使对穿制服的官员也不例外,检查完一个,登记和放行一个。此外,梯口值班员还应监视码头人员的行踪,防止有人靠近缆桩,通过爬大缆上船或在低潮时伺机跳上甲板。对于靠近船舶的小船要及时询问情况,对于无关人员要立即请离,以防在船底安装爆炸物或放置走私物品。

4.加强值守和巡视检查。

船舶在高危港口期间,在人员和工作许可的情况下,应加强值守。在艏楼、船中等部位,加派值班人员。在货舱作业区,最好派看舱人员。另外最好至少每隔2 h,组织人员对外来登船人数进行审核,认真检查仓库、物料间、公共场所、克令吊、救生艇等部位,及时发现可疑人员和可疑现象,防止偷渡者匿藏或者放置可疑物品。

5.离港前应做好"地毯式"大检查。

离港前进行"地毯式"大检查是船舶防止发生偷渡、走私和恐怖等事件的最后防线之一。在高危港口,条件允许的情况下,船舶应组织全体船员严格按照"船舶保安计划"的要求和公司安全质量管理体系的相关要求,对全船所有区域和部位进行"地毯式"搜查。为了不影响开航,船舶应该不定期进行预检,将开航前检查前移,完货一个舱检查一个舱,预检后对不开启的大舱、库房等采取封闭措施并做上标志和暗记,平时保安加强班人员可对其进行检查,如果原标志和暗记没有发现异常,在离港检查时可不打开,这样就可以节省开航前检查的时间。在船舶离开泊位后,应尽快再次组织全体船员对全船进行一次仔细搜查,真正确保船上没有可疑人员和可疑物品存在。

 # 科目四

船舶保安培训和演习的组织

一、保安培训

根据 ISPS 规则 B 部分和 STCW 公约的规定,公司保安员和适当的岸上人员以及船舶保安员应具备保安知识并接受保安培训。船上承担具体保安职责和责任的人员应理解《船舶保安计划》中为其规定的船舶保安责任,并应考虑 ISPS 规则 B 部分提供的指导,具备充分的知识和能力履行其所承担的职责。

1.公司保安员和公司的有关岸上人员以及船舶保安员应视情具备以下一些或所有方面的知识并接受培训:

(1)保安行政管理;

(2)相关国际公约、规则和建议书;

(3)相关政府法规和规定;

(4)其他保安组织的责任和职能;

(5)船舶保安评估方法;

(6)船舶保安检验和检查方法;

(7)船舶和港口作业的条件;

(8)船舶和港口设施保安措施;

(9)紧急防备和反应及应急计划;

(10)关于保安教育和培训,包括保安措施和程序的指导技巧;

(11)处理保安敏感信息及保安通信;

(12)了解当前的保安威胁及其特征;

(13)辨认和探查武器、危险物质和装置;

(14)在非歧视的基础上,辨认可能威胁保安者的特点和行为模式;

（15）用来逃避保安措施的技术；

（16）保安设备和系统以及操作限制；

（17）进行审核、检查、控制和监控的方法；

（18）搜身和非侵犯性检查方法；

（19）保安演练和演习，包括与港口设施联合进行演练和演习；

（20）对保安演练和演习进行评估。

2.船舶保安员应视情在以下一些或所有方面具备充足的知识并接受培训：

（1）船舶的布置；

（2）"船舶保安计划"和有关程序（包括以情景为基础的关于如何进行反应的培训）；

（3）人群管理和控制技巧；

（4）保安设备和系统的操作；

（5）保安设备和系统的测试、校准和海上维护。

3.负有具体保安职责的船舶人员应具备履行其所承担职责方面的充分知识和能力，视情包括：

（1）了解当前的保安威胁及其特征；

（2）辨认和探查武器、危险物质和装置；

（3）辨认可能威胁保安者的特点和行为模式；

（4）用于逃避保安措施的技术；

（5）人群管理和控制技巧；

（6）保安通信；

（7）了解紧急程序和应急计划；

（8）保安设备和系统的操作；

（9）保安设备和系统的测试、校准和海上维护；

（10）检查、控制和监控技术；

（11）对人员、个人物品、行李、货物、船舶物料进行物理搜查的方法。

4.船上所有其他人员应充分了解并熟悉《船舶保安计划》的有关规定，包括：

（1）各保安等级的含义和相关要求；

（2）关于紧急程序和应急计划的知识；

（3）辨认和探查武器、危险物质和装置；

（4）在非歧视的基础上，辨认可能威胁保安者的特点和行为模式；

（5）用来逃避保安措施的技术。

二、演练和演习

演练和演习的目的是确保船上人员熟练履行其在各保安等级所承担的保安职责，发现需加以解决的任何与保安有关的缺陷。

为确保有效实施"船舶保安计划"的规定，应至少每3个月进行一次演练。此外，如果在任一时间有25%的船舶人员被换成了在前3个月内未曾参加过该船的任何演练的人员，应在变动后1周内进行演练。这些演练是测试计划中的个别因素。

　　所有完成的演习应记录在"航海日志"中。该记录应包括涉及的人员、使用的设备和遇到的任何问题的细节，并由船长签署。演习的有效性应在船上保安会议上正式评审，评审产生的任何改进建议应尽快提交公司保安员。

　　可能有公司保安员、港口设施保安员、缔约国有关机构以及船舶保安员（如有）参加的各类演习应至少每日历年进行一次，两次演习间隔不得超过 18 个月。这些演习应测试通信、协调、资源的可用性和反应。

　　这些演习可为：

　　（1）全方位或实况演习；

　　（2）桌面模拟或讨论会；或

　　（3）与其他演习（如搜救演习或应急反应演习）合并。

1.船舶保安的演练项目

　　（1）海盗和武装劫持。

　　（2）发现可疑小艇接近船舶。

　　（3）劫持或扣留船舶或船上人员。

　　（4）在保安等级 3 时的值班。

　　（5）未经允许使用或进入，包括藏于船上的偷渡人员。

　　（6）使用船舶载运企图制造恐怖事件的人员和/或其设备。

　　（7）使用船舶本身作为损坏或破坏的武器。

　　（8）对船舶/港口设施的损坏或破坏，例如，通过爆炸、纵火、破坏或恶意行为。

　　（9）损坏货物、船舶基础设备或系统或船舶备品。

　　（10）锚泊或靠港时从海上发动攻击。

　　（11）海上攻击。

　　（12）炸弹威胁/炸弹搜索演练。

　　（13）发现可疑装置和包裹。

　　（14）武器或设备包括大规模杀伤性武器的走私。

　　（15）违禁品介绍（如仿真武器、毒品等）。

　　（16）撤离应急程序。

　　（17）船岸保安演习。

2.船舶保安演练方案

　　可根据《船舶保安计划》，结合本船的具体情况，参考以下推荐的船舶保安演练方案，定期开展船舶保安演练。

　　保安演练方案一：

　　（1）演练内容

　　对登船人员进行身份识别；对进入船舶的通道进行控制；对船上的限制区域进行控制；对甲板和船舶四周进行监控；对发现的可疑分子进行处置等。

（2）演练地点

宜选择船舶在遮蔽水域锚泊或在码头非生产性停泊期间进行演练。

（3）演练目的

本次保安演练是通过对登船人员进行身份识别；对进入船舶的通道进行控制；对船上的限制区域进行控制；对甲板和船舶四周进行监控等演练，以达到防止船舶在港作业期间可疑分子进入船舶，对船舶、货物、设备等造成损坏或破坏之目的。

（4）演练组织

参加本次演练的人员可适当分组。如分为两组进行演练，船长和船舶保安员应分别参加其中一组的演练，并担任该组演练的组织者和指挥者。

（5）演练方式

本次演练采用现场演练的形式。如分两组以上进行演练，现场模拟演练可交叉轮换进行。

（6）演练方案

①对登船人员进行身份识别

参加演练的船员应明确：

a.哪些登船人员需要对其进行身份识别；

b.如何对不同的登船人员进行身份识别；

c.模拟演练对进入船舶的接班船员、装卸工人以及政府指定官员的身份识别。

②对进入船舶通道的控制

参加演练的船员应明确：

a.进入船舶的通道有哪些，其具体位置在什么地方；

b.哪些进入船舶的通道平时应锁闭，如何锁闭，经过什么人的同意方能打开；

c.在不同保安等级时，对进入船舶通道的控制措施有哪些规定；

d.应如何对进入船舶的通道进行保安巡逻模拟演练在保安等级3时，对进入船舶的舷梯口的控制。

③对限制区域的控制

参加演练的船员应明确：

a.船上哪些区域为限制区域，其具体位置在什么地方；

b.有关船上限制区域的警示、闭锁及钥匙保管方面的规定；

c.在不同保安等级时，对船舶限制区域的监控与巡逻要求；

d.将船上部分平时闭锁的限制区域打开，安排参加演练的船员进行巡逻检查，找寻这些被打开的区域，并采取相应行动。

④对甲板和船舶四周的监控

参加演练的船员应明确：

a.在什么情况下应加强对甲板和船舶四周的监控；

b.哪些区域为甲板和船舶四周的主要监控区域；

c.在不同保安等级时，如何对甲板和船舶四周进行监控；

d.模拟演练在保安等级3时，对甲板和船舶四周的监控。

⑤对发现可疑分子后的处置

参加演练的船员应明确：

a.如何确定可疑人员；

b.如何控制可疑人员；

c.发现可疑人员后应向谁报告,如何报告；

d.如果确认可疑人员为恐怖分子后,应如何处置。

⑥现场模拟演练

a.安排任一参加演练的船员设法携带某种类似于爆炸物的物件与其他参加演习的船员中共同登船,指定参加演练的另一船员设法(可采取搜查或非侵害性检查的方式)指认该船员；

b.如果发现某欲登船的人员为可疑分子,设法避免其接近船舶或拒绝其登船或将其控制(包括制服)的演练；

c.演练发现可疑人员后的报告程序。

以上演练中,凡需要参加演练的船员明确的事项,可由船长或船舶保安员以提问的形式加以验证,以证实他们确实已明确。

⑦进行船舶保安设备的使用试验

a.进行船舶保安报警系统的启动、关闭和复位操作；

b.进行本船配备的其他保安设备的操作训练。

(7)演练总结

在本次演练结束后,由船舶保安员负责对本次演练情况进行总结。

(8)演练记录

由船长负责将本次演练情况记入《航海日志》中；由船舶保安员负责将本次演练情况记入《船舶保安日志》中。

保安演练方案二：

(1)演练内容

查找危险物品(如武器、爆炸品、危险品等)以及偷渡者,并对其进行处置。

(2)演练地点

宜选择船舶在遮蔽水域锚泊或在码头非生产性停泊期间进行演练。

(3)演练目的

本次保安演练主要通过查找危险物品、搜寻偷渡者,并对其进行妥善处置,以达到规避保安事件、减少保安风险的目的。

(4)演练组织

参加本次保安演练的人员可适当分组。如分为 2 组进行演练,船长和船舶保安员应分别参加其中一组的演练,并担任该组演练的组织者和指挥者。

(5)演练方式

本次保安演练采用现场演练和分组讨论相结合的形式。如分 2 组以上进行演练,现场模拟可交叉轮换进行。

（6）演练方案

①查找危险物品

a.演练组织者向参加演练的船员介绍可对船舶、船上货物以及船上人员构成威胁的危险物品的基本知识。

b.现场模拟演练：

演练组织者在开始演练前，事先在船上2~3个重要部位（如动力设备、通信设备、导航设备等所在处所）、船员经常聚集处（如餐厅、大台等场所）和物品堆放相对杂乱的地点（如油漆间、物料间、机舱工具间等处所）设置一些隐藏巧妙的物品。告知参加演练的船员，接到有关情报，在船上可能藏有危险物品以及大概的藏匿位置，组织参加演练的船员查找这些被隐藏的物品，并按有关规定进行报告。

以油漆间或物料间或机舱工具间为特定场所，模拟演练发现炸弹的应急反应程序。

②拒收可能混有危险物品的物料

a.演练组织者应向参加演练的船员介绍在什么情况下应拒收送船的物料。

b.现场模拟演练：

（a）安排已参加演练的船员模拟向船舶送物料；

（b）模拟演练将送船物料清单与演练组织者事先准备好的物料订单进行核对的程序；

（c）模拟演练如何拒绝接收可能混有危险物品的物料；

（d）模拟演练船舶内部报告程序。

③搜查偷渡者

a.演练组织者应向参加演练的船员介绍偷渡者在本船可能藏匿的场所。

b.模拟演练在锚链舱、克令塔、物料间、空货舱、救生艇、机舱等处所搜查偷渡者：

（a）判断所搜查的场所是否有偷渡者；

（b）判断偷渡者是否会对搜查者的人身安全造成威胁；

（c）模拟演练在发现偷渡者后对其应采取的控制措施；

（d）模拟演练对偷渡者的搜身；

（e）模拟演练船舶内部报告程序。

④分组讨论

a.船长或船舶保安员可在本次保安演练之前或之后组织分组讨论。

b.分组讨论的内容包括，但不限于：

（a）当发现危险物品或偷渡者后，应如何向船长或船舶保安员报告；

（b）当发现可疑物品、危险物品或偷渡者后应如何处置以及注意事项；

（c）在发现可疑物品、危险物品或偷渡者后，如何与港口设施保安员联络并取得港口设施方面的帮助。

（7）演练总结

在本次保安演练结束后，由船舶保安员负责对本次演练情况进行总结。

（8）演练记录

由船长负责将本次保安演练情况记入"航海日志"中；由船舶保安员负责将本次保安演练情况记入"船舶保安日志"中。

保安演练方案三：

（1）演练内容

抗击海盗。

（2）演练地点

宜选择船舶在遮蔽水域锚泊或在码头非生产性停泊期间进行本次演练。

（3）演练目的

本次保安演练主要通过收集海盗信息、制定防海盗方案、布设防海盗设施以及抗击海盗登船等，达到防止海盗袭击船舶的目的。

（4）演练组织

参加本次保安演练的人员应以船舶为一个整体，根据海盗的具体类型，结合参加人员的职责和特长合理分配任务。

（5）演练方式

本次保安演练采用现场演练和分组讨论相结合的形式。

（6）演练方案

一般把全体船员分为3个抗海盗应急战斗组：值班战斗组、现场战斗组、医疗救护队。船舶可以此为参考，根据本船的实际情况（如人员数量、素质、船舶结构、器材配备等）进行修改。

①总指挥：船长

把握海盗攻击形势，指挥全船人员采取一切必要措施摆脱武装海盗的袭扰，确保船舶、货物和人命安全。

②现场总指挥：船舶保安员（若船长兼任保安员，可考虑大副）

根据船舶总指挥的命令和抗击现场形势，及时果断地调整兵力分配、部署抗击器材、落实防护措施，指挥现场人员坚决阻击海盗登船。

③值班战斗组：分为驾驶台和机舱值班战斗组

a.驾驶台值班战斗组

责任人：船长（全船总指挥）

组员：二副、值班水手、报务员

听从船长的指挥，掌握海盗来袭方向、快艇数量、攻击动态和停靠地点，果断采取规避航法，干扰快艇靠泊，指导现场人员阻止海盗登船，及时启动保安报警系统，向公司和海盗报警中心报告情况，连续不断地向联军舰队和兄弟船舶发出救助信号、发射对空信号弹、投放无线电示位标、鸣笛、喊话，做好自身的隐蔽防护工作。

b.机舱值班战斗组

责任人：轮机长（机舱总指挥）

组员：二管轮、值班机工

听从船长的指挥，时刻处于备车状态，确保"四机一炉"和各种应急设备正常运转，在驾驶台操舵失灵的情况下，听令操控应急舵。

④现场战斗组

现场战斗组,设一名现场总指挥,分左右甲板战斗组,每组又分为 4 个战斗小组。根据战场形势,一侧一点受敌,全船共同抗击,两侧多点受敌,各组分头出击,既分兵作战,又相互配合、相互支援,形成整体。

责任人:船舶保安员(或大副)

在船长的指挥下,利用各种防护设施、阻击器材和威慑手段,及时有效地保护自己、援助他人、抗击海盗,坚决拒海盗于船舷之外。

个人佩戴:安全帽、工作服、工作鞋、线手套、防盗木棍、自卫刀具、对讲机(至船上指定的频道,充足电),夜间需携带手电。

岗位:甲板,组织人员利用一切手段打击海盗阻止登船。

现场战斗组,分左右甲板 2 个战斗组,每组又分为 2 个战斗小组,分别负责驾驶台前部和船尾。根据战场形势,一侧一点受敌,全船共同抗击,两侧多点受敌,各组分头出击,既分兵作战,又相互配合、相互支援、形成整体。现以某轮为例说明现场战斗组是如何安排的:

a.左甲板现场战斗组

责任人:大副(或水手长)

组员:船员 9 人

配备器材:对讲机 4 部、电警棍 2 支、防弹衣 9 套、钢盔 9 顶、专用钩镰枪 2 把、脱钩器 2 支、太平斧 2 把、铁钩 2 支、盾牌 2 个;备汽油弹、石灰、卡拉姆、丝葫芦、大小铁块若干、啤酒瓶、大小木块若干等放置于甲板有利位置。夜间配强光手电 2 支,个人自备防海盗铁棍。声光爆炸弹 10 发(如有)。

(a)第一组(左前):4 人

组长一名:突击队员,戴钢盔,穿防弹衣,携带对讲机、电警棍、脱钩器,岗位:主甲板左二舱前部。其主要任务是带领本组成员阻击左舷前甲板海盗,并根据现场总指挥命令随时调整人员部署,灵活运用兵力和现有防盗器材,当海盗抛钩时,在其他队员掩护和其他组队的支援下,任突击队员前往摘钩,必要时手持盾牌防护。在战斗中要与第二组、第三组密切配合,负责发射一枪声光爆炸弹和使用其他器材阻止海盗登船。

队员 1:戴钢盔,携带钩镰枪,岗位:二舱中部。其主要任务是利用手中武器和就便器材打击、驱赶企图来犯之敌,当突击队员前往摘钩时,紧跟其上,配合或掩护其行动,利用钩镰枪、石灰粉、铁块等打击海盗。

队员 2:携带太平斧,岗位:一、二舱之间。听从组长指挥全力驱赶海盗,当突击队员前往摘钩时,配合或掩护其行动,利用太平斧、石灰粉、铁块等打击海盗。个人负责管理前甲板(一舱)的消防皮龙,当海盗企图接近我船时,用消防皮龙对准其喷射。

队员 3:携带铁棍,岗位:二、三舱之间,在组长的带领下全力驱赶海盗,其主要任务是利用手中武器和就便器材打击、驱赶企图来犯之敌。个人负责管理前甲板(二舱)的消防皮龙,当海盗企图接近我船时,用消防皮龙对准其喷射,突击队员摘钩时,用高压水枪喷射掩护。

(b)第二组(左后):6 人

组长 1 名:现场指挥,任突击队员,戴钢盔、穿着防弹衣,携带电警棍、对讲机,携带脱钩器。岗位:左甲板四舱中部。其主要任务履行左甲板现场指挥并第二组组长职责,带领本组成员利用地形地物和各种障碍物阻击左舷后甲板海盗,并根据船长船舶保安员命令随时调整人员部署,注意与第一组及右甲板战斗组的协同和配合,灵活运用兵力和现有防盗器材,当海盗抛钩时,在其他队员的掩护下,任突击队员前往摘钩,必要时手持盾牌防护。负责发射艇甲板声光爆炸弹,人员撤离时殿后关门。

队员4:戴钢盔,携带钩镰枪,岗位:左甲板三舱中部。其主要任务是利用手中武器和就便器材打击、驱赶企图来犯之敌,当突击队员前往摘钩时,紧跟其上,配合或掩护其行动,利用钩镰枪、石灰粉、铁块等打击海盗。

队员5:携带太平斧,戴钢盔,岗位:左甲板三、四舱之间。听从组长指挥全力驱赶海盗,当突击队员前往摘钩时,紧跟其上,配合或掩护其行动,利用太平斧、石灰粉、铁块等打击海盗。个人管理三、四舱之间皮龙,海盗靠近时对准其喷射。

队员6:携带铁钩在组长的带领下全力驱赶海盗,利用手中武器和就便器材打击、驱赶企图来犯之敌,岗位:四舱后部。个人负责管理四舱后的消防皮龙,当海盗企图接近我船时,用消防皮龙对准其喷射,阻止其登船。

队员7:听从组长的调配和指挥,携带自卫武器,利用各种就便器材全力驱赶海盗,岗位:舷梯甲板。突击队员摘钩时,利用各种手段进行积极配合掩护。按照指令负责左舷电网供电。

队员8:携带自卫武器在组长的带领下全力驱赶海盗,岗位:艉甲板及左艇甲板。负责管理艉甲板的消防皮龙,当海盗企图接近我船时,用消防皮龙对准其喷射,用消防水枪喷射掩护。按照指令负责生活区甲板供电。

· 左侧一点受到攻击时:两组齐上。
· 左侧两点同时受到攻击时(包括前甲板和船尾):1组在前,2组在后。
· 左侧受多点同时攻击时:现场决定。

b.右甲板现场战斗组

责任人:大管轮

组员:10人

配备器材:对讲机4部、电警棍2支、防弹衣10套、钢盔10顶、专用镰刀2把、脱钩器2支、太平斧2把、铁钩2支、盾牌2个;备汽油弹、石灰、卡拉姆、丝葫芦、大小铁块若干、啤酒瓶、大小木块若干等放置于甲板有利位置;夜间配强光手电2支,个人自备防海盗铁棍。

(a)第三组(右前):4人

组长一名:突击队员,戴钢盔,穿防弹衣,携带对讲机、电警棍、脱钩器,岗位:主甲板右二舱前部。其主要任务是带领本组成员阻击左舷前甲板海盗,并根据现场总指挥命令随时调整人员部署,灵活运用兵力和现有防盗器材,当海盗抛钩时,在其他队员掩护和其他组队的支援下,任突击队员前往摘钩,必要时手持盾牌防护。在战斗中要与第一组、第四组密切配合,负责发射一枪声光爆炸弹和使用其他器材阻止海盗登船。

队员1:戴钢盔,携带钩镰枪,岗位:右二舱中部。其主要任务是利用手中武器和就便器材打击、驱赶企图来犯之敌,当突击队员前往摘钩时,紧跟其上,配合或掩护其行动,利用镰刀、石灰粉、铁块等打击海盗。

队员2:携带太平斧,岗位:右一、二舱之间。听从组长指挥全力驱赶海盗,当突击队员前往摘钩时,配合或掩护其行动,利用太平斧、石灰粉、铁块等打击海盗。个人负责管理前甲板(一舱)的消防皮龙,当海盗企图接近我船时,用消防皮龙对准其喷射。

队员3:携带铁钩,在组长的带领下全力驱赶海盗,利用手中武器和就便器材打击、驱赶企图来犯之敌,岗位:右二、三舱之间。负责管理前甲板(二舱)的消防皮龙,当海盗企图接近我船时,用消防皮龙对准其喷射,突击队员摘钩时,用消防水枪喷射掩护。

(b)第四组(右后):6人

组长一名:现场指挥,任突击队员,戴钢盔、着防弹衣,携带电警棍、对讲机,携带脱钩器,岗位:右甲板四舱中部。其主要任务是履行左甲板现场指挥并第二组组长职责,带领本组成员利用地形地物和各种障碍物阻击左舷后甲板海盗,并根据船长船舶保安员命令随时调整人员部署,注意与第三组及右甲板战斗组的协同和配合,灵活运用兵力和现有防盗器材,当海盗抛钩时,在其他队员的掩护下,任突击队员前往摘钩,必要时手持盾牌防护。负责发射艇甲板声光爆炸弹,人员撤离时殿后关门。

队员4:戴钢盔,携带钩镰枪,岗位:右甲板三舱中部。其主要任务是利用手中武器和就便器材打击、驱赶企图来犯之敌,当突击队员前往摘钩时,紧跟其上,配合或掩护其行动,利用钩镰枪、石灰粉、铁块等打击海盗。

队员5:携带太平斧,戴钢盔,岗位:右甲板三、四舱之间。听从组长指挥全力驱赶海盗,当突击队员前往摘钩时,紧跟其上,配合或掩护其行动,利用太平斧、石灰粉、铁块等打击海盗。个人管理三、四舱之间皮龙,海盗靠近时对准其喷射。

队员6:携带自卫武器与铁钩在组长的带领下全力驱赶海盗,利用手中武器和就便器材打击、驱赶企图来犯之敌,岗位:四舱后部。个人负责管理四舱后的消防皮龙,当海盗企图接近我船时,用消防皮龙对准其喷射,阻止其登船。

队员7:听从组长的调配和指挥,携带自卫武器,利用各种就便器材全力驱赶海盗,岗位:舷梯甲板。突击队员摘钩时,利用各种手段进行积极配合掩护。按照指令负责右舷电网供电。

队员8:携带自卫武器在组长的带领下全力驱赶海盗,岗位:艉甲板及右艇甲板。负责管理艉甲板的消防皮龙,当海盗企图接近我船时,用消防皮龙对准其喷射,用高压水枪喷射掩护。

· 左侧一点受到攻击时:2组齐上。

· 左侧两点同时受到攻击时(包括前甲板和船艉):1组在前,2组在后。

· 左侧受多点同时攻击时:现场决定。

⑤医疗救护组

当在抗击海盗过程中有人员受伤时,救护工作由医生、大厨、大台等人负责。

责任人(组长):医生,配备对讲机1个。

组员:大厨、大台。

备足急救药品和器材置于右后甲板应急发电机旁,平时参加后甲板抗击防海盗任务,携带自卫器械在组长的带领下全力驱赶海盗,一旦有船员受伤,立即止血并迅速将其转移到安全地带,尽一切努力挽救伤员生命。

（7）演练总结

在本次保安演练结束后，由船舶保安员负责对本次演练情况进行总结。

（8）演练记录

由船长负责将本次保安演练情况记入《航海日志》中；由船舶保安员负责将本次保安演练情况记入《船舶保安日志》中。

附录一

STCW 规则马尼拉修正案第 A-VI/5 节

签发船舶保安员熟练证书的强制性最低要求

适任标准

1.每个申请船舶保安员证书的申请人,应表明承担表 A-VI/5 第 1 栏所列的任务、职责和责任的适任能力。

2.表 A-VI/5 第 2 栏所列科目的知识水平应足以能使申请人作为指定的船舶保安员。

3.为达到所需理论知识、理解和熟练水平的培训和经验,应考虑本规则第 B-VI/5 节的指导。

4.每个证书申请人均应依照表 A-VI/5 第 3 栏和第 4 栏所列的表明适任的方法和评估适任的标准,提供已达到所要求的适任标准的证据。

表 A-VI/5　船舶保安员熟练程度的最低适任标准

第 1 栏	第 2 栏	第 3 栏	第 4 栏
适任	知识、理解和熟练	表明适任的方法	评估适任的标准
保持和监督船舶保安计划的实施	关于国际海上保安政策和政府、公司及指定人员的责任的知识,包括那些与海盗及武装抢劫有关的内容; 关于船舶保安计划、相关程序及保持记录的目的和内容要素的知识,包括那些与海盗及武装抢劫有关的内容; 关于实施船舶保安计划和报告保安事故的程序的知识; 关于海上保安等级和船上及港口设施环境中的相应保安措施和程序的知识; 关于进行船舶保安计划规定的内部审核、现场检查、监督和监测保安活动的要求和程序的知识; 关于向公司保安员报告内部审核、定期检讨和保安检查期间发现的任何缺陷和不遵约情况的要求和程序的知识; 关于修改船舶保安计划所用的方法和程序的知识; 关于与保安有关的应急计划和应对保安威胁或保安违规(包括维持船/港界面关键性业务的规定)的反应程序的知识,包括那些与海盗及武装抢劫有关的内容; 对海上保安术语的定义的实用知识,包括那些与海盗及武装抢劫有关的术语和定义	评估通过经认可的培训或考试获得的证明	措施和行动符合《国际船舶和港口设施保安规则》和经修正的《国际海上人命安全公约》确定的原则; 正确认定与保安有关的立法要求; 对海上保安等级的变化实现即时应对状态的程序; 船舶保安员责任区内的通信清楚明了

续表

第1栏	第2栏	第3栏	第4栏
适任	知识、理解和熟练	表明适任的方法	评估适任的标准
评估保安风险、威胁和弱点	关于风险评估和评估工具的知识； 关于保安生命在内的保安评估文件的知识； 关于用以规避保安措施的技术的知识,包括海盗及武装抢劫分子使用的技术； 关于在非歧视的基础上识别可能对保安有潜在风险的人员的知识； 关于识别武器、危险物质和装置及其能导致的损害的知识； 关于了解对人群的管理和控制技术的知识(视情而定)； 关于处理敏感的保安信息和保安通信的知识； 关于贴身搜查和使用非冒犯式搜查方法的知识	评估通过经认可的培训或经认可的经历和考试中获得的证明,包括展示以下方面的能力的实际演示： 1.进行实物搜查； 2.进行非侵扰性检查	程序和行动符合《国际船舶和港口设施保安规则》和《国际海上人命安全公约》确定的原则； 对海上保安等级的变化实现即时应对状态的程序； 船舶保安员责任区内的通信清楚明了
对船舶进行例行检查,以确保适当的保安措施得到实施和保持	关于指定和监测限制区域的要求的知识； 关于控制船舶和船上限制区域的进出通道的知识； 关于对甲板区和船舶周围区域进行有效监控的方法的知识； 关于与船上其他人员和港口设施保安员处理货物和船舶物料有关的保安方面的知识； 关于人员及其物品上下船和在船上的进出口通道的控制方法的知识	评估通过经认可的培训或考试取得的证明	程序和行动符合《国际船舶和港口设施保安规则》和《国际海上人命安全公约》确定的原则； 对海上保安等级的变化实现即时应对状态的程序； 船舶保安员责任区内的通信清楚明了
确保适当地操作、测试和校准保安设备和系统(如有)	关于各种保安设备和系统及其局限性的知识,包括那些在发生海盗及武装抢劫事件时可以使用的设备和系统； 关于使用船舶保安报警系统的程序、说明和指南的知识； 关于测试、校准和维护保安系统和设备的方法(尤其是在海上)的知识	评估通过经认可的培训或考试取得的证明	程序和行动符合《国际船舶和港口设施保安规则》和《国际海上人命安全公约》确定的原则
鼓励保安意识和警惕性	关于相关公约、规则及IMO通函中有关防海盗及武装抢劫的培训、训练和演习要求的知识； 关于加强船上保安意识和警惕性的方法和知识； 关于评估训练和演习效果的方法的知识	评估通过经认可的培训或考试取得的证明	程序和行动符合《国际船舶和港口设施保安规则》和《国际海上人命安全公约》确定的原则； 船舶保安员责任区内的通信清楚明了

附录二
STCW 规则马尼拉修正案第 B-VI/5 节

关于船舶保安员培训和发证的指导

1.培训应与《ISPS 规则》和经修正的《SOLAS 公约》的规定相联系。

2.在完成培训后,船舶保安员应有足够的英语知识以正确翻译和交流与船舶或港口设施保安有关的消息。

3.在特别必要的情况下,当暂时没有可用的持有船舶保安员熟练证书的船员主管机关可允许具有专门保安职责和责任且理解船舶保安计划的海员担任船舶保安员,在抵达下一停靠港前或不超过 30 天内,担负船舶保安员的所有职责和责任。公司应尽快通知下一停靠港的主管当局做出适当的安排。

附录三
STCW 规则马尼拉修正案第 A-Ⅵ/6 节

对所有海员与保安有关的培训和训练的强制性最低要求

与保安有关的熟悉培训的适任标准

1 在按要求应遵守《ISPS 规则》的海船上,除旅客外,所有受雇或受聘人员,在被指派船上职责之前应接受认可的与保安有关的熟悉培训,并考虑 B 部分给予的指导,以便能够:

1.1 报告保安事件,包括海盗或武装抢劫的威胁或袭击;

1.2 当确认存在保安威胁时,了解应遵循的程序;并

1.3 参加与保安有关的应急和紧急程序。

2 受聘或受雇于海船上承担指定保安职责的海员,在被指派该职责之前,应接受与其职责和责任相关的保安熟悉培训,并考虑 B 部分给予的指导。

3 与保安有关的熟悉培训应由船舶保安员或具有同等资格的人员实施。

保安意识培训的适任标准

4 受雇或受聘于需遵守《ISPS 规则》规定的船舶担任船上任何职务的海员,在船舶营运中作为无指定保安职责的在编人员,在其任职之前,应:

4.1 接受适当的认可表 A-Ⅵ/6-1 规定的保安意识培训或训练;

4.2 提供已经达到按表 A-Ⅵ/6-1 第 1 栏列出所承担的任务、职责和责任所要求的适任标准的证据;

4.2.1 通过适任能力的演示,达到表 A-Ⅵ/6-1 第 3 栏和第 4 栏所列的表明适任的方法和评价适任的标准;并且

4.2.2 通过考试或连续评估,作为表 A-Ⅵ/6-1 第 2 栏所列科目的认可的培训计划的组成部分。

过渡规定

5 截至 2014 年 1 月 1 日前,在本节生效前已经开始了认可的海上服务的海员应能够通过下列各项确定他们符合第 4 段的要求:

5.1 在之前 3 年内至少有 6 个月的时间以船上人员的身份从事经认可的海上服务;或

5.2 已从事被认为等效于第 5.1 段所要求的海上服务的保安职能;或

5.3 通过认可的测试;或

5.4 成功地完成认可的培训。

承担指定保安职责的海员的适任标准

6 每个被指定履行包括防海盗和防武装抢劫相关活动的保安职责的海员应表明承担表A-Ⅵ/6-2第1栏所列的任务、职责和责任的适任能力。

7 表A-Ⅵ/6-2第2栏所列明的科目的知识水平应足以使每个证书申请人能够履行船上指定的保安职责,包括防海盗和防武装抢劫相关的活动。

8 每个证书申请人应依据下列各项提供已经达到所要求的适任标准的证据:

8.1 按表A-Ⅵ/6-2第3栏和第4栏所列表明适任的方法和评估适任的标准,表明具有执行该表第1栏所列的任务、职责和责任的适任能力;并且

8.2 考试或连续的评估,作为认可的培训项目的组成部分,以替代表A-Ⅵ/6-2第2栏规定的内容。

过渡规定

9 截至2014年1月1日前,在本节生效前已经开始了认可的海上服务的负有指定保安职责的海员应能够通过下列各项表明承担表A-Ⅵ/6-2第1栏所列的任务、职责和责任的适任能力:

9.1 在之前3年内至少有6个月的时间以船上人员的身份从事经认可的海上服务;或

9.2 已履行被认为等效于第9.1段所要求的海上服务的保安职能;或

9.3 通过认可的测试;或

9.4 成功地完成认可的培训。

表 A-Ⅵ/6-1 保安意识的最低适任标准

第1栏	第2栏	第3栏	第4栏
适任	知识、理解和熟练	表明适任的方法	评估适任的标准
有助于通过增强意识来加强海上保安	包括可能与海盗和武装抢劫有关的海上保安术语和定义的基本的实用知识;国际海上保安方针和政府、公司及个人责任的基本知识;海上保安等级及其对船上和港口实施保安措施和程序影响的基本知识;保安报告程序的基本知识;与保安相关的应急计划的基本知识	评估从认可的训练或参加认可的课程中获取的证据	正确地确认有关增强海上保安的要求
保安威胁的确认	规避保安措施的技术的基本知识;能够确认包括海盗和武装抢劫有关的事项在内的潜在保安威胁的基本知识;能够帮助识别武器、危险物质和装置的基本知识,并清楚它们能够引起的损害;处理保安相关信息和保安相关通信的基本知识	评估从认可的训练或参加认可的课程中获取的证据	正确地识别海上保安威胁

续表

第1栏	第2栏	第3栏	第4栏
适任	知识、理解和熟练	表明适任的方法	评估适任的标准
理解保持保安意识和警惕性的必要性和方法	有关的公约、规则和IMO通函中关于培训、演习和练习要求的基本知识,包括与防海盗和防武装抢劫有关的知识	评估从认可的训练或参加认可的课程中获取的证据	正确地确认有关增强海上保安的要求

表 A-VI/6-2 负有指定保安职责海员的最低适任标准

第1栏	第2栏	第3栏	第4栏
适任	知识、理解和熟练	表明适任的方法	评价适任的标准
保持船舶保安计划所设定的状态	海上保安术语和定义的实用知识,包括可能与海盗和武装抢劫有关的要素; 国际海上保安方针和政府、公司及个人的职责的知识,包括可能与海盗和武装抢劫有关的部分的实用知识; 海上保安级别及其对船舶和港口设施安全措施和程序的影响的知识; 保安报告程序的知识; 有关公约、规则和IMO通函要求的演习和练习程序的知识,包括可能与防海盗和防武装抢劫等有关的内容的实用知识; 执行检查和检验、控制并监控船舶保安计划列明的保安活动的程序的知识; 保安相关的应急计划和应对保安威胁或违反保安规定的反应程序的知识,包括保持船/港界面关键操作的规定,也包括可能与海盗和武装抢劫有关的实用知识	评估从认可的训练或参加认可的课程中获取的证据	程序和措施符合《国际船舶和港口设施保安规则》和经修正的《1974年国际海上人命安全公约》所确定的原则; 正确识别与保安相关的法定要求; 职责范围内的交流清楚易懂
识别安全风险和威胁	保安文件知识,包括《保安声明》;用于躲避保安措施技术的知识,包括海盗和武装抢劫分子使用的技术; 能够识别潜在保安危险的知识; 能够识别武器、危险品和危险装置的知识,并清楚其能够造成的损害; 拥挤人群管理和控制技术的知识,如适用; 处理与保安相关的信息和保安通信的知识; 搜身和非侵入式检查方法的知识	评估从认可的训练或参加认可的课程中获取的证据	程序和措施符合《国际船舶和港口设施保安规则》和经修正的《1974年国际海上人命安全公约》所确定的原则
对船舶进行定期的保安检查	监视限制区域的技术的知识; 控制上船和进入船上限制区域的知识; 有效监视甲板区域和船舶周围环境的方法的知识; 与货物和船舶物料相关的检查方法的知识; 控制人员上船、下船和在船活动范围及其携带物品的方法的知识	评估从认可的训练或参加认可的课程中获取的证据	程序和措施符合《国际船舶和港口设施保安规则》和经修正的《1974年国际海上人命安全公约》所确定的原则

续表

第1栏	第2栏	第3栏	第4栏
适任	知识、理解和熟练	表明适任的方法	评价适任的标准
正确使用保安设备和系统（如有）	包括发生海盗和武装劫匪攻击时可能使用的各种保安设备和系统及其局限性的一般知识；测试、校准和维护保安系统和设备的必要性的知识,特别是在海上	评估从认可的训练或参加认可的课程中获取的证据	按照既定的设备操作规程操作设备和系统并考虑其局限性；程序和措施符合《国际船舶和港口设施保安规则》和经修正的《1974年国际海上人命安全公约》所确定的原则

附录四
STCW 规则马尼拉修正案第 B-Ⅵ/6 节

关于对所有海员与保安有关的培训和训练的强制性最低要求的指导

熟悉和保安意识

1. 海员和船上人员不是保安专家,因此本公约或本规则规定的目的不在于使其成为保安专家。

2. 海员和船上人员需应接受足够的与保安相关的培训或训练和熟悉培训,以使其获得履行其指派职责和有助于共同增强海上保安所要求的知识和理解。

3. 没有指定保安职责的海员,在其职业生涯中应至少完成一次第 A-Ⅵ/6 节规定的保安意识培训或训练。如果有关的海员或船上人员满足了规则第 Ⅵ/6 条规定的与保安有关的熟悉要求,并参加了《ISPS 规则》要求的演习和练习,则没有必要对这项培训进行更新或再有效。

承担指定保安职责的海员

4. 第 A-Ⅵ/6 节中的"承担指定保安职责"的表述指根据船上保安计划负有特定保安职责和责任的人员。

5. 负有指定保安职责的海员,在其职业生涯中应至少完成一次第 A-Ⅵ/6 节中规定的培训。如果有关的海员或船上人员满足了规则第 Ⅵ/6 条规定的与保安有关的熟悉要求,并参加了《ISPS 规则》要求的演习和练习,则没有必要对这项培训进行更新或再有效。

6. 按照第 A-Ⅵ/6 节提供"与保安有关熟悉培训"的那些人员无须满足规则第 I/6 条或第 A-I/6 节的要求。

7. 在特别必要的情况下,当要求由具有履行指定的与保安有关的职责资格的人员承担船上与保安有关的职责,而暂时没有这样可用的人员时,主管机关可以允许没有承担指定保安职责但理解船舶保安计划的海员,在抵达下一停靠港前或不超过 30 天内(取时间较长者),担任这一职责。

参考文献

［1］张晓.船舶保安培训教程.北京:人民交通出版社,2003.

［2］中国船级社.中国船级社船舶保安计划编制指南.北京:人民交通出版社,2004.

［3］中国船级社.中国船级社船舶保安体系认证规范.北京:人民交通出版社,2004.

［4］盛清波.船舶保安员.大连:大连海事大学出版社,2012.

［5］陈秋妹.船舶保安意识与职责.大连:大连海事大学出版社,2012.

［6］中国海事服务中心.船舶保安意识与职责.大连:大连海事大学出版社,2022.

［7］中国海事服务中心.船舶保安员.大连:大连海事大学出版社,2023.